HEYNE
BÜCHER

S.154

RATGEBER ESOTERIK

Dr. Joseph Murphy

ASW
IHRE AUSSERSINNLICHE KRAFT

DER SCHLÜSSEL
ZU GESUNDHEIT UND REICHTUM

WILHELM HEYNE VERLAG
MÜNCHEN

HEYNE RATGEBER ESOTERIK
08/9532

Aus dem Amerikanischen übertragen von Manfred G. Schmidt
Titel der Originalausgabe:
PSYCHIC PERCEPTION — The Magic of Extrasensory Power
erschienen bei Parker Publishing Company, N. Y.

ISBN 3-453-03372-8

Inhalt

Einführung

Was dieses Buch für Sie tun kann

Jeder Mensch besitzt übersinnliche Kräfte und kann diese Tatsache jederzeit an sich erfahren. Es ist nicht ausgeschlossen, daß Sie jetzt, in diesem Augenblick, Erfahrungen machen, die das Fassungsvermögen der fünf Sinne übersteigen. Sie können ohne Schwierigkeiten lernen, diese Kräfte im täglichen Leben sinnvoll einzusetzen, und das mit Ergebnissen, die Sie nicht für möglich gehalten hätten.

Unzählige Menschen aus allen Bevölkerungsschichten wenden diese Kräfte ständig an — Kräfte wie Clairvoyance (Hellsichtigkeit), die Fähigkeit, an entfernten Orten sich abspielende Begebenheiten oder Situationen wahrzunehmen; Präkognition, die Fähigkeit, zukünftige Ereignisse im Bewußtsein vorweg zu erleben; Telepathie, die geistige Kommunikation mit anderen, bei gleichzeitiger Überwindung der Barrieren von Zeit und Raum; und Retrokognition, die Fähigkeit, vergangene Ereignisse zu sehen und nachzuerleben. Diese Kräfte sind latent in uns allen vorhanden.

In diesem Buch werden Sie in zahlreichen Beispielen von Menschen lesen, die durch außersinnliche Wahrnehmung in der Lage waren, anderen Menschen zu helfen — ihnen das Leben zu retten, sich selbst bzw. andere vor Unglücksfällen oder finanziellen Katastrophen zu bewahren, oder diese Kräfte auf anderen Sektoren unseres vielfältigen Alltagslebens wirksam werden zu lassen.

Weshalb Sie dieses Buch brauchen

Durch dieses Buch lernen Sie, die Herausforderungen, Schwierigkeiten, Prüfungen und andere Probleme des täglichen Lebens zu überwinden. Es zeigt Ihnen, wie Sie mit der Unendlichen Heilenden Gegenwart in sich in Kontakt kommen, und macht Sie vertraut mit bestimmten Techniken und Verfahrensweisen, durch die Ihre übersinnlichen Kräfte augenblicklich in Gang gesetzt werden können, um Ihnen praktischen Nutzen zu bringen.

Dieses Buch wurde in der Absicht geschrieben, Sie, meine Leser, auf schnellstmögliche Weise — sozusagen im Eilverfahren — in die Lage zu versetzen, sich auf diese außerordentlichen Kräfte einzustimmen und sie in Ihrem täglichen Leben anzuwenden. Ich bin bemüht, Ihnen auf jeder Seite alle mit übersinnlichen Kräften zusammenhängenden Begriffe nahezubringen: Außersinnliche Wahrnehmung und Heilung; Vorahnungen; wie Träume Tragödien verhüten; Clairaudience (Hellhörigkeit); wie Träume Reichtum brachten; Präkognition (Vorauserleben); spezielle Techniken, um negative Voraussagen unwirksam zu machen; Astralwanderung; Außersinnliche Wahrnehmung und das Gesetz der Fülle in allen seinen Aspekten, einschließlich der finanziellen.

Was Außersinnliche Wahrnehmung für andere bewirkt hat

Seit mehr als 30 Jahren lehre ich die Wissenschaft von der Macht des Geistes. In meinen Büchern und Vorträgen in allen Teilen der Welt behandle ich Themen wie Träume, Hellsehen, Erfahrungen außerhalb des Körpers und viele andere wunderwirkende Kräfte des Geistes. Solange ich zurückdenken kann, hatte ich übersinnliche Erfahrungen — konnte ich Begebenheiten wahrnehmen, lange bevor sie sich dann tatsächlich ereigneten — in einigen Fällen sogar 20 Jahre vorher. Gewaltige Veränderungen im Leben vieler Tausender wurden mir zur Kenntnis gebracht, vieles konnte ich selbst bezeugen. Alles das brachten Menschen zuwege, die ihre übersinnlichen Kräfte sinnvoll einsetzten:

■ Wohlstand, zuteil geworden in Lawinen des Überflusses
■ Aufspüren versteckter Schätze
■ Geistige Heilung scheinbar unheilbarer Leiden
■ Auffinden verschollener Angehöriger und Freunde
■ Spezielle und nutzbringende Resultate von Astralwanderungen und Erlebnissen außerhalb des Körpers
■ Lebensrettungen aufgrund außersinnlicher Vorwarnungen vor drohenden Gefahren
■ Öffentliche Ehrungen und Anerkennung
■ Erstaunliche Antworten auf Alltagsprobleme, im Traum enthüllt
■ Glücklichere Ehen, mehr Lebensfreude
■ Neue Verkaufsideen, solide Geschäftsentwicklungen
■ Verhütung vieler unnötiger Tragödien
■ Und vor allem: das dankbar-frohe Bewußtsein, außersinnliches Gewahrsein zur Lösung der vielschichtigen Probleme des täglichen Lebens erfolgreich angewandt zu haben.

Außersinnliche Wahrnehmung wirkt in allen Bereichen des Lebens und auf allen Ebenen

Nach meinen Beobachtungen und Erfahrungen sind es Menschen aller Bevölkerungsschichten und Einkommensklassen, die Außersinnliche Wahrnehmung in ihrem alltäglichen Leben anwenden. Es sind Taxifahrer, Hausfrauen,

Büroangestellte, Ärzte, Studenten, Universitätsprofessoren, Filmstars, Heilpraktiker, Apotheker, Raumfahrtexperten und Lastwagenfahrer — um nur einige zu nennen. Diese Menschen entdeckten, daß ein empfängliches Gewahrsein ihrer übersinnlichen Fähigkeiten ihnen im täglichen Leben einen konkreten Nutzen bringen konnte. Sie erfuhren die wunderbaren Resultate einer disziplinierten Imagination; überwanden Einsamkeitsgefühle und Zwangsvorstellungen; festigten das mentale Äquivalent für ein Millionen-Dollar-Vermögen in ihrem Unterbewußtsein; waren durch Vorhersehen in der Lage, drohende Gefahren von sich und anderen abzuwenden; lösten Rechtsstreitigkeiten; befreiten sich von sogenannten Voodoo-Bannflüchen, dem ›bösen Blick‹ oder ähnlichen Psycho-Terror-Angriffen und gewannen erneut Vertrauen und inneren Frieden und die feste Überzeugung, jede Situation erfolgreich handhaben zu können — kurz: sie schufen sich alle Voraussetzungen für ein herrliches neues Leben.

Besonderheiten dieses Buches

Hervorstechende Merkmale dieses Buches sind seine Praxisbezogenheit und nutzbringende Verwendbarkeit im täglichen Leben.

Sie werden lernen, Ihre angeborenen außerordentlichen Fähigkeiten sinnvoll einzusetzen, um damit zukünftige Begebenheiten vorherzusehen und diese dann — bei möglichen Anzeichen negativer Art — durch wissenschaftliches Gebet zu verändern.

Sie werden lernen, Ihre Intuition und andere psychische Kräfte zu entwickeln und damit auf dem sicheren und schnellsten Weg zu Glück und Seelenfrieden gelangen. Sie werden frei sein von jeglicher Begrenzung.

Wie die Unendliche Heilende Gegenwart antwortet, in Träumen und Nachtvisionen

Sie werden in diesem Buch faszinierende Berichte lesen, von Erlebnissen außerhalb des Körpers — auch Astralwanderung genannt; von Hellsehen, Hellhören; Sie werden lernen, Außersinnliche Wahrnehmung für sich nutzbar zu machen; Sie werden erfahren, auf welche Weise es außersinnlich weitentwickelten Personen möglich ist, anderen nach Belieben zu erscheinen und wieder zu verschwinden; Sie lesen von Kommunikationen mit Angehörigen in der jenseitigen Sphäre; vom Pro und Contra der Reinkarnationslehre, und weshalb der Autor in diesem Zusammenhang die bekannten Mythen über Karma, Lebenszyklen etc. sprengt. Das Kapitel über Reinkarnation behandelt alle einschlägigen Themen, wie Erinnerung an frühere Leben, das Phänomen Wunderkind, Ungleichheit bei der Geburt, die Behinderten und sogenannten Benachteiligten. Es wird mit althergebrachten Tabus brechen, mit Restriktionen, Gebundenheiten und Knechtschaft als Hauptursachen von Frustrationen und wiederholten Fehlschlägen.

Lassen Sie in Ihrem Leben Wunder geschehen — von jetzt an!

Die größte anwendbare Wahrheit im Leben ist zugleich auch die einfachste. In diesem Buch zeige ich neue Seiten der Reinkarnationslehre auf, der Kommunikation mit den sogenannten Toten, und präsentiere die großen und ewigen Wahrheiten mit einem Maximum an Einfachheit und anschaulicher Klarheit, um Ihnen bei der Entwicklung Ihrer außersinnlichen Wahrnehmungsfähigkeiten in jeder Weise behilflich zu sein.

Dieses Buch wird Ihnen zeigen, wie Sie Ihre Probleme im täglichen Leben bewältigen können, Führung erhalten, und alle Segnungen erfahren, die mit wirklicher Bewußtheit einhergehen. Fangen Sie noch heute an — jetzt! Lassen Sie Wunder geschehen in Ihrem Leben! Nehmen Sie dieses Buch als Leitfaden, bis das Licht für Sie zum Durchbruch kommt — das Licht Außersinnlicher Wahrnehmung — das Ihnen die absolute Herrschaft über Ihr Leben verleiht — ein Leben, so wie Sie es haben wollen.

Der Autor

1

Das Bewußtwerden
der übersinnlichen Kraft des Geistes

Das erste Kapitel dieses Buches schrieb ich auf Hawaii, im Kona-Inn, mit herrlichem Ausblick auf den pazifischen Ozean. Hunderte von Segelbooten waren draußen; am Tag zuvor hatte ich eine Bootsfahrt mit einem der Fischer unternommen. Mit uns an Bord war auch ein zwölfjähriger Junge, der seine ersten praktischen Erfahrungen mit der Navigation machen sollte. Als ich erwähnte, daß ich meinen Aufenthalt auf der Insel in der Hauptsache dazu benutzen wollte, ein Buch zu schreiben, das sich mit übersinnlichen Prinzipien befaßt, berichtete er mir von einer eigenen Erfahrung auf diesem Gebiet. Als vor einem Monat sein Vater plötzlich starb, auf der mehrere hundert Kilometer entfernten Insel Oahu, wußte er es augenblicklich. Er rannte ins Haus und sagte zu seiner Mutter: »Mami, Papa ist tot. Ich habe ihn gesehen und mit ihm gesprochen.« Wie sich später herausstellte, stimmte der Zeitpunkt des Todes mit der Wahrnehmung des Jungen genau überein.

Zeit oder Raum existieren nicht im Geistprinzip. Als der Vater in die nächste Lebensdimension hinüberwechselte, hatte er den starken Wunsch, das seiner Familie mitzuteilen. Sein sehr sensitiver (für Außersinnliche Wahrnehmungen empfänglicher) Sohn hatte die telepathische Botschaft aufgefangen. Der Junge hatte zugleich eine hellsichtige Vision von seinem Vater. Er war ihm erschienen, um sich zu verabschieden.

Jeder Mensch besitzt solche übersinnlichen Fähigkeiten, das ist eine erwiesene Tatsache. Sie sind latent vorhanden, jedoch mehr oder weniger unerweckt. Offenbar geworden, werden sie oftmals unterdrückt, um nicht von der Umwelt ins Lächerliche gezogen zu werden.

Sie haben übersinnliche Fähigkeiten

Wie oft haben Sie schon an eine bestimmte Person gedacht, nur um im nächsten Augenblick das Telefon klingeln zu hören — und siehe da, der Anrufer war genau diese Person; oder Sie hatten das Gefühl, ein Ihnen nahestehender Mensch brauchte Sie dringend, und stellten durch Anruf fest, daß Ihre Wahrnehmung richtig war.

Am gleichen Tag hatte ich ein Gespräch mit einem Hawaiianer japanischer Abstammung. Wir trafen uns morgens beim Frühstück in einem der behaglichen japanischen Restaurants auf der Insel. Als ich ihm von meinen Schreibplänen erzählte und übersinnliche Phänomene zur Sprache kamen, fragte er mich, ob ich in der Lage sei, einem Mädchen zu helfen, das langsam, aber sicher zugrunde ging, weil sie der Überzeugung war, daß jemand auf Tahiti einen ›Fix‹ — einen Eingeborenenfluch — über sie verhängt hatte. Wir besuchten sie zu Hause und ich redete stundenlang auf sie ein. Ich machte ihr klar, daß die Suggestionen anderer keinerlei Macht besitzen, solange sie selbst durch ihre eigene Überzeugungskraft nicht den anderen Machtanteil hinzufügt und das Ganze damit zur Autosuggestion werden läßt. Ich erklärte ihr eindringlich, daß sie im Begriff war, sich selbst zu zerstören. Es begann ihr zu dämmern, daß sie das Opfer einer Suggestion geworden war und daß ihr einziger

Feind die Furcht in ihrem eigenen Bewußtsein war. Hiob sagte: »*Was ich gefürchtet habe, ist über mich gekommen.*« (Hiob 3:25)

Das Mädchen war in einer Klosterschule erzogen worden und hatte recht gute religiöse Kenntnisse. Die folgenden großen Wahrheiten schrieb ich für sie auf:

Ist Gott für uns, wer mag wider uns sein? (Römer 8:31)
Niemand wird dich antasten, um dir Böses zuzufügen (Apostelgesch. 18:10)
Er wird euch keinen Schaden zufügen (Lukas 10:19)
Dem Gerechten widerfährt kein Leid (Sprüche 12:21)
Es wird keine Plage deiner Hütte sich nahen (Psalm 91:10)
Sie werden dich auf Händen tragen, daß dein Fuß nicht an einen Stein stoße (Psalm 91:12)
Ob tausend fallen an deiner Seite, zehntausend zu deiner Rechten, dich trifft es nicht (Psalm 91:7)

Wir beteten diese Wahrheiten miteinander, und ich wies sie an, bei jedem Anflug eines Furchtgedankens sofort zu bejahen: »Ich bin erfüllt vom Leben Gottes.« Meine Erklärungen konnten sie überzeugen und brachten die Heilung. Zum großen Erstaunen meines japanischen Freundes aß sie einen herzhaften Thanksgiving-Lunch mit uns an diesem amerikanischen Erntedankfesttag, lachte fröhlich und war zu allen möglichen Späßen aufgelegt. Beim Abschied sagte sie mir: »Ich werde niemals wieder an der Wahrheit zweifeln, daß es nur eine Kraft gibt, die sich zum Guten bewegt.« Jetzt schäumt sie über vor Lebensfreude. Außersinnliche Wahrnehmung, Einblick in die Ursache ihrer Schwierigkeit, verhalf ihr zu einem neuen Leben.

Eigentlich hatte ich vorgehabt, am Morgen dieses Thanksgiving Day im Kona-Inn, meinem Hotel, zu frühstücken — aber plötzlich überkam mich ein überwältigendes

Verlangen nach einem Spaziergang. Ich fühlte mich gedrängt, die Straße entlang zu gehen, bis ich dieses japanische Restaurant erreicht hatte, wo mir ein Hinweisschild sagte, daß das Frühstück gerade serviert würde. Und hier war es, wo ich auf den Mann traf, der so verzweifelt bemüht war, dem erwähnten Mädchen zu helfen. Er hatte nichts unversucht gelassen — medizinische, psychiatrische und geistliche Beratungen — alles ohne Erfolg; kein Arzt, kein Geistlicher konnte sie überzeugen. Sie beharrte auf ihrer fixen Idee, bald sterben zu müssen. Verständlicherweise war er sehr deprimiert, denn diese junge Frau stand ihm sehr nahe — er wollte sie heiraten.

Soweit es meine Person betraf, handelte es sich hier eindeutig um eine Außersinnliche Wahrnehmung. Die Unendliche Intelligenz meines Unterbewußtseins wirkte auf mich ein und drängte mich zu dem morgendlichen Spaziergang, der schließlich in das japanische Restaurant führte, wo ich diesen zutiefst aufgewühlten und verstörten Mann traf und ihm die Lösung seines Problems bringen konnte. Die Schöpferische Intelligenz war es, die uns beide zusammenführte, in Göttlicher Ordnung. Wahrhaftig: »Der Mensch kennt nicht die Ursachen seiner Handlungen.«

Ein bemerkenswertes Telefongespräch

Am gleichen Nachmittag — während ich an diesem Kapitel weiterschrieb — erreichte mich ein Anruf von der Insel Maui. Es war eine alte Freundin, die ich einige Tage zuvor besucht hatte, mit einer erfreulichen Nachricht: ein Arzt, für den wir gebetet hatten, weil er infolge einer Verletzung seit Tagen bettlägerig und völlig bewegungsunfähig war, hatte sie angerufen und gesagt: »Am Dienstag ist etwas Wundervolles geschehen! Ein seltsames Gefühl überkam mich; ich spürte, wie eine heilende Kraft mich durchströmte.« Heute fühlt er sich wieder vollkommen wohl, und möchte — der amerikanischen Gepflogenheit entsprechend — am Thanksgiving-Dinner teilnehmen.

Auch hier — Außersinnliche Wahrnehmung in Aktion. Bei meinem Besuch in ihrem gemütlichen Heim vor einigen Tagen bat mich meine Gastgeberin, gemeinsam mit ihr für den befreundeten Arzt zu beten, der sich eine so ernste Rückenverletzung zugezogen hatte, daß er weder gehen noch arbeiten konnte und völlig bewegungsunfähig im Bett liegen mußte. Wir beteten wie folgt: »Der Göttliche Geist, der alles kennt und weiß, kennt auch diesen Arzt. Die Unendliche Heilende Gegenwart, die ihn geschaffen hat, weiß auch, wie sie seine völlige Wiederherstellung bewirken kann. Die vitalisierende, heilende, kräftigende Macht des Unendlichen Einen durchströmt diesen Arzt jetzt und macht ihn gesund, heil und vollkommen. Der Strom des Friedens und der Liebe durchtränkt sein ganzes Wesen und die wunderwirkende Kraft des Unendlichen Lebens erhält und belebt ihn, so, daß in diesem Moment jedes Atom seines Wesens in Bewegung ist. Jedes Atom seines Wesens tanzt zum Rhythmus der ewigen Gottesgegenwart in ihm.«

Wir meditierten über diese Wahrheiten etwa fünf Minuten lang. Wir machten uns bewußt, daß die Kraft der Heilung in ihm wiederhergestellt war, und der Anruf war die Bestätigung unseres Bewußtwerdens der Unendlichen Heilenden Gegenwart. *Sprich nur ein Wort, so wird mein Knecht geheilt werden* (Lukas 7:7). Dieser Bibelspruch bedeutet nicht etwa, daß man jemandem eine Heilungs-Welle oder Gedanken-Welle zusendet, sondern er beschreibt ein tiefes, von Überzeugung getragenes inneres Gefühl, ein Gewahrwerden des Wiederauflebens der heilenden Liebe Gottes im Unterbewußtsein der anderen Person. Hat man diese tiefe Überzeugung in sich gefestigt, erfolgt die Heilung. Un-

abdingbare Voraussetzung dafür ist jedoch die unvoreinge-
nommene Empfänglichkeit und Aufgeschlossenheit der Person, für die man betet. So läßt man die Außersinnliche
Wahrnehmung (Psychische Perzeption) für sich arbeiten.
Psyche bedeutet Seele, Bewußtsein oder Geist; Perzeption
bedeutet Bewußtwerden der Wahrheit über einen Menschen oder eine Situation. Es bedeutet, die Wahrheit über
jedes Problem innerlich zu empfinden, gleichgültig, worum
es sich handelt — Mathematik, Navigation, oder was auch
immer.

Ein Traum wurde Wirklichkeit

Ein sehr interessantes Gespräch hatte ich mit einem Taxifahrer, dessen Vater Chinese und dessen Mutter gebürtige
Hawaiianerin ist. Er erzählte mir, daß er sich vor fünf Jahren regelmäßig gesagt hatte: »Ich brauche mehr Wohlstand,
ich brauche ein Heim für meine Familie.« Eines Nachts
hatte er einen lebhaften Traum: Ein chinesischer Weiser erschien ihm, zeigte ihm ein bestimmtes Stück Land nahe der
Kona-Küste und wies ihn an, dieses Land zu kaufen. Er tat
genau das — und heute beträgt der Wert des Grund und Bodens bereits das Fünfzehnfache.

Dieser Traum hat ihn reich und damit finanziell unabhängig gemacht. Er war wachsam und auf dem qui vive (dem
Posten). Er folgte bedingungslos der Führung, die aus den
Tiefen seines Unterbewußten kam. Er wußte so gut wie
nichts über die Wirkungsweise seines Unterbewußtseins,
dennoch arbeitete das Gesetz für ihn, weil er sich ruhig und
mit gefühlter Überzeugung gesagt hatte: »Ich brauche mehr
Geld, ich brauche ein neues Haus, und die Antwort wird
kommen — irgendwie!« Er war sich der hier wirksam wer-
denden Kräfte seines tieferen Gemüts zwar nicht bewußt;

nichtsdestoweniger reagierten sie trotzdem in Form eines Traumes, den er wiederum genau zu deuten wußte, und entsprechend handelte er auch. Die Bibel sagt: *Ich, der Herr, offenbare mich ihm in Gesichten und rede in Träumen mit ihm.* (Numeri 12:6)

Operation, ja oder nein — eine erstaunliche Antwort auf diese Frage

Eine junge Sekretärin suchte meinen Rat. Sie hatte um Führung und Klärung der Frage gebeten, ob sie sich einer Fußoperation unterziehen sollte oder nicht. Daraufhin hatte sie in fünf aufeinanderfolgenden Nächten immer den gleichen wiederkehrenden Traum. Jedesmal erschien ein Mann, der ihr sagte: »Frag den Mann mit dem *I Ging!*«

Sie kam deshalb an meinen Tisch und sagte: »Wie ich sehe, lesen Sie das Buch *I Ging.* Ich kenne es zwar nicht, habe noch nie davon gehört, aber mein Traum muß eine tiefere Bedeutung haben.«

Ich erklärte ihr kurz die mathematischen Prinzipien hinter dem *I Ging.* Für sie ging es um die Frage: »Wird mein Fuß geheilt durch osteopathische Behandlung und Ultraschall-Therapie?« Die Antwort war: »Befreiung« — ein sehr positives, eindeutiges Ja.

Sie war mehr als erfreut: »Das ist die wunderbarste Antwort! Ich weiß, daß sie wahr ist! Gestern hatte ich mich fachärztlich untersuchen lassen. Befund: Heilung durchaus möglich.«

Sie hatte nach einer Antwort verlangt, ihr Unterbewußtsein gab sie ihr in der erwähnten Traumhandlung. Es empfahl das *I Ging.* Weshalb? Niemand weiß das. Jesaja sagt: *So hoch der Himmel über der Erde ist, soviel sind meine Wege höher als eure Wege.* (Jes. 55:9)

Außersinnliche Wahrnehmung beseitigt Einsamkeit

Bei einem früheren Besuch der Insel Hawaii, vor drei Jahren, beklagte sich eine Kellnerin bei mir über ihre Einsamkeit und den Umstand, dem richtigen Mann noch nicht begegnet zu sein. Ich erläuterte ihr eine sehr alte, aber einfache Technik, dem Unterbewußtsein etwas aufzuprägen. Nach meinen Instruktionen stellte sie sich abends vor dem Einschlafen spürbar einen Ehering an ihrem Finger vor. Sie wiederholte das Nacht für Nacht — vor dem Hinübergleiten in den Schlummer fühlte sie das Gewünschte als vollendete Tatsache. Das Fühlen des Ringes an ihrem Finger beinhaltete für sie gleichzeitig die Tatsache, mit dem idealen Mann verheiratet zu sein — einem Ehepartner, mit dem sie in jeder Weise harmonierte.

Jetzt — drei Jahre später — machte mich die junge Dame am Swimming-Pool des Kona-Inn-Hotels mit ihrem Ehemann bekannt. Sie führen eine ideale Ehe. Sie verriet mir, daß sie auch ihre beiden Schwestern mit dieser einfachen Technik vertraut gemacht hat, die ihrerseits damit zwei großartige Ehepartner zu sich heranzogen. Diese einfache Handlungsweise — ständig wiederholt — gibt den Gedanken an das Unterbewußtsein weiter, und die Weisheit des Unterbewußtseins antwortet auf ihre eigene Weise. Es führte die junge Dame und ihren zukünftigen Ehemann zusammen, in Göttlicher Ordnung. Das ist Außersinnliche Wahrnehmung, oder — anders ausgedrückt: das Gesetz der Anziehung in Aktion.

Die Ein-Wort-Zauberformel

Viele Menschen, die, von finanzieller Mangelerscheinung und Unsicherheit bedrückt, meinen Rat in Anspruch nehmen, sind übereinstimmend der Ansicht: Mir fehlt nichts, das nicht mit 50 000 Dollar zu heilen wäre. Ich gebe ihnen dann ein ganz einfaches Rezept — meine Ein-Wort-Zauberformel. Sie lautet *Wohlstand.* Ich frage dann jeden von ihnen: »Glauben Sie an Wohlstand?« Die Antwort kommt mit unfehlbarer Sicherheit: »Selbstverständlich! Ich sehe Wohlstand überall um mich herum« oder Antworten, die auf das gleiche hinauslaufen.

Die folgenden Gedanken stelle ich dann klar heraus: »Wenn Sie die Straße entlang gehen, dann sehen Sie Tempel, Kirchen, Banken, Geschäfte mit Waren jeglicher Art, Millionen Autos und auch zahllose Maschinen und Geräte aller Art — alles das einmal vom Geist des Menschen erschaffen. Jede Anlage, jede Erfindung, wie etwa das Radio, Fernsehen, Automobil, Schreibmaschine, Nähmaschine, Häuser, Wolkenkratzer usw. waren zunächst unsichtbar, noch nicht verwirklicht; aber sie waren Ideen oder Gedankenimpressionen im Geist des Menschen. Mental und emotional genährt sickerte dieser Denkimpuls ins Unterbewußtsein, das seinerseits den Menschen zum Handeln drängte. Darüber hinaus zog es alles zur Verwirklichung des Traumes Erforderliche heran. Unsere Welt enthält ausreichend Materialien, um jeden Mann wie einen König und jede Frau wie eine Königin zu kleiden. Mehr noch: Die Natur ist üppig, extravagant, reichhaltig und verschwenderisch. Blikken wir auf die noch unerschlossenen Schätze in den Tiefen der Erde, des Meeres und in der Luft. Sie sind noch nicht einmal aufgespürt.«

Nach einer solchen Einführung beginnen meine Zuhörer gewöhnlich, den Begriff ›Wohlstand‹ in seiner ganzen Bedeutung zu erfassen. Sie begreifen, daß Wohlstand eine Geisteshaltung ist — eine Idee, eine gedankliche Vorstellung — nichts anderes. Und wenn diese Gedankenabläufe mit Kraft und Leben, also Gefühl erfüllt sind, wird das

Wachbewußtsein des Menschen von seinem Unterbewußtsein aktiviert, und das Gesetz der Anziehung setzt Reichtümer zu ihm in Bewegung — außersinnlich, geistig und materiell. Der ganze Modus ist äußerst einfach: Sie halten unmittelbar vor dem Hinübergleiten in den Schlaf nur einen Gedanken fest, nur ein Wort: ›Wohlstand‹. Wohlstand, Reichtum — diese Begriffe in ihrer ganzen Bedeutung erfaßt und empfunden.

Wohlstand oder Reichtum — ein solches Wort immer wieder langsam und gefühlvoll gesprochen oder gedacht, unmittelbar vor dem Einschlafen, bewirkt das Eindringen der Idee des Reichtums in die Tiefen des Unbewußten. Letzteres reagiert darauf, indem es oftmals verborgene Talente freisetzt, die wiederum neue Türen öffnen. Oder durch neue Ideen, Erfindungen und Entdeckungen, oder indem es zu den Schätzen der Erde hinführt und zu den geistigen und außersinnlichen Schätzen im Innern des Menschen.

Wann immer Menschen diesen Anweisungen gefolgt sind, waren die Resultate bemerkenswert und außerordentlich erfolgreich. Die wenigen Erfolglosen mußten ihre Verfahrensweise korrigieren. Sie hatten die festgefahrene Gewohnheit, im Wachzustand den Gedanken an Wohlstand abzuweisen, sie lebten in einem Mangelbewußtsein. In anderen Worten: Sie verneinten tagsüber das, was sie vor dem Einschlafen bejaht hatten und neutralisierten damit die Bejahung ihres Guten, machten seine Verwirklichung unwirksam. Nachdem sie diesen entscheidenden Fehler behoben hatten, stellten sich Resultate ein. Wenn ihnen negative Gedanken kamen, wie etwa »Ich kann diesen Banktermin nicht einhalten« oder »Ich kann mir den neuen Wagen nicht leisten«, dann begegneten sie ihnen sofort wieder und wieder mit der Bejahung: »Ich verfüge jetzt über Reichtum, ich bin wohlhabend.« Damit wurde ihnen der Gedanke an Reichtum nach und nach zur Gewohnheit — und wir sollten uns im klaren darüber sein, daß Beten gleichfalls eine Gewohnheit ist, und daß unser Unterbewußtsein der Ursprung jeder Gewohnheit ist. Reichtum ist eine gute Gewohnheit, Armut dagegen eine schlechte − das ist der ganze Unterschied zwischen Reichtum und Armut.

Ein Versuch überzeugt: es funktioniert

Ein Bekannter von mir, von Beruf Geologe, erhielt vor einigen Monaten den Auftrag, in Australien weitere Möglichkeiten für den Bergbau in der westlichen Welt zu erforschen. Das Gebiet war für ihn kartographisch gut vorbereitet − jedoch hatte man ihm wohlweislich verschwiegen, daß vor ihm bereits zwei außerordentlich fähige Kollegen, ausgerüstet mit allen erforderlichen Geräten, die Gegend systematisch durchgearbeitet hatten und mit negativem Ergebnis in das Hauptquartier zurückgekehrt waren. Ihre Ansicht war eindeutig: »Kein Befund.« Mein Freund hingegen entdeckte eine Silberader und reichhaltige Uranvorkommen schon am zweiten Tag seines Aufenthaltes in dem skizzierten Areal.

Schon vor seiner geplanten Reise nach Australien hatte er sich jeden Abend in den Schlaf gelullt mit dem Wort ›Reichtum‹. Sein Unterbewußtsein enthüllte ihm, wo sich dieser Reichtum befand. In Australien angekommen, fühlte er sich zu einer Mine geleitet, die nun bald erschlossen werden soll. Der gleiche Geologe entdeckte Erdöl und andere Reichtümer der Natur. Er ist sich im klaren darüber, daß Wohlstand ein Bewußtseinszustand ist, und nachdem er ihn in seinem Wachbewußtsein etabliert hatte, fühlte er sich dorthin geführt, wo er ihn zutage fördern konnte. Die anderen Geologen hatten dieses Bewußtsein des inneren Reichtums nicht, so entging ihnen der Reichtum des Bodens.

Wie eine Sekretärin die Ein-Wort-Zauberformel anwandte

»Wenn mir jemand noch vor einem Jahr gesagt hätte, daß ich heute einen Lincoln fahren, einen Nerz tragen, kostbare Juwelen besitzen, im eigenen Haus wohnen und mit einem wundervollen Mann verheiratet sein würde, dann hätte ich wohl laut gelacht!« Das sagte mir eine Sekretärin, die regelmäßig meine sonntäglichen Vorträge im Wilshire Ebell Theatre in Los Angeles hört. Diese junge Dame nahm meine Instruktionen sehr ernst. Sie erschienen ihr sinnvoll und einleuchtend, und sie entschloß sich, sie in der Praxis anzuwenden. Um sich nicht hämischer Kritik und dem Gespött ihrer Kolleginnen auszusetzen, behielt sie ihr Wissen für sich.

Bereits drei Monate, nachdem sie voller Vertrauen und vom Gelingen ihres Vorhabens überzeugt ihr Unterbewußtsein entsprechend programmiert hatte, begannen Reichtum, Glück und Überfluß an allem Guten lawinenartig in ihr Leben zu strömen.

Wie Außersinnliche Wahrnehmungsfähigkeit entwickelt wird

Entspannen Sie Ihren Körper allabendlich mit ruhigen Bejahungen folgendermaßen: »Meine Zehen sind entspannt, meine Füße sind entspannt, meine Fersen sind entspannt, meine Beine sind entspannt, meine Schenkel sind entspannt, sämtliche Muskeln meines Unterleibs sind entspannt, mein Herz und meine Lungen sind entspannt, mein Nacken ist entspannt, meine Hände und Arme sind entspannt, mein Kopf ist entspannt, meine Augen sind entspannt, mein Gehirn ist entspannt – mein gesamtes Sein ist entspannt, und ich bin voller Frieden.« Diese beruhigenden Bejahungen werden Ihren ganzen Körper auf wunderbare Weise entspannen.

Dieser entspannte Zustand versetzt Sie in die Lage, Ihrem Unterbewußtsein vor dem Einschlafen die folgenden Gedanken einzuprägen: »Die Unendliche Intelligenz in meinem Unterbewußtsein enthüllt mir alles, was ich an Wissen benötige, in jedem gegebenen Moment und an jedem Ort. Ich werde Göttlich inspiriert und Göttlich geführt auf allen meinen Wegen. Göttliche Führung ist jetzt mein. Ich bin in der Lage, jedesmal die *Führung* zu erkennen, die meinem bewußten, abwägenden Geist zuteil wird. Intuitiv wird mir die eigentliche Wahrheit über jede gegebene Situation bewußt. Ich höre die Wahrheit, ich sehe die Wahrheit, ich kenne die Wahrheit. Die Motivationen anderer sind mir klar erkennbar, ich weiß sie zu deuten, und wenn sie in irgendeiner Weise hinterhältig sein sollten, verwandle ich sie, indem ich die Allgegenwart von Gottes Liebe, Frieden und Harmonie bejahe, wo immer ein Mißklang ist. Göttliche Harmonie ist jetzt mein. Göttlicher Erfolg ist jetzt mein. Göttliches rechtes Handeln ist jetzt mein. Göttliches Gesetz und Göttliche Ordnung sind jetzt mein. Göttlicher Frieden erfüllt jetzt meine Seele. Göttliche Liebe durchdringt jetzt mein ganzes Wesen. Ich bin von Göttlicher Weisheit erleuchtet und ich bin hellsichtig und hellhörig von geistiger Sicht aus. Die einzige Stimme, die ich höre, ist die Stimme Gottes in meinem Innern, die mir Frieden vermittelt. Meine Hellsichtigkeit ist meine Befähigung, Frieden zu sehen, wo Zwietracht ist, Liebe, wo Haß ist, Freude, wo Traurigkeit ist, Frieden, wo Schmerz ist, und Leben, wo der sogenannte Tod ist.«

Was du erblickst, o Mensch, zu dem sollst du auch werden — Gott, wenn Gott du siehst, und Staub, wenn du Staub siehst.

Zusammenfassung

1. Ein zwölfjähriger Junge lief nach Hause und sagte seiner Mutter: »Mami, Papa ist tot. Ich habe ihn gesehen und mit ihm gesprochen.« Der Tod des Vaters wurde später fernmündlich bestätigt. Wir sollten uns klarmachen, daß jeder Mensch übersinnliche Fähigkeiten hat. Dieser Junge hatte eine hellsichtige Vision von seinem Vater. Er war ihm erschienen, um sich zu verabschieden.

2. Sie haben übersinnliche Fähigkeiten. Wie oft haben Sie schon an eine bestimmte Person gedacht, nur um im nächsten Augenblick das Telefon klingeln zu hören — und siehe da, der Anrufer war genau diese Person; oder Sie hatten das Gefühl, daß ein Ihnen nahestehender Mensch Sie brauchte, und Sie stellten durch Anruf fest, daß Ihre intuitive Wahrnehmung richtig war.

3. Eine junge Frau war im Begriff, allmählich zugrunde zu gehen, weil sie überzeugt war, mit einem ›Fix‹ — einem Eingeborenenfluch eines Tahiti-Insulaners — behaftet zu sein. Sie erlangte vollkommene Heilung, nachdem sie ihr Bewußtsein mit dem großen Wahrheitsgedanken angefüllt hatte: »Ich bin erfüllt vom Leben Gottes.«

4. Wenn Sie für einen anderen Menschen beten, dann senden Sie ihm keineswegs eine Heilungs- oder Gedankenwelle. Am wirksamsten ist ein tief inneres Gefühl, eine Überzeugung, ein Gewahrwerden vom Wiederaufleben der heilenden Liebe Gottes im Unterbewußtsein der anderen Person. Das bringt sichere Resultate.

5. Ein Taxifahrer hatte nach einer geistigen Behandlung für Wohlstand einen lebhaften Traum: Ein chinesischer Weiser

war ihm erschienen, hatte ihm ein Stück Land nahe der Kona-Küste gezeigt, und ihn angewiesen, dieses Land zu erwerben. Er folgte dieser Eingebung und besitzt heute Grund und Boden, dessen Wert inzwischen um das Fünfzehnfache gestiegen ist. Ein Traum kann Sie reich und damit finanziell unabhängig machen.

6. Einen immer wiederkehrenden Traum hatte eine Sekretärin, nachdem sie um Führung gebetet hatte. Jedesmal erschien ein Mann, der ihr sagte: »Frag den Mann mit dem *I Ging*.« Sie suchte mich auf und stellte die Frage des *I Ging*: »Wird mein Fuß geheilt werden durch osteopathische Behandlung?« Die Antwort hieß ›Befreiung‹ und erwies sich als richtig. Ihr Unterbewußtsein faßte die Antwort in ein Traumgeschehen mit dem Buch *Geheimnisse des I Ging* als Mittelpunkt.

7. Reichtum ist ein Bewußtseinszustand — eine Idee oder gedankliche Vorstellung. Die Ein-Wort-Zauberformel ›Reichtum‹ wieder und wieder gedacht und empfunden, wird mit Lebenskraft erfüllt und setzt das Gesetz der Anziehung in Gang und bewirkt außersinnlichen, geistigen und materiellen Wohlstand.

8. Verneinen Sie niemals das gerade zuvor Bejahte wieder, das neutralisiert Ihr Gutes. Wenn Ihnen ein Gedanke kommt wie: »Ich kann mir den neuen Wagen nicht leisten«, bejahen Sie sofort: »Reichtum ist jetzt mein« wieder und wieder. Nach einer Weile wird die Geisteshaltung des Reichseins in Ihrem Unterbewußtsein eingeprägt sein.

9. Ein Geologe hatte den Begriff ›Reichtum‹ jeden Abend unmittelbar vor dem Einschlafen lebhaft gedacht und empfunden. Daraufhin enthüllte ihm sein Unterbewußtsein, wo

sich dieser Reichtum befand und führte ihn zu der richtigen Stelle. Hier konnte er bislang unentdeckte Bodenschätze erschließen.

10. Eine Sekretärin bejahte regelmäßig: »Ich fahre einen luxuriösen Wagen, trage einen Nerzmantel und teure Juwelen, ich lebe im eigenen Haus und bin glücklich verheiratet.« Nach Ablauf von etwa drei Monaten verwirklichte sich alles, als Folge ihrer vertrauensvollen Unterbewußtseinseingebung.

11. Empfänglichkeit für Außersinnliche Wahrnehmungen kann entwickelt werden. Voraussetzung dafür ist ein völliges Entspannen des Körpers. Bejahen Sie: »Meine Zehen sind entspannt, meine Füße sind entspannt, meine Fersen sind entspannt, meine Beine sind entspannt, mein Herz und meine Lungen sind entspannt, mein Nacken ist entspannt, meine Hände und Arme sind entspannt, mein Gehirn ist entspannt, mein ganzes Wesen ist entspannt und ich bin im Frieden.« Diese Bejahungen entspannen den Körper und helfen Ihnen, auf wunderbare Weise übersinnliche Kräfte zu entwickeln.

2

Die übersinnlichen Kräfte in uns

Jeder Mensch hat übersinnliche Kräfte. Er verfügt über Erfahrungen bzw. ist sich Begebenheiten bewußt, die das Erfassungsvermögen der fünf Sinne überschreiten. Während ich dieses Kapitel schrieb, erhielt ich einen Brief von meiner Schwester, die als Lehrerin und Ordensschwester in England wirkt. In diesem Brief berichtete sie mir von einer bemerkenswerten Traumvision. Sie hatte im Traum ganz deutlich eine Gruppe betender und meditierender Menschen gesehen — in meinem Haus am Heiligen Abend. Als sie auf ihre Uhr sah — im Traum — war es 24.00 Uhr und über der Uhr wurden Schriftzüge sichtbar. Sie las: ›Beverly Hills‹.

Seit 21 Jahren gehört es zu meinen Gepflogenheiten, am Heiligen Abend ein paar Freunde bei mir zu haben und mit ihnen zusammen ein uraltes mystisches Weihnachten zu feiern. Genau um die Mitternachtsstunde gehen wir für eine längere Zeit in die Stille und meditieren über zeitlose Wahrheiten. Obgleich meine Schwester zu der Zeit in England fest schlief, hatte sie den gesamten Handlungsablauf detailliert miterlebt. Sie hatte die Vorbereitungen zur Meditation im einzelnen gesehen und meine Anweisungen genau gehört. Vor dem Schlafengehen hatte sie an mich gedacht. Da ein Zeitunterschied für das Unendliche Bewußtsein nicht existiert, hatte sie sich nur geistig auf unser Mitternachtstreffen eingestellt und erlebte so das ganze Geschehen mit.

Diese Kräfte sind in jedem Menschen latent vorhanden, werden jedoch zumeist vernachlässigt, verspottet und lächerlich gemacht. Halten wir eine einfache Wahrheit fest: Ihre übersinnlichen Kräfte entwickeln sich automatisch, sobald Sie außersinnlich durch Gebet, Studium, Meditation und mystisches Sehen wachsen.

Entwicklung Ihrer übersinnlichen Kräfte

Geben Sie gut acht, daß Sie übersinnliche Kräfte jeglicher Art ausschließlich zu positiven Zwecken einsetzen. Diese Kräfte sollten nur zum Segen der Menschheit angewandt werden, für Heilungszwecke, zur Inspiration. Gebrauchen Sie diese Kräfte niemals, um andere zu beherrschen oder um in das Leben anderer Menschen einzugreifen. Das Recht anderer auf Freiheit und Glücksstreben sollte Ihnen — wie Ihr eigenes — unantastbar sein! Jeder Mißbrauch Ihrer Geisteskräfte würde katastrophale Folgen für Sie selbst auslösen. Sie sind der einzige Denker in Ihrem Universum, und es ist Ihr schöpferischer Gedanke, der das, was Sie für die andere Person bejahen, mit Sicherheit in Ihr eigenes Leben bringt.

Umkehren negativer Denkmuster

Eine junge Frau, die wegen ihres schwebenden Scheidungsverfahrens mit den Nerven völlig am Ende war, kam zu mir in die Sprechstunde. Während der Meditationsperiode, mit der ich die Beratung beendete, begab ich mich in einen sehr passiven, für Außersinnliches empfänglichen Zustand. Vor meinem geistigen Auge sah ich plötzlich eine Szene: Die junge Dame und eine Begleiterin reisten in einem Auto. An einer Kreuzung wurde der Wagen von einem Lastzug gerammt und völlig zertrümmert — beide Insassen wurden auf der Stelle getötet. Ich kehrte dieses Gedankenbild sofort um und bejahte Gottes Gegenwart in dieser jungen Frau — durch sie wirkend und überall um sie herum. Ich wußte und spürte, daß sie zu jeder Zeit von Göttlicher Liebe geführt und beschützt wurde.

Ich fragte sie: »Wollen Sie zu Weihnachten mit dem Wagen nach Hause fahren?« Sie antwortete: »Etwas in mir sagt ›Nein‹, aber meine Freundin besteht darauf, daß ich mit ihr fahre. Sie will mich zu Hause absetzen und dann weiterfahren.« Ich beschwor sie, unter gar keinen Umständen mit dem Auto zu fahren und auf jeden Fall ihrer inneren Führung zu folgen, die sie immer zu schützen sucht. Sie ließ sich überzeugen, sagte die Reise ab und nahm das Flugzeug. Ihre Freundin fuhr allein, stieß an einer Kreuzung mit einem Lastzug zusammen und erlitt tödliche Verletzungen.

Wenn ein Gedankenbild negativer Art erscheint, dann kehren Sie es um, indem Sie Ihr Bewußtsein auf eine höhere Stufe bringen. Sofern es möglich ist, warnen Sie die betreffende Person. Machen Sie ihr klar, daß jeder Führung erhält, der auf die innere Stimme hört.

Erforschung des Übersinnlichen

Prof. J. B. Rhine von der Duke Universität, die Society for Psychical Research of Great Britain, und viele andere Universitätslaboratorien auf der ganzen Welt haben eine beträchtliche Anzahl von Fakten zusammengetragen. Tausende von beglaubigten Fällen, bei denen Clairvoyance — Hellsichtigkeit — im Spiel war. Hierbei nimmt man Ereignisse und Situationen wahr, die sich irgendwo entfernt abspielen; desgleichen mit Präkognition, der Fähigkeit, zukünftige Begebenheiten im Geist vorauszusehen; Telepathie, die gedankliche Kommunikation mit anderen; Überwindung von Zeit und Raum; und Retrokognition, die Fähigkeit, Ereignisse der Vergangenheit zu sehen. Alle diese übersinnlichen Fähigkeiten sind latent in jedem von uns vorhanden.

Sie las die Todesanzeige, bevor es geschah

Während eines Ausflugs nach Kona, das an der Westküste von Hawaii liegt, sprach ich mit einer Kellnerin, die mir erzählte, daß sie von Zeit zu Zeit in den Zeitungen vom Tod älterer Verwandter lese. Und jedesmal, wenn Familienangehörige die Blätter nach den erwähnten Todesanzeigen durchsuchen, ist auch nicht die kleinste derartige Nachricht zu finden. Nach einer gewissen Zeit jedoch — üblicherweise eine Woche bis zehn Tage später — erscheinen die Anzeigen tatsächlich. Hier haben wir einen Fall von Präkognition oder geistiger Vorausschau.

Die Mutter dieser Kellnerin hatte ihr schon in frühester Kindheit bedeutet, daß sie eines Tages in der Lage sein würde, zukünftige Ereignisse vorherzusehen — genau so, wie ihre Mutter das von jeher gekonnt hatte. Zweifellos hatte diese Eröffnung einen unauslöschlichen Eindruck in ihrem Unterbewußtsein hinterlassen und es reagierte entsprechend. In telepathischem Rapport mit ihren Verwandten registrierte sie — einer Empfangsstation gleich — deren unmittelbar bevorstehenden Tod, was wiederum dem Unterbewußtsein eines jeden der Beteiligten bekannt war.

Außersinnliche Wahrnehmung rettete das Leben seines Vaters

Vor etwa sechs Monaten schrieb mir ein Hörer meiner Radiosendungen von einer eigenen übersinnlichen Erfahrung.

Er fuhr auf dem Highway in Richtung San Francisco, als er plötzlich ganz deutlich die Stimme seines Vaters hörte, die ihm sagte: »Bete für mich, mein Junge. Ich habe einen schweren Herzanfall!« Er verließ die Autobahn auf der nächsten Ausfahrt und hielt an. Dann betete er: »Der Friede Gottes regiert im Herzen meines Vaters. Gott heilt ihn jetzt und Gott beschützt ihn.« Er betete auf diese Weise ungefähr eine halbe Stunde lang und verspürte dann plötzlich das wunderbare Gefühl eines tiefen Friedens. Es war ein unbeschreiblich schönes, beruhigendes Gefühl.

Von der nächsten Stadt aus rief er bei seinen Eltern an und erfuhr von seiner Mutter, daß sein Vater kurz zuvor in eine Klinik gebracht worden war. Während der Fahrt zur Arbeit hatte er eine schwere Herzattacke erlitten. Zum Glück war er noch in der Lage, seinen Wagen anzuhalten, wenn auch mitten auf der Fahrbahn. Dieser Umstand wiederum sollte sich als außerordentlicher Glücksfall erweisen, denn dadurch wurde sein Hintermann aufmerksam – ein Arzt –, der ihm sofort eine Notinjektion geben konnte und ihn dann in eine nahegelegene Klinik brachte. Er hatte die Krise bereits überstanden und war sich bewußt, daß sein Sohn ihm durch Gebetshilfe das Leben gerettet hatte.

Hier handelt es sich um einen Fall von Clairaudience – von Hellhören. Dabei hört man klar und deutlich die innere Stimme der Intuition oder die Stimme eines geliebten Menschen, möglicherweise Tausende von Kilometern entfernt – da Zeit und Raum überhaupt keine Rolle spielen, wenn die höheren Kräfte Ihres Geistes wirksam werden. Der Vater verspürte das intensive Bedürfnis, mit seinem Sohn in Verbindung zu treten und sein Unterbewußtsein übertrug die Nachricht als Stimme des Vaters zum Ohr des Sohnes, der sich in diesem Augenblick an einem 900 Kilometer entfernten Ort befand. Der genaue Zeitpunkt des Herzanfalls war identisch mit dem Zeitpunkt, an welchem der Sohn die

Stimme hörte. Die schnelle Reaktion des Sohnes hat dem Vater zweifellos das Leben gerettet.

Auch Sie haben diese Kräfte in sich, es sind Kräfte, die die Welt umspannen können, ungehindert durch die Begrenzungen von Zeit und Raum.

Sie können einem Vortragenden telepathische Botschaften senden

Bei meinen sonntäglichen Vorträgen sind unter den Zuhörern zumeist solche, die Antworten auf ganz bestimmte Fragen finden wollen. Oftmals senden sie mir eine gedankliche Botschaft nach vorn ans Rednerpult, und ich muß dann jedesmal feststellen, daß ich von meinem eigentlichen Thema abgewichen bin, um sie zu beantworten, kehre danach jedoch immer wieder zum Hauptthema zurück. Am Schluß der Veranstaltung hat mir dann schon manch einer gesagt: »Ich hatte gehofft, daß Sie diese Frage behandeln würden. Dieses Problem beherrschte mein ganzes Denken und Sie brachten die Lösung!« Hier wurde ein Gedanke zu mir ans Rednerpult gesandt und ich reagierte. Das ist Telepathie.

Sie sagte: »Ich verlasse diese Welt«

Eine 92 Jahre alte Dame rief mich vor kurzem an und bat mich, sie in ihrem Altersheim zu besuchen. Dort informierte sie mich, daß sie innerhalb einer Woche den Übergang in die nächste Dimension vollziehen werde, sie gab mir Tag und Uhrzeit an, und alles geschah wie vorhergesagt. Rein intuitiv kannte sie den Zeitpunkt ihres Übergangs. Sie wußte zugleich, daß sie von ihren Lieben dort bereits erwartet wurde. Die nächste Dimension des Lebens, das sogenannte Jenseits, durchdringt unseren diesseitigen Bereich, und unsere Lieben sind ständig um uns herum. Es ist lediglich eine andere Schwingungsfrequenz, die eine scheinbare Trennung bewirkt. Diese Frau war, wie sie mir sagte, von einer ›Wolke von Zeugen‹ umgeben. Ihre vorangegangenen Angehörigen hatten sich ihr bemerkbar gemacht und ihr bedeutet, daß sie von ihnen erwartet würde. Daher war der bevorstehende Übergang für sie nichts anderes als ein Durchgang durch eine andere Tür in unseres Vaters Haus der vielen Wohnungen. Zum Abschied sagte sie mir: »Ich gehe in freudiger Erwartung. Meine drei Söhne erwarten mich da oben.«

Die ›American Society of Mathematics‹

Diese renommierte wissenschaftliche Körperschaft hatte es sich angelegen sein lassen, die intensiven Forschungen Prof. Rhines an der Duke Universität gründlichen Prüfungen zu unterziehen. Das Resultat ihrer Untersuchungen war, daß jedes einzelne der in die Tausende gehenden Experimente mit Telepathie, Hellsichtigkeit und Präkognition als echt befunden wurde. Alle diese außerordentlichen Fähigkeiten des Geistes fallen heute unter den Sammelbegriff Parapsychologie.

Plötzlich hörte sie eine Stimme und fand das Testament

Im letzten Jahr hatte ich den Besuch einer Witwe, die mir sagte, daß ihr Mann ihr kurz vor seinem Ableben erklärt hatte, ein neues Testament verfaßt zu haben, nach dem er ihr sein gesamtes Vermögen hinterlassen wollte. Sein Anwalt jedoch wußte nichts von einem solchen Testament.

Das in seinen Händen befindliche war zehn Jahre alt. Ich schlug ihr die folgende Bejahung vor: »Die Unendliche Intelligenz weiß, wo sich das Testament befindet, und enthüllt es mir jetzt.« Sie hatte das ganze Haus durchsucht, ohne Erfolg. Drei oder vier Tage nachdem sie mit ihren Gebeten begonnen hatte, hörte sie jedoch beim Bügeln in der Küche ganz deutlich die Stimme ihres Mannes: »Jesaja, 45. Kapitel.« Sie schlug die entsprechende Seite in der Bibel auf und fand dort das gesuchte Testament, von zwei Zeugen beglaubigt und mit allen erforderlichen Unterschriften versehen. Rein intuitiv wußte sie, daß ihr Mann stets gegenwärtig und um ihr Wohlergehen bemüht war. Sie fühlte seine Nähe bei jeder Gelegenheit im Haus. Ihr Unterbewußtsein reagierte auf ihre Gebete und sprach zu ihr mit der Stimme ihres Mannes, und sie gehorchte dieser Stimme ohne Zögern. In der anderen Dimension, auf der unsichtbaren Seite, erfolgt die Verständigung ausschließlich mittels Telepathie, allein durch Gedankenkraft. Ihr Unterbewußtsein setzte die telepathischen Impulse entsprechend um und machte sich ihr als die vertraute Stimme ihres Mannes bemerkbar. So erlebte sie die tiefe Freude einer Gebetsbeantwortung. Dabei ist es ziemlich gleichgültig, ob ihr Unterbewußtsein nun die Stimme ihres Mannes widerspiegelte oder seine Gedankenkraft hörbar machte; es ist der eine Unendliche Geist in uns allen, der hier tätig wurde, dieser eine Unendliche Geist, in den wir alle eingetaucht sind.

Zwiesprache mit sogenannten Toten ist nichts Ungewöhnliches

Kürzlich besuchte ich einen Mann in der Klinik, der im Begriff stand, den Übergang in die andere Dimension zu vollziehen. Die Ärzte gaben ihm nur noch wenige Stunden. Als wir miteinander beteten, rief er plötzlich: »Jimmy, Mary und Jean sind hier.« Er sprach mit ihnen. Es waren seine drei Kinder, die sich alle bereits im Jenseits befanden. Dann sagte er zu mir: »Thaddeus ist ebenfalls hier. Ich wußte gar nicht, daß er auch hinübergegangen ist.«

Seine gleichfalls anwesende Frau hielt das Ganze für Fieberphantasie. Es waren aber durchaus keine Fieberphantasien; er war bei vollem Bewußtsein und führte eine lebhafte Unterhaltung mit mir. Eine Woche später stellte sich heraus, daß der Sohn Thaddeus in Australien verstorben war. Dieser Mann hatte alle verstorbenen Mitglieder seiner Familie tatsächlich gesehen. Seine Lieben waren um ihn herum, ungeachtet unserer Vorstellung von Zeit und Raum. In Körpern der vierten Dimension wurden sie auf unserer Ebene wirksam, um ihm den Übergang zu erleichtern.

Wenn die gängigen Maßstäbe, seit Tausenden von Jahren durch Aberglauben und verschiedene theologische Interpretationen in uns verankert, überwunden sind, werden wir unsere Lieben sehen und hören können. Sie sind ständig um uns herum, ebenso wie die Radio- und Fernsehwellen, die innen und außen den gesamten Äther durchdringen und durch Einstellen einer bestimmten Frequenz auf der Skala hör- und sichtbar gemacht werden können.

Ein Offizier hört die Stimme seines Bruder: »Du wirst gerettet«

Vor einigen Monaten war ich Gastredner auf einem Bankett. Mein Tischnachbar war ein Offizier der US-Army, gerade aus Vietnam zurückgekehrt. Er und sein Bruder waren auf einer Patrouille verwundet worden und sein Bruder starb noch bevor Hilfe kam. Dann geschah etwas sehr Seltsames: Sein Bruder erschien ihm und sagte: »Die Sanitäter sind nicht weit weg; ich werde ihnen sagen, wo du bist, und du wirst gerettet.« In etwa einer halben Stunde kamen zwei Sanitäter und leisteten Erste Hilfe. Sie sagten: »Ein Offizier erschien aus dem Nichts und gab uns die entsprechenden Hinweise.« Die Beschreibung paßte in jedem Detail auf seinen gefallenen Bruder. Nach ein paar Stunden konnte er von einem Hubschrauber in ein Lazarett gebracht werden, wo er sich von seinen Verwundungen schnell erholte.

Im Grunde ist das Ganze keineswegs seltsam, wenn man sich die Mühe macht, die Dinge genau zu durchdenken. Wir sind geistige und außersinnliche Wesen. Wenn wir den Körper verlassen, nehmen wir sofort einen anderen, vierdimensionalen Körper an. Wir können sehen und gesehen werden, verstehen und verstanden werden, und haben auch ein vollkommenes Erinnerungsvermögen. In anderen Worten: unsere Persönlichkeit stirbt niemals. Der gefallene Soldat hatte den starken Wunsch, das Leben seines Bruders zu retten. Sein Unterbewußtsein kannte den Aufenthaltsort der Sanitäter und projizierte ihn augenblicklich dorthin, wo er von ihnen wahrgenommen werden konnte. Es befähigte ihn darüber hinaus, zu den Sanitätern zu sprechen und ihnen Befehle zu erteilen.

In wissenschaftlichen Laboratorien unserer Universitäten ist es heutzutage längst eine bekannte Tatsache, daß der Mensch in der Lage ist, unabhängig von seinem physischen Körper zu denken, zu fühlen, zu sehen, zu hören und sich auch unabhängig von ihm fortzubewegen. In anderen Worten: Die Fähigkeiten unserer Sinne können allein im Geist verdoppelt werden. Die Unendliche Intelligenz begeht keine Fehler. Es war von jeher vorgesehen, daß wir alle diese Fähigkeiten anwenden können, transzendent durch physischen Körper und Umgebung. Der verfeinerte Körper, auch vierdimensionaler Körper genannt, kann nach Belieben erscheinen oder verschwinden, durch verschlossene Türen gehen, Botschaften übermitteln und schwere Gegenstände bewegen. Halten wir fest: Wir werden immer über Körper verfügen, bis in die Unendlichkeit. Diese Körper sind verfeinert und schwingen in einer höheren molekularen Frequenz.

Etwas in uns wurde nie geboren und wird niemals sterben. Wasser kann es nicht nässen, Feuer nicht brennen, Wind nicht verwehen. Das ist unser übersinnliches Selbst. In unseres Vaters Haus gehen wir von Wohnung zu Wohnung. Der Herrlichkeit des Menschen ist kein Ende.

Zusammenfassung

1. Jeder Mensch besitzt übersinnliche Kräfte und Fähigkeiten, die alles von den fünf Sinnen verfügbar gemachte Wissen überschreiten. Es kann passieren, daß das Telefon läutet und noch bevor Sie den Hörer abgehoben haben, wissen Sie bereits, wer der Anrufer ist. Das ist Telepathie. Sie empfangen den Gedankenimpuls des Anrufers.

2. Wenn sich Ihre übersinnlichen Kräfte entwickeln, müssen Sie sehr acht geben, diese Fähigkeiten nur positiv einzusetzen. Ausschließlich um andere zu segnen, zu heilen und zu inspirieren. Unter keinen Umständen dürfen übersinnliche Kräfte zum Nachteil anderer Menschen angewandt werden, um ihnen einen fremden Willen aufzuzwingen oder sie auf irgendeine Weise auszunutzen. So etwas käme unweigerlich auf Sie selbst zurück.

3. Wenn Sie vor Ihrem geistigen Auge einen negativen Handlungsablauf wahrnehmen, der einen anderen Menschen betrifft, so können Sie diese Situation umkehren. Machen Sie sich die Gegenwart Gottes in ihm bewußt. Das

heißt: Bekommen Sie ein starkes Gefühl vom Vorhandensein Göttlicher Liebe, Harmonie und Göttlicher Ordnung – genau dort, wo diese Person sich befindet. Wissen und spüren Sie, daß Gottes Führung den Sieg davonträgt; damit haben Sie das negative Denkmuster im Unterbewußtsein des anderen umgekehrt.

4. Wenn Sie von einem Vortrag über geistige und außersinnliche Gesetze bestimmte Informationen auf ein persönliches Problem zugeschnitten erwarten, dann projektieren Sie Ihre Gedanken auf den Redner. In den meisten Fällen wird er reagieren.

5. Viele Menschen kennen den genauen Zeitpunkt ihres Ablebens im voraus. Sie befinden sich in Rapport mit ihrem Unterbewußtsein, das alles weiß und alles sieht.

6. Die ›American Society of Mathematics‹, eine angesehene wissenschaftliche Körperschaft, hat nach gründlichen Untersuchungen sämtliche Ergebnisse der von Prof. Dr. Rhine durchgeführten Experimente für echt erklärt und die daraus abgeleiteten Schlußfolgerungen als absolut zutreffend bejaht.

7. Es ist möglich, die Stimmen geliebter Menschen aus dem Jenseits zu hören. Der übermächtige Wunsch, bestimmte Informationen zu vermitteln, wie z. B. über den Verbleib eines unauffindbaren Testaments, bewirkt, daß ihre Gedanken oder Wünsche klar vernehmbar werden. Folgen Sie diesen Hinweisen, so erweisen sie sich als die gewünschte Antwort. Das sind die Wunder Ihres tieferen Bewußtseins.

8. Viele Menschen, die im Begriff sind, in die nächste Dimension hinüberzuwechseln, führen lebhafte und liebevolle

Gespräche mit Angehörigen, die seit langem hinübergegangen sind. Der Mensch, der im Begriff steht, den Übergang zu vollziehen, befindet sich in beiden Dimensionen zur gleichen Zeit. Somit sieht und hört er seine Lieben um sich herum. Sie kommen, um ihm den Übergang zu erleichtern, ihm zu helfen, ihn zu segnen und ihn in die vierte Dimension zu geleiten, die diese unsere Ebene durchdringt.

9. Ein in die andere Dimension übergewechselter Mensch, der den intensiven Wunsch verspürt zu helfen, kann diese Hilfe veranlassen, indem er den Helfern erscheint und ihnen entsprechende Anweisungen gibt.

3

Wie Außersinnliche Wahrnehmung im täglichen Leben angewandt werden kann

Wahrscheinlich haben Sie gelegentlich schon den Ausdruck ›Psychische Phänomene‹ gehört. Das war die früher gebräuchliche Bezeichnung für alles, was in der modernen Fachsprache unter den Begriff ›Außersinnliche Wahrnehmung‹ fällt. Solange ich mich erinnern kann, haben mir Verwandte, Freunde, Bekannte und viele meiner Zuhörer von Vorahnungen berichtet. Vorahnungen von Ereignissen, die sich dann genau so abgespielt haben, wie sie vorausgesehen wurden. Unzählige haben mir von Träumen und Visionen erzählt, die folgerichtig eingetroffen waren, genau wie vorher im Traum erlebt. Andere wiederum hatten Erscheinungen von Angehörigen gesehen, die ihnen im Augenblick ihres Todes ihre Formen sichtbar gemacht und Botschaften übermittelt haben. Wieder andere hörten eine innere Stimme, die ihnen bedeutet hatte, eine bestimmte Reise nicht anzutreten, oder eine bestimmte Person nicht zu heiraten.

Viele Universitätsstudenten, die mich konsultierten, berichteten mir im Zusammenhang mit ihren Studienproblemen, daß sie bei unzähligen Gelegenheiten vor einer Examination alle Prüfungsfragen im Traum deutlich gesehen hatten. Sie waren dann immer sofort aufgestanden, um an Hand ihrer Textbücher die entsprechenden Sachgebiete noch einmal gründlich durchzugehen und sich die betreffenden Antworten einzuprägen. Alle diese Dinge basieren auf Außersinnlicher Wahrnehmung und übersteigen das Fassungsvermögen der fünf Sinne.

Sie erschien mir im Augenblick ihres Todes

Ein unvergeßliches Erlebnis hatte ich vor einigen Jahren. Während eines Telefongesprächs mit einem Bekannten kam meine Schwester plötzlich zur Tür herein. Ich war völlig überrascht und sagte zu ihr: »Warum hast du mir nicht gesagt, daß du kommen würdest? Bist du mit dem Flugzeug gekommen?« Seit mehr als sechzig Jahren war sie Ordensschwester und Lehrerin am St. Mary's Convent in Lowestoft, Suffolk, England. Sie sagte mir, daß sie gerade vor wenigen Momenten auf die unsichtbare Seite übergewechselt sei und mir Lebewohl sagen wollte. Wir sprachen etwa fünf Minuten miteinander. Sie saß auf einem Stuhl, erschien absolut greifbar vorhanden, so, wie sie mir von jeher vertraut war. Sie hatte einen Körper und trug ihre Ordenstracht und den Rosenkranz. Plötzlich jedoch löste sie sich auf und war verschwunden.

Wie sich später herausstellte, vollzog sie ihren Übergang in genau diesem Augenblick im St. Mary's Convent in Lowestoft, England, wenn man den Zeitunterschied mit berücksichtigt. Wir hatten eine geheime Absprache getroffen, daß, wer immer von uns beiden zuerst in die vierte Dimension hinüberwechselt, sich dem anderen durch Erscheinen bemerkbar machen sollte.

Hier handelt es sich keineswegs nur um eine Gedankenform meiner Schwester, sondern um ihre ganze Persönlichkeit. Sie führte eine lebhafte Unterhaltung mit mir, beantwortete Fragen und beschrieb mir ihren Gesundheitszustand vor ihrem Übergang mit genauer ärztlicher Diagnose. Ihr Wunsch, mich zu besuchen, veranlaßte ihr Unterbewußtsein, ihre Persönlichkeit mit einem neuen, verfeinerten Körper zu versehen – einem feinstofflichen Körper, der imstande war, Zeit und Raum zu überwinden, verschlossene Türen zu durchdringen, schwere Gegenstände zu bewegen, und völlig normale Gespräche zu führen. Ihr Körper erschien gegenständlich und greifbar, verfügte jedoch über eine höhere molekulare Schwingungsfrequenz und war dadurch imstande, nach Belieben in Erscheinung zu treten und wieder zu verschwinden.

Außersinnliche Reisen

Es war zu Neujahr, als ich dieses Kapitel schrieb. In der Silvesternacht zuvor hatte ich 30 Freunde zu Gast in meinem Haus. Wie in jedem Jahr verbrachten wir den Jahreswechsel mit wissenschaftlichem Gebet, gefolgt von längerer Stille und Meditation. Nach Beendigung der Stilleperiode sagte eine junge Dame zu mir: »Dr. Murphy, ich habe einen Mann hinter Ihrem Rücken gesehen, während der ganzen Zeit, als Sie hörbar beteten. Er war noch nicht anwesend, als ich kam. Wer ist das? Ich kann ihn nirgendwo mehr entdecken.«

Sie gab eine detaillierte Beschreibung, und ich konnte sie darüber aufklären, daß es sich um einen alten Freund aus Ecuador handelt, der alljährlich an unserer Feier teilzunehmen pflegte, aber seit fünf Jahren in Spanien stationiert war. Er hatte mir schriftlich angekündigt, daß er am Silvesterabend bei uns sein und an unseren Gebeten teilnehmen würde. Er würde uns nicht nur sehen, sondern auch von uns gesehen werden. Das ist keineswegs ungewöhnlich. Um 24.00 Uhr kalifornischer Zeit instruierte er in Madrid sein

Unterbewußtsein, ihn in mein Haus, mitten in unsere Versammlung zu projektieren, und er konnte an unserer Gebetstherapie teilnehmen.

Gerade eben, während ich das schreibe, kam ein Überseegespräch aus Madrid. Mein Freund wollte wissen, ob ich ihn hinter mir stehend gesehen hätte. Ich antwortete: »Nein, ich hatte meine Augen während des Gebetes und der Meditation geschlossen.« Aber ich sagte ihm, daß eine junge Dame ihn klar und deutlich gesehen hätte und eine detaillierte Beschreibung von seinem Äußeren geben konnte. Ihre Beschreibung stimmte in allen Einzelheiten überein mit seinen Angaben. Er schilderte mir den Inhalt des Gebetes und nannte die Anzahl der Versammlungsteilnehmer, von denen ihm nur zehn persönlich bekannt waren. Er zählte sie namentlich auf und betonte, daß ihm alle anderen leider nicht bekannt waren. Und das war genau zutreffend, denn nur die erwähnten zehn Personen waren damals, als er noch in Los Angeles lebte, bei unseren Neujahrsmeditationen zugegen.

Er experimentiert sehr intensiv auf dem Gebiet der außersinnlichen, der körperlosen Astralreisen, und er berichtete mir, daß er sich nach und nach der fühlbaren, hörbaren und sichtbaren Fähigkeiten seiner außerkörperlichen Erfahrungen bewußt würde. Der Mensch ist ein geistiges und übersinnliches Wesen und damit allgegenwärtig. Wenn Sie beispielsweise an Ihre Mutter denken, dann sind Sie in dem Augenblick bei ihr, selbst wenn sie in Hongkong wäre.

Außersinnliche Übermittlung beendet einen Rechtsstreit

Ein befreundeter Rechtsanwalt hatte seit mehr als fünf Jahren versucht, einen sich endlos hinziehenden Prozeß zum erfolgreichen Abschluß zu bringen. Er beschrieb mir seine Schwierigkeiten mit den Beteiligten der Gegenseite, bezeichnete sie als unnachgiebig, widerspenstig und unflexibel, und war der Meinung, einen toten Punkt erreicht zu haben.

Ich machte ihm den Vorschlag, sich jeden Abend vor dem Einschlafen lebhaft vorzustellen, wie ich ihm zu dem glücklichen Ausgang des Verfahrens gratulierte. Er sollte mich klar und deutlich sagen hören: »Gratuliere zum glücklichen Ausgang. Siehe die Wunder, die Gott vollbracht hat!« Er tat genau das. Jeden Abend schloß er die Augen und fixierte seine Aufmerksamkeit zehn Minuten lang auf meine Person. Er hörte mich die gesagte Gratulation sprechen — er gestaltete diese Gedankenimpression so deutlich und real wie möglich und erfüllte sie so mit Leben und Wirklichkeitsnähe. Er behielt dieses Bild in seinem Bewußtsein und hörte mich diese Worte wieder und wieder sagen. Am Ende der darauffolgenden Woche war der gegnerische Anwalt plötzlich zu einem außergerichtlichen Vergleich bereit. Er schlug eine gütliche Einigung vor. Zwischenzeitlich war der widerspenstige Wortführer der Gegenseite in die nächste Dimension übergewechselt. Dieser Anwalt hatte sein Unterbewußtsein erfolgreich mit der Idee einer Lösung in Göttlicher Ordnung angefüllt, durch schöpferisches Denken, schöpferische Vision. Sein tieferes Bewußtsein brachte die Lösung auf die ihm gemäße Weise.

Halten wir fest: Das Unterbewußtsein hat Wege und Möglichkeiten, die wir nicht kennen. Geistig und übersinnlich war ich dort zugegen: der Anwalt brauchte meine Stimme als Mittel, seinem tieferen Bewußtsein eine Überzeugung einzuprägen. Zeit und Raum existieren nicht für das Geistprinzip; welchen Ort, welche Umgebung Sie sich auch immer geistig vergegenwärtigen — in dem Augenblick, da Ihnen ein klares geistiges Bild gelingt, in dem Augenblick sind Sie buchstäblich dort anwesend. Denn Sie sind ein geistiges und übersinnliches Wesen, das seinen gegenwärtigen dreidimensionalen Körper als Vehikel benutzt. Daneben besitzen Sie einen anderen, verfeinerten Körper der vierten Dimension, der sich außerhalb der Begrenzungen von Zeit und Raum bewegt.

Außersinnliche Kommunikation bringt zwei Liebende zusammen

Eine junge Studentin kam zu mir, unmittelbar vor einem meiner Sonntagsmorgen-Vorträge im Wilshire Ebell Theatre in Los Angeles. In Tränen aufgelöst, berichtete sie mir von einem heftigen Streit, den sie mit ihrem Freund hatte. Inzwischen war er irgendwo in Vietnam, und sie wünschte sich sehnlichst, alles ungeschehen machen zu können, wenn er nur von sich hören ließe.

Ich machte ihr klar, daß sie auf gar keinen Fall einem anderen Menschen ihren Willen aufzwingen, und auf keine, wie auch immer geartete Weise verändernd in seinen Lebenslauf eingreifen dürfe. Statt dessen sollte sie zunächst sich selbst vergeben, um sich von den bedrückenden Selbstvorwürfen und den damit einhergehenden Schuldgefühlen zu befreien. Dann sollte sie wie folgt beten: »Tom ist dem Göttlichen Bewußtsein bekannt, dem Unendlichen Bewußtsein, das alles kennt. Gottes Liebe erfüllt auch das Herz von Tom. Ich übergebe ihn Gott und wünsche ihm alles Gute im Leben. Zwischen uns gibt es nur Harmonie, Frieden, Göttliche Liebe und gegenseitiges Verstehen. Gott sei mit ihm.«

Ich überzeugte sie, daß sie durch Anwendung dieses Gebetes den jungen Mann segnet, und da die Unendliche Intelligenz allweise ist, ausschließlich Gutes daraus entstehen würde. Als Folge dieses Gebetes würden sie entweder enger zusammengeführt, oder sie würden jeder ihr größtes Glück getrennt voneinander finden. Sie sah ein, daß sie kein Recht hatte, ihren Verlobten zu hypnotisieren oder ihn geistig zu zwingen, eine ihr genehme Haltung einzunehmen, sondern daß sie vielmehr die Angelegenheit der Höchsten Intelligenz in sich übergeben sollte, die alles weiß und sieht — das war der ideale Weg, Probleme dieser Art anzugehen.

Nachdem die junge Dame einige Tage lang auf diese Weise gebetet hatte, rief Tom sie aus Saigon an. Er erwähnte den häßlichen Streit mit keinem Wort, statt dessen erzählte er ihr, daß sie ihm ein paar Nächte zuvor in seinem Zelt erschienen sei und zu ihm gesagt hätte: »Tom, ich liebe dich!« Dann sei sie verschwunden.

Für alles dies gibt es eine sehr einfache Erklärung. Geist ist allgegenwärtig, zeitlos und raumlos. Die junge Dame hatte darum gebetet, daß die Liebe und Harmonie Gottes in Toms Bewußtsein wieder errichtet würde. Als sie für ihn betete, war sie geistig und übersinnlich bei Tom. Der wiederum war zweifellos sehr sensitiv und konnte sie wahrnehmen, da sie in einem verfeinerten Körper wirkte, der tatsächlich dort zugegen war, geistig und außersinnlich, auf einer höheren Schwingungsfrequenz.

Außersinnlicher Schutz gegen Voodoo

Ein Kellner aus Honolulu, den ich kürzlich dort kennengelernt hatte, schrieb mir, daß jemand gegen ihn schwarze Magie praktiziere — daß er verflucht sei und alles in seinem Leben schieflaufe. Er nannte mir den Namen des Mannes, den er für den Urheber des gegen ihn gerichteten Voodooismus hielt.

Ich schrieb ihm in einer sehr ausführlichen Erläuterung, daß alles Wasser im Ozean kein Schiff zum Sinken bringen kann, wenn es nicht nach innen dringt; ebenso ist es für die negativen Gedanken und Wünsche anderer unmöglich, Einlaß in seinen Geist zu finden, wenn er ihnen den Zutritt verweigert. Ich erinnerte ihn an die Wahrheit, daß Gott und Mensch eins sind.

Das ist eine unbestrittene, eine unwandelbare und eine ewige Wahrheit. Gott ist alles, was ist, und Gott ist absolute Wahrheit, grenzenlose Liebe, unendliches Leben, vollkommene Harmonie und immerwährende Freude. Ich sagte ihm, daß, solange seine Gedanken Gottes Gedanken sind, Gottes Macht in seinen guten Gedanken wirksam ist; daß seine Gedanken schöpferisch sind; und daß er, sobald er sich Gottes Liebe, Frieden, Harmonie und Freude vergegenwärtigt, automatisch beschützt und gegen den giftigen Dunstkreis des Massenbewußtseins immun ist. Vielmehr ist es Gott, der durch ihn denkt, sobald er sich der ewigen Wahrheiten bewußt wird, und Gottes Gedanken können sich ausschließlich in Göttlichem Gesetz, Göttlicher Ordnung und vollkommener Harmonie manifestieren.

Ich gab ihm daher das folgende, uralte geistige Rezept, dessen Quelle nicht mehr bekannt ist: »Setzen Sie sich still hin, zwei oder drei Mal am Tag, und stellen Sie sich vor, daß Sie von einem heiligen Lichtkreis umgeben sind. Nach einigen Tagen konstanten Übens werden Sie tatsächlich einen goldfarbenen Lichtschein um sich herum wahrnehmen. Das ist eine Ausstrahlung der Gottesgegenwart in Ihnen, ein undurchdringlicher Panzer, an dem alle schädlichen Gedankenwellen abprallen. Damit sind Sie unverwundbar und für Furchtgedanken oder negative Suggestionen anderer unerreichbar. Machen Sie sich das zur Gewohnheit, und jedesmal, wenn Ihnen der Voodoo-Mann in den Sinn kommt, bejahen Sie einfach: ›Gottes Liebe erfüllt meine Seele. Ich lasse ihn los und lasse ihn gehen.‹«

Die Folgeerscheinungen waren recht interessant. Der Kellner verfuhr nach dem angegebenen Gebetsschema, und nach Ablauf einer Woche erfuhr er aus der Zeitung, daß besagter Voodoo-Mann auf der Straße tot zusammengebrochen war, vermutlich durch Herzattacke. Auch diese Episode hat ihre einfache Erklärung. Die negativen Gedanken und Verwünschungen des Voodoo-Praktikers, in seine Richtung ausgesandt, fanden keinen Empfänger, da er sich weigerte, sie in sein Bewußtsein einzulassen. Vielmehr sandte er Segnungen und Wohlwollen aus, so daß die bösen Gedanken und Flüche zum Bumerang wurden und mit doppelter Gewalt auf ihren Urheber zurückfielen. Dadurch führte er sein eigenes Verderben herbei: Denken Sie daran: Sie sind der alleinige Denker in Ihrem Universum. Da Ihr Gedanke schöpferisch ist, erschaffen Sie alles das, was Sie für oder über andere denken innerhalb Ihres eigenen Selbst. Wer einem anderen Menschen übelwollende oder gar mörderische Gedanken zusendet, muß wissen, daß diese negativen Schwingungen mit verdoppelter Kraft auf ihn zurückprallen, wenn der andere sie durch Gottgleiche Gedanken von sich ablenkt. Hier spricht man von einem Bumerang. Ein Fluch oder übler Wunsch tötet zudem Liebe, Harmonie, Frieden, Schönheit und Freude im Urheber selbst. Diese Gedanken erzeugen Emotionen. Und Emotionen töten entweder oder sie heilen. Üble Gedanken zusammen mit den von ihnen erzeugten Gefühlen vervielfältigen sich im Unterbewußtsein und führen schließlich zur Selbstzerstörung, sei es durch eine tödliche Krankheit, oder durch einen anderen Menschen, der nur Instrument ist. Denn jeder Mord ist in Wahrheit Selbstmord.

Jede Begegnung in unserer Welt ist im Grund eine Entsprechung unseres Bewußtseinszustandes. Männer, Frauen und Kinder, die unseren Lebensweg kreuzen, sind Instrumente, die unsere Einstellungen, unsere Überzeugungen und unseren Glauben widerspiegeln. »Euch geschehe nach eurem Glauben.«

Zusammenfassung

1. ›Psychische Phänomene‹ ist eine früher gebräuchliche Bezeichnung für Außersinnliche Wahrnehmung. Auch Sie werden beim Läuten des Telefons schon das Gefühl gehabt haben, daß der Anruf nur von einer ganz bestimmten Person sein konnte.

Auch Sie hatten schon einmal Vorahnungen, vorausschauende Träume, den intuitiven Drang, bestimmte Dinge zu tun oder zu lassen — und alles das stellte sich als richtig heraus. Alles das fällt unter den Sammelbegriff ›Außersinnliche Phänomene‹, die das Fassungsvermögen der fünf Sinne übersteigen.

2. Für eine in die nächste Dimension übergewechselte Person ist es möglich, einem Angehörigen zu erscheinen. Dieses Phänomen wird Apparition (Sichtbarwerden) genannt.

3. Es ist durchaus möglich, sofern der aufrichtige Wunsch vorhanden ist, Tausende von Kilometer weite Entfernungen zu überwinden, um mit einem Freund zusammenzutreffen. Die wissende und gefühlsbetonte Suggestion: »Ich will John besuchen«, vor dem Einschlafen an das Unterbewußtsein weitergereicht mit der ergänzenden Bejahung: »Mein tieferes Bewußtsein übernimmt alles weitere und bringt es in Göttlicher Ordnung zustande«, veranlaßt das Unterbewußtsein, auf allen Ebenen tätig zu werden und Ihre Persönlichkeit in einem vierdimensionalen Körper zu dem gewünschten Standort zu projizieren.

4. Zeit und Raum existieren nicht für das Geistprinzip; deshalb kann man sich jederzeit die Szene verbildlichen, von einem Angehörigen oder Freund die gute Nachricht übermittelt zu bekommen, die man hören möchte. Hören Sie

diese Nachricht lebhaft und mit Gefühl, und was Sie subjektiv empfinden und glauben, wird sich ereignen.

5. Machen Sie niemals den Versuch, einen anderen gegen seinen Willen zu Dingen zu veranlassen, die er Ihrer Meinung nach tun sollte. Hatten Sie einen Streit mit einer anderen Person, und ersehnen Sie einen Anruf von ihr, dann machen Sie sich bewußt, daß das andere Wesen von Gott geführt wird und daß zwischen Ihnen Harmonie, Liebe, Frieden und Verständnis herrscht. Nach einem solchen Gebet kann sich nur Gutes ereignen.

6. Sie können sich gegen jeden Angriff durch negative Gedankenwellen schützen durch die Erkenntnis und positive Bejahung: »Gott und Mensch sind eins – wenn Gott für mich ist, kann niemand gegen mich sein.« Gott ist immer für Sie, wenn Ihr Denken konstruktiv und harmonisch ist. Gottes Macht ist mit Ihren guten Gedanken. Sie können sich mit der ganzen Rüstung Gottes umgeben und damit gegen alles Böse immunisieren. Bejahen Sie furchtlos: »Ich bin immer umgeben vom heiligen Kreis der ewigen Liebe Gottes.« Erfüllen Sie Ihr Bewußtsein mit dieser großen Wahrheit, und Sie werden ein zauberhaftes Leben führen.

4

Wie Sie Ihre übersinnlichen Kräfte freisetzen können

In einer Weihnachtswoche erhielt ich einen erfreulichen Brief von einer Frau aus dem nördlichen Kalifornien. Drei Monate zuvor war ihr Sohn plötzlich von zu Hause weggelaufen, ohne die geringste Nachricht zu hinterlassen. Er war nur einer von Tausenden von Teenagern, die mit unbekanntem Ziel fortgerannt waren, und somit waren die polizeilichen Fahndungsergebnisse gleich Null.

Sie schilderte mir die mentale Technik, die sie anwandte: »Ich ging in das Zimmer meines Jungen, setzte mich etwa zehn Minuten still hin, und sagte zu mir selbst: ›Die Unendliche Intelligenz kennt den Aufenthaltsort meines Jungen, und diese Unendliche Intelligenz in mir weiß, warum er fortgelaufen ist und enthüllt mir die Antwort. Sie leitet mich und sagt mir, was zu tun ist.‹ Plötzlich hatte ich den Einfall, seine Freundin zu besuchen — von ihr erfuhr ich, daß sie einen Streit hatten, in dessen Verlauf sie ihm einen Ring zurückgegeben hatte. Wie sie weiter erzählte, soll er oft davon gesprochen haben, seinen Cousin in Kanada besuchen zu wollen. Sofort rief ich dort an und hatte auch sogleich meinen Jungen am Telefon. Nach einem kurzen Gespräch zeigte er sich erfreut, wieder nach Hause kommen zu können. In uns allen ruht eine Schöpferische Intelligenz. Wir müssen nur Gebrauch von ihr machen.«

Diese Frau verstand die Kräfte ihres Unterbewußtseins und deren praktisch unbegrenzte Reichweite. Sie war sich bewußt, daß, sobald ihr Wachbewußtsein zur Ruhe kommt und sich entspannt, die Weisheit des Unterbewußtseins an die Oberfläche dringen kann, um ihr die Antwort auf ihr Problem zu bringen. Denken Sie daran: Ihr Unterbewußtsein kennt die Antwort. Bittet, so wird euch gegeben.

Ein außersinnliches Drama, von einer Ärztin nacherlebt

Eine mir bekannte Ärztin bewohnte auf einem Chiropraktikerkongreß in Kanada ein sehr hübsches Hotelzimmer mit herrlicher Aussicht. Da sie nach langem Flug ziemlich erschöpft war, schlief sie sofort ein. Plötzlich, gegen 2.00 Uhr früh, wurde sie hellwach mit dem unangenehmen Gefühl, daß da ein Mann in ihrem Zimmer war, obgleich sie wußte, daß sie die Tür verschlossen hatte. Und tatsächlich: Vor ihr stand ein großer, elegant gekleideter Mann mit einem Revolver in der Hand. Er richtete die Waffe gegen sich, drückte ab und fiel tot zu Boden.

Vor Furcht war sie wie gelähmt und in einem Schockzustand; dennoch hatte sie genügend Geistesgegenwart, den Nachtportier zu rufen, der auch sofort kam. Die Ärztin schilderte ihm genau, was da soeben vorgefallen war. Daraufhin erzählte ihr der Nachtportier, daß eine Woche zuvor ein Mann in diesem Zimmer Selbstmord verübt hatte, und offerierte ihr selbstverständlich sofort ein anderes Zimmer.

Sie fragte mich nach einer plausiblen Erklärung für dieses Geschehnis. Ich sagte ihr, daß Richter Troward, der bekannte Autor metaphysischer Werke, von einem ähnlichen Vorfall berichtete, den seine Frau erlebte, als sie zu Beginn seiner richterlichen Tätigkeit in Punjab, Indien, ihr neues

Quartier bezogen. Sie wurde durch einen Schuß geweckt und sah einen Mann zu Boden sinken. Auch seine Stimme hörte sie klar und deutlich. Obgleich zutiefst schockiert von dieser makabren Szene, war ihr Interesse geweckt. Ihr Mann, Richter Troward, erklärte dieses Phänomen so: Der Akt des Selbstmordes hinterließ eine Impression, gewissermaßen ein photographisches Abbild in der psychischen Atmosphäre, die ohne Unterbrechung überall um uns herum existent ist, das von einer sensitiven Person als Wiedergabe wahrgenommen werden kann. Die subjektiven Geisteskräfte von Mrs. Troward wurden aktiviert durch die am Tatort vorherrschenden Schwingungen.

Ich erklärte meiner Bekannten, daß es sich um eine emotionell hochgespannte Gedankenform handelte, die in diesem Hotelzimmer so kurz nach der Tat noch vorherrschte, sich nach und nach jedoch auflösen würde. Nach dieser Erfahrung läßt sich diese Ärztin nur noch von der Weisheit ihres Unterbewußtseins in Hotelzimmer geleiten, die eine friedvolle und harmonische Atmosphäre ausstrahlen, und ihr Unterbewußtsein reagiert immer verläßlich. Meine Erklärung neutralisierte zudem die negativen Schwingungen, hervorgerufen durch das Schockerlebnis, und erwiesen sich als heilsam.

Befolgen Sie intuitive Wahrnehmungsblitze aus Ihrem Unterbewußtsein

Ein Bankier vertraute mir kürzlich an, daß alle seine wichtigen Entscheidungen und Maßnahmen, die das Wohl seines Unternehmens und seiner Mitarbeiter betreffen, auf intuitiven Wahrnehmungsblitzen basieren, die aus den Tiefen seines Unterbewußtseins an sein Wachbewußtsein dringen. Seine Technik ist ›Beten ohne Unterlaß‹, was für ihn bedeutet, daß sein ganzes Denken auf den ewigen, unwandelbaren Wahrheitsprinzipien aufbaut. Er lebt immer in freudiger Erwartung des Besten, sein Denken ist konstruktiv, und er strahlt Liebe und guten Willen für alle aus.

›Ohne Unterlaß‹ beinhaltet eine Geisteshaltung, eine tiefe, innere Überzeugung, immer von Gott geführt und inspiriert zu sein, und dieser Glaube ist es, der sein Unterbewußtsein veranlaßt, ihm die besagten intuitiven Gedankenblitze zu vermitteln. Er hält sein Bewußtsein frei von jeglichem Negativismus, jeder Furcht, jedem Mißklang. Wenn er dann mit einem Problem konfrontiert wird, oder mit einer schwierigen Entscheidung, kann er sich darauf verlassen, daß sein tieferes Bewußtsein ihm die Lösung bringt — eine Lösung, die das Fassungsvermögen der fünf Sinne übersteigt und immer richtig ist.

Sie sind wunderbarer, als Sie sich jemals vorgestellt haben

In den Tiefen Ihres Unterbewußtseins schlummert unendliche Weisheit, unendliche Macht und ein unendlicher Vorrat an allem Erforderlichen. Sie warten darauf, entwickelt und zum Ausdruck gebracht zu werden. Fangen Sie jetzt damit an, die latenten Möglichkeiten Ihres tieferen Bewußtseins zu erkennen, und sie werden in der äußeren Welt Formen annehmen. Die Unendliche Intelligenz in Ihrem Unterbewußtsein kann Ihnen alles erforderliche Wissen enthüllen, in jedem gegebenen Moment, außerhalb der Begrenzungen von Zeit und Raum, vorausgesetzt, Sie sind dafür aufgeschlossen und empfänglich. Sie können neue Gedanken und Ideen empfangen, die möglicherweise zu Erfindungen und Entdeckungen werden, oder Sie zum Schreiben von Büchern und Bühnenstücken bringen. Die Unendliche Intelligenz Ihres Unterbewußtseins mit der Macht, Ihren Körper zu heilen, hat auch ein vollkommenes Erinnerungsvermögen. Jede einzelne Ihrer Erfahrungen hat es gespeichert und steht Ihnen jederzeit mit umfangreichem Wissen zur Verfügung.

Durch die intuitiven Kräfte Ihres Unterbewußtseins können Sie den idealen Ehepartner zu sich heranziehen, oder die richtigen Mitarbeiter für Ihr Unternehmen. Die Weisheit Ihres Unterbewußtseins kann den richtigen Käufer für Ihr Land finden, Ihr Haus, oder was immer Sie verkaufen wollen. Es kann Sie mit Einfällen versorgen, die ein Vermögen wert sind, und Ihnen die finanzielle Freiheit verschaffen zu reisen oder zu sein und zu tun, was Ihr Herz begehrt. In Ihrem Unterbewußtsein finden Sie die Antworten auf Ihre verzwicktesten Probleme und die Ursache für jede Wirkung. Die Unendliche Heilende Gegenwart in Ihrem Unterbewußtsein heilt die verstörte Seele und das gebrochene Herz. Die Goldmine, die Schatzkammer des Unendlichen haben Sie in sich! Die Kraft des Unendlichen kann Sie befreien: von Furcht und von jeder materiellen oder körperlichen Knechtschaft und Misere.

Sie entdeckte die heilende Kraft in sich

Einer der vielen Briefe, die ich um die letzte Weihnachtszeit erhielt, kam aus Zürich von einer jungen Dame. Sie hatte mein Buch ›Die Macht Ihres Unterbewußtseins‹ gelesen, nachdem ein Chirurg ihr eröffnet hatte, daß sie nach seiner Meinung noch höchstens drei Monate zu leben hatte, mit Gottes Hilfe jedoch ihre Krebserkrankung überwinden könne. Er empfahl ihr, die Heilungswunder in der Bibel nachzulesen und die in ›Macht Ihres Unterbewußtseins‹ angeführten Techniken zu praktizieren.

Genau das tat sie. Dreimal täglich bejahte sie tapfer etwa fünfzehn Minuten lang mit tiefem Empfinden und restloser Überzeugung, daß die Unendliche Intelligenz ihres Unterbewußtseins, das alle Organe und ihren ganzen Körper geschaffen hat, sie auch heilen könne und heilen würde. Sie stellte sich bildlich vor, wie ihr Arzt ihr gratulierte. Sie hörte ihn sagen: »Ein Wunder ist geschehen! Alle klinischen Tests waren negativ.« Als sie nach sechs Monaten zu einer Untersuchung ging, waren es genau diese Worte, die er sagte. Nach einem weiteren halben Jahr, der gleiche Befund. Seither sind zwei Jahre vergangen, und sie ist vollkommen geheilt und wieder berufstätig. Ihr Arzt zeigte sich von dem sogenannten ›Wunder‹ nicht im geringsten überrascht. Er kennt die großartige Wahrheit, daß jegliche Heilung vom Allerhöchsten kommt.

Die Essenz dieses von mir verkürzt wiedergegebenen Briefes veranschaulicht, daß jeder Mensch mit tiefem, anhaltendem Glauben und Vertrauen in die Unendliche Heilende Gegenwart Resultate bewirken kann.

Wie Sie die intuitiven Gefühle aus Ihrem Unterbewußtsein erkennen

Wenn Ihre Motivation richtig ist — d. h. auf Liebe und gutem Willen für alle Menschen basiert, wenn Ihr Bewußtsein frei ist von jeglicher Selbstverurteilung und Selbstkritik, und wenn Sie nicht den Wunsch verspüren, andere Menschen auszunutzen — wie auch immer — werden Sie nach und nach fähig, das intuitive Gefühl auszumachen, das Ihnen die richtige Antwort auf Ihre Frage gibt. Diese Antwort mag auf mannigfache Weise zu Ihnen kommen, am häufigsten jedoch ist das Vorgefühl — die innere Gewißheit, die Ihnen entweder bedeutet: »Ja, richtig — weiter«, oder »Halt, Stop — dies ist der falsche Weg.« Ihr intellektuelles, Ihr Wachbewußtsein könnte Ihnen da manchmal in die Quere kommen. Nachdem Ihr Verstand jedoch das Für und Wider gründlich erwogen hat, und Sie die Angelegenheit Ihrem tieferen Bewußtsein übergeben haben — dem Bewußtsein voller Weisheit und Intelligenz —, müssen Sie achtgeben, denn jetzt kann jederzeit der erleuchtende Gedankenblitz auftauchen, ganz spontan mitunter — aus den Tiefen des Unterbewußtseins. Denken Sie daran: Die Impulse, das Drängen, die Warnungen Ihres Unterbewußtseins sind immer und ausschließlich lebenspendend — nichts anderes! Ihr Unterbewußtsein ist immer bestrebt zu heilen, zu schützen und zu bewahren. Es ist bestrebt, Sie von Mißhelligkeiten jeder Art zu bewahren: finanziellen Verlusten, Unfällen oder vor Verschwendung von Zeit, Energie oder Talenten. Selbsterhaltung ist das allererste Gesetz des Lebens — und das ist das Gesetz Ihres subjektiven Bewußtseins.

Seine innere Stimme rettete ihm das Leben

In einem Vorort von Los Angeles lebt ein Mann, der kürzlich von seinem Chef zu einem Wochenendausflug per Privatflugzeug eingeladen worden war. Wie er mir erzählte, war er gerade im Begriff, die Einladung anzunehmen, als seine innere Stimme klar und deutlich sagte: »Ablehnen«, und er gehorchte. Das Flugzeug zerschellte im Nebel an einem Felsen, die beiden Insassen wurden getötet.

Dieser Mann bejaht konstant: »Gott führt mich auf allen meinen Wegen.« Damit hat er diese Überzeugung an sein Unterbewußtsein weitergereicht, das genau gemäß den Impressionen reagiert. Die Vorahnung dieses Mannes war so stark und unmißverständlich, daß er, wie er später bekannte, ›nicht gegen an konnte‹.

Sie können Ihre Intuition entwickeln

Sie atmen mühelos Luft ein, ohne Anstrengung. Sie sollten daher lernen, ebenso mühelos die Intelligenz Ihres Unterbewußtseins durch Ihren Verstand fließen zu lassen, ohne jede Anspannung. Ihr Unterbewußtsein empfängt seine Wahrnehmungen intuitiv. Es wägt weder ab noch fragt es nach. Als Allwissende und Unendliche Intelligenz braucht es das nicht zu tun. Wenn Sie beispielsweise Ihr Unterbewußtsein, das auch als subjektives Bewußtsein bezeichnet wird (es ist Subjekt des Wachbewußtseins), beauftragen, Sie pünktlich um 6.00 Uhr zu wecken, dann können Sie sicher sein, genau zu dieser Zeit geweckt zu werden. Es versagt niemals. Wir müssen uns klarwerden, daß darin eine unendliche Quelle der Macht liegt, der Allmacht. Viele gutgläubige Menschen haben völlig irrige Ansichten über die Gabe der Intuition. Viele glauben, daß Intuition eine Gabe sei, die nur ganz besonders Begnadeten, geistig und außersinnlich hoch entwickelten Menschen zuteil würde. Das trifft nicht zu. Jeder Geschäftsmann, jede Hausfrau ist in der Lage, Antworten zu erhalten. Sie müssen sich nur an die Unendliche Intelligenz Ihres Unterbewußtseins wenden, um Führung für die Lösung eines jeden Problems zu erhalten.

Wie Sie neue Einfälle für Ihr Verkaufsprogramm oder Ihr Geschäft bekommen

Angenommen Sie sind Leiter einer Verkaufsorganisation und brauchen neue Ideen für Ihr Programm, dann probieren Sie einmal die folgende Technik: Schließen Sie die Augen, werden Sie still und denken Sie an die Unendliche Macht und Weisheit in den Tiefen Ihres Unterbewußtseins. Das erzeugt eine Stimmung des Friedens, der Kraft und des

Vertrauens. Sodann sprechen Sie auf die folgende, einfache Weise zu der Schöpferischen Intelligenz in Ihrem Inneren, der Allwissenden Intelligenz, die bereits die einzige Antwort weiß und für Sie bereit hält: »Die Schöpferische Intelligenz in mir weiß alle Dinge und gibt mir die erforderliche neue Idee für dieses Programm.« Stellen Sie sich vor, daß der schöpferische Einfall aus Ihren unterbewußten Tiefen aufsteigt und durch Ihr Wachbewußtsein fließt. Machen Sie sich nicht nur etwas vor – glauben Sie es wirklich. Akzeptieren Sie es und dann lassen Sie es fallen. Letzteres ist das Wichtigste und eigentlich das Geheimnis des ganzen Vorgangs.

Nach der Stilleperiode beschäftigen Sie sich. Tun Sie etwas, erledigen Sie vorwiegend irgendwelche Routinearbeiten. Vor allem sitzen Sie nicht etwa herum, um auf die Antwort zu warten. Sie kommt nämlich meistens in dem Augenblick, wo Sie sie am allerwenigsten erwartet hätten. Die innere Stimme der Intuition kommt als Gedankenblitz – spontan und unangemeldet.

Die Intuition – was ja heißt *von innen gelehrt* – weiß immer die Antwort. Bedenken Sie, daß es für die Schöpferische oder Unendliche Intelligenz, die den Kosmos und die in ihm enthaltenen Dinge geschaffen hat, keine Probleme gibt.

Denn gäbe es welche, wer sollte sie lösen? Wenn Sie daher eine Antwort suchen, dann tun Sie das in dem Bewußtsein, daß sie der Allerhöchsten Intelligenz in Ihren subjektiven Tiefen bereits bekannt ist. Die unvermittelte Plötzlichkeit, mit der Lösungen manchmal kommen, verblüfft immer wieder.

Anstelle das Für und Wider mit dem Verstand objektiv abzuwägen, übertragen Sie diese Aufgabe einer höheren Führung. Nach Erhalt einer Intuition gebrauchen Sie natürlich Ihren Verstand zu ihrer Ausführung.

Zwei Gründe, weshalb Sie Ihre Vorahnungen nicht als solche erkennen

Die Gründe für das Unvermögen, Ihre Vorahnungen zu erkennen, sind Furcht und Anspannung. Wenn Sie in negativer, verzagter oder gar feindseliger Stimmung sind, ist intuitive Wahrnehmung unmöglich. Es werden im Gegenteil negative Anweisungen vorherrschen. Wenn Sie dagegen in einer glücklichen, hoffnungsvollen, fröhlichen Stimmung sind, werden Sie auch fähig sein, die Intuitionsblitze, die Ihnen kommen, als solche zu erkennen. Darüber hinaus werden Sie sich gedrängt fühlen, die Instruktionen auszuführen. Deshalb ist es unerläßlich, still und völlig entspannt zu sein, wenn man Führung benötigt. In angespannter Gemütsverfassung, voller Furcht und Besorgnis, kann nichts erreicht werden. Wer hat das beispielsweise nicht schon erlebt: Beim besten Willen war es Ihnen nicht möglich, sich an einen bestimmten Namen zu erinnern, und nachdem man alle Willensanstrengungen aufgegeben hatte und Gelassenheit vorherrschte, kam der Name wie von selbst ins Gedächtnis.

Das Kultivieren Ihrer intuitiven Fähigkeiten ist von allerhöchster Wichtigkeit

Das Kultivieren der intuitiven Fähigkeiten ist für jeden Mann und für jede Frau von größter Bedeutung. Intuition präsentiert alles das unmittelbar, was vom Intellekt oder wachbewußten Verstand erst nach einigen Wochen oder gar Monaten voller Versuche und Irrtümer erreicht werden könnte. Wenn unser abwägender Verstand uns im Stich läßt, dann singt unsere intuitive Veranlagung das Lied des Triumphes.

Das Wachbewußtsein wägt ab, analysiert und erörtert — die subjektive Veranlagung der Intuition dagegen ist spontan. Sie gelangt in den bewußten Verstand als ein Strahl. Oftmals macht sie sich bemerkbar als Warnung vor einer geplanten Reise oder einem bestimmten Vorhaben. Wir müssen lernen, auf diese Stimme der Weisheit zu hören und ihren Rat zu beherzigen. Sie macht sich Ihnen nicht immer auf Wunsch bemerkbar, sondern nur, wenn Sie sie brauchen.

Sobald Sie sich selbst nichts vormachen und wirklich und wahrhaftig glauben, daß die Unendliche Intelligenz Sie auf allen Ihren Wegen führt — in Ihren Gedanken, Worten und Handlungen —, dann werden Sie auf richtigem Weg geführt. Maler, Dichter, Komponisten und Erfinder hören auf die Stimme der Intuition und setzen die Welt immer wieder in Erstaunen über die Schönheit und Erhabenheit, die sie aus dem großen Vorratshaus des Wissens innerhalb ihres Selbsts ziehen.

Die Bedeutung des inneren Hörens

Das Wort *Intuition* bedeutet gleichzeitig *inneres Hören*. Die älteste Definition für Offenbarung ist *das, was gehört wird*. Hören ist jedoch nicht der einzige Weg, die Intuition zu fördern. Manchmal kommt sie als Gedanke; aber der gebräuchlichste Weg ist, ›die Stimme zu hören‹. Oftmals ist es eine Stimme, deren Beschaffenheit, Klangfarbe und Substanz ebenso deutlich gehört werden kann, wie eine Stimme im Radio. Der Wissenschaftler gebraucht seine wundervolle Begabung der kontrollierten, zielgerichteten und disziplinierten Imagination in der Stille und formt ein Bild der Erfüllung. Seine Intuition stellt die Verbindung her zu seinem wissenschaftlichen Fachgebiet.

Die Intuition übertrifft den Verstand. Den Verstand wenden wir an, um die Anweisungen der Intuition auszuführen. Wenn Sie Intuition erhalten, werden Sie oftmals feststellen, daß es sich um das genaue Gegenteil dessen handelt, was Ihr Verstand gesagt haben würde. Fangen Sie an, Ihre Intuition zu entwickeln, und lassen Sie Wunder geschehen in Ihrem Leben.

Zusammenfassung

1. Wenn Sie nach einer verschollenen Person suchen, setzen Sie sich still hin, entspannen und beruhigen Sie Ihr Bewußtsein und bitten Sie die Unendliche Intelligenz innerhalb Ihres Unterbewußtseins, Ihnen den Verbleib dieser Person zu enthüllen. Die Antwort kommt zu Ihnen, möglicherweise auf Wegen, die sie nicht kennen. Seien Sie wachsam und folgen Sie ohne Zögern der Führung, die in Ihr Wachbewußtsein gelangt.

2. Eine Person, die Selbstmord beging, hinterläßt in der Atmosphäre des betreffenden Raumes üblicherweise eine tiefe psychische Impression. Daher ist es für sensitive und hochgradig intuitiv veranlagte Menschen sehr leicht möglich, den Ablauf dieses Geschehens erneut wahrzunehmen. Obgleich in die nächste Dimension übergewechselt, hat der Betreffende in der Umgebung seiner Tat eine beschreibende Gedankenform hinterlassen. Diese Gedankenform oder psychophotographische Impression löst sich früher oder später auf, je nach Intensität ihrer emotionalen Ladung.

3. ›Beten ohne Unterlaß‹ bedeutet, den ganzen Tag lang konstruktiv zu denken mit den ewigen Prinzipien und Wahrheiten des Lebens als Grundlage. Leben Sie in freudi-

ger Erwartung des Besten, in der Gewißheit, daß Göttliches Gesetz und Göttliche Ordnung Ihr Leben bestimmen, und Sie werden automatisch zu den richtigen Dingen geführt. Dann werden Sie auch fähig sein, spontan auftauchende intuitive Gedankenblitze mit den richtigen Antworten zu erkennen.

4. Ihr Unterbewußtsein ist der Aufbewahrungsort aller Erinnerungen und der Sitz Ihrer Gefühle und Ihrer intuitiven Möglichkeiten. Ihr Unterbewußtsein ist eins mit der Unendlichen Intelligenz und der grenzenlosen Weisheit. Die Unendliche Heilungsgegenwart wirkt in Ihrem Unterbewußtsein – sie kann die Wiederherstellung von Gesundheit, Harmonie und Frieden bewirken. Sie kann Sie mit den richtigen Einfällen versorgen und Sie von Begrenzungen jeglicher Art befreien.

5. Die Unendliche Heilungsgegenwart Ihres Unterbewußtseins hat Ihren Körper gestaltet und weiß ihn daher auch zu heilen. Vertrauen Sie ihr, glauben Sie an sie, rufen Sie sie an, und Sie werden auch eine Antwort erhalten. Geben Sie nicht nur bloß vor, zu glauben, sondern seien Sie in Ihrem Innersten zutiefst davon überzeugt, daß die Schöpferische Intelligenz, die alle Ihre Organe geschaffen hat, diese auch heilen und wiederherstellen kann. Ihnen geschieht nach Ihrem Glauben.

6. Wenn Ihre Motivation richtig ist, und Sie nicht beabsichtigen, einen anderen Menschen auszunutzen, und wenn Sie das Göttliche Gesetz und die Göttliche Ordnung in Ihrem Leben bejahen, dann erhalten Sie Gottes Führung. Sie werden aufmerksamer, wachsamer sein, und ein waches Empfinden für intuitive Gedankenblitze aus Ihren erhabenen Tiefen bekommen.

7. Wenn Sie sich die Bejahung und die feste Überzeugung zur Gewohnheit machen, jederzeit von Gott (der Unendlichen Intelligenz) auf allen Wegen geführt zu sein, dann werden Sie eine innere Stimme vernehmen, die Ihnen genau sagt, was zu tun ist.

8. Wenn Sie nach neuen Ideen suchen — sei es für Ihren Beruf oder Ihr Geschäft — beruhigen Sie Ihr Gemüt und bejahen Sie: »Die Schöpferische Intelligenz weiß alles und enthüllt mir die neue Idee.« Dann lassen Sie den Gedanken an die Angelegenheit fallen, und in einem unerwarteten Moment springt die Antwort in Ihr Bewußtsein.

9. Furcht und Anspannung sind zwei Ursachen, die es verhindern, daß Sie die Antworten aus Ihrem tieferen Bewußtsein erkennen. Beruhigen Sie daher Ihr Gemüt und versenken Sie sich in die wunderwirkenden Kräfte innerhalb Ihres Selbsts. Wenn Ihr Wachbewußtsein ruhig und empfänglich ist, steigt die Antwort aus den Tiefen des Unbewußten empor.

10. Intuition präsentiert alles das unmittelbar, was vom wachbewußten Verstand erst nach Wochen oder Monaten voller Versuche und Irrtümer erreicht werden könnte.

11. Manchmal kommt die intuitive Antwort als Gedanke, aber der häufigere Weg ist, ›die Stimme zu hören‹ — so klar und eindeutig zu hören wie eine Stimme aus dem Radio. Fangen Sie an, Ihre Intuition zu entwickeln, und lassen Sie Wunder geschehen in Ihrem Leben.

5

Außersinnliche Reisen und Erfahrungen außerhalb des Körpers

Vor einigen Monaten hielt ich eine Vortragsreihe über Außersinnliche Wahrnehmung im Wilshire Ebell Theatre in Los Angeles und erhielt als Folge viele Briefe von Zuhörern, die — wie sie es nannten — seltsame Erlebnisse hatten, jedoch bislang zögerten, darüber zu sprechen, um vor ihrer Umwelt nicht als wunderlich oder sonderbar zu gelten, oder gar als nicht ganz richtig im Kopf. Ich werde in diesem Kapitel das Wesentliche dieser Erfahrungen, die Essenz sozusagen, in Kurzform wiedergeben.

Erfahrungen außerhalb des Körpers

Eine Frau schilderte mir, wie sie am Heiligen Abend 1968 den intensiven Wunsch verspürte, bei ihrer Mutter in New York zu sein. Als sie beim Einschlafen alle ihre Gedanken auf ihr Elternhaus in New York richtete, fand sie sich auf der Stelle dort und versuchte vergeblich, die Haustür zu öffnen. Durch den Hintereingang konnte sie jedoch hineingelangen und ging nach oben in das Schlafzimmer ihrer Mutter, die wach im Bett lag und Zeitung las. Einigermaßen verblüfft fragte Mutter: »Warum hast du mich nicht von deinem Kommen benachrichtigt? Als ich die Schritte auf der Treppe hörte, wußte ich, daß nur du es sein konntest.« Sie erwiderte: »Fröhliche Weihnachten, Mama. Ich muß jetzt wieder gehen«, und im gleichen Augenblick fand sie sich wieder in ihrem Körper in Los Angeles. Sie konnte jeden Gegenstand im Schlafzimmer ihrer Mutter beschreiben und auch die Weihnachtschoräle aus dem Radio klar hören.

Das ist durchaus keine ungewöhnliche Erfahrung. Diese Frau hatte ihre Gedanken unmittelbar vor dem Einschlafen auf ihre Mutter konzentriert und ein intensives Verlangen entwickelt, an diesem Weihnachtsabend bei ihrer Mutter zu sein. Dieses Verlangen erfüllte ihr Unterbewußtsein mit einem klaren Auftrag, und es projektierte ihre Persönlichkeit in einem neuen Körper an einen 5000 Kilometer entfernten Ort. Ihre Mutter wiederum spürte die Berührung ihrer Lippen und Hände und konnte ihre Stimme deutlich hören. Obgleich auch die Hintertür verschlossen war, konnte sie mühelos eindringen und sich auf einen Stuhl am Bett ihrer Mutter setzen. Sie war sich bewußt, daß sie sich außerhalb ihres Körpers befand und sich in einem verfeinerten Körper bewegte, der mühelos verschlossene Türen oder anderes Material durchdringen konnte.

Eine außersinnliche Reise nach Sydney

Ein australischer Freund berichtete mir von einem interessanten Erlebnis an einem Sylvesterabend. Beim Zubettgehen dachte er an den Gesundheitszustand seines Vaters und begann für ihn zu beten. Er hatte das klare Empfinden, daß die Unendliche Heilungsgegenwart das gesamte Wesen seines Vaters vitalisierte und mit Energie erfüllte und hörte seinen Vater sagen: »Mein Junge, in meinem ganzen Leben habe ich mich noch nicht wohler gefühlt als jetzt. Ich hatte eine wundersame Heilung.« Diese Worte hörte er in seiner Imagination wieder und wieder — er lullte sich in den Schlaf mit diesen Worten und befand sich plötzlich am Bett seines Vaters, der natürlich höchst erstaunt war und fragte: »Warum hast du mich nicht von deinem Kommen unterrichtet? Welch eine Überraschung!«

Wie mein Freund mir sagte, war er bei vollem Bewußtsein und konnte alles im Zimmer seines Vaters wahrnehmen, während er sich gleichzeitig bewußt war, daß sein anderer Körper auf einer Couch in Los Angeles lag. Er erschien seinem Vater in vollständiger Kleidung, und verfügte über hörbare, sichtbare und fühlbare Fähigkeiten außerhalb seines Körpers. Er war sich bewußt, daß ihm ein verfeinerter Körper zur Verfügung stand mit der Befähigung, durch verschlossene Türen zu gehen und die Begrenzungen von Zeit und Raum zu durchbrechen. Das ganze Geschehen spielte sich in wenigen Minuten ab, und spätere Briefe seines Vaters bestätigten den gesamten Ablauf in jedem Detail.

Mancher wird das als Geistererscheinung bezeichnen, als entkörperte Einheit usw. Die einfache Wahrheit ist jedoch vielmehr, daß dieser Mann einen neuen Körper in eine Entfernung von vielen tausend Kilometern projiziert und eine Verbindung zu seinem Vater hergestellt hatte. Er war in der Lage, mit seinem Vater zu sprechen und ihn zu berühren. Der Mensch ist ein geistiges und übersinnliches Wesen und wird immer über einen Körper verfügen. Auch in einer Billion von Jahren werden Sie irgendwo am Leben sein, in einem höheren Bewußtseinsgrad — denn das Leben ist eine endlose Entfaltung, und Ihre Reise geht ewig aufwärts, hinan, Gottwärts!

Eine Mutter erschien ihrer Tochter

Als Lebenslehrer komme ich mit Menschen aller Bevölkerungsschichten zusammen — durch Korrespondenz oder persönliche Gespräche höre ich oftmals von außerordentlichen und faszinierenden Episoden aus dem Leben einzelner, die sie mit Angehörigen oder Bekannten nur ungern diskutieren, um nicht als überspannte Sonderlinge oder Geistesgestörte abgestempelt zu werden.

Eine Mutter in Beverly Hills war sehr besorgt über den Gesundheitszustand ihrer Tochter in New York. Eines Abends stellte sie sich mit der ganzen Konzentration ihrer Gedankenkraft auf ihre Tochter ein und bejahte für sie Harmonie, Gesundheit und Seelenfrieden, indem sie sich bewußt machte, daß die Gottesgegenwart das ganze Wesen ihrer Tochter durchströmte als Harmonie, Schönheit, Liebe und Frieden. Das nun folgende Beispiel illustriert die außersinnliche Projektion ihres Vierte-Dimension-Körpers: Sie befand sich plötzlich in dem Privat-Klinik-Zimmer des Hospitals, wo ihre Tochter wach im Bett lag. Ihre Tochter sagte: »Oh Mutter, ich freue mich ja so, daß du gekommen bist!« Sie umarmten und küßten sich. Die Tochter hörte die beruhigenden Worte der Mutter und spürte die Umarmung deutlich. Auch die anwesende Krankenschwester bekam einen freundlichen Gruß. Plötzlich entschloß sie sich, in ihren Körper zurückzukehren, den sie so, wie sie ihn in Beverly Hills im Bett liegend zurückgelassen hatte, sehen konnte. Darüber hinaus war sie sich eines anderen Körpers genau bewußt, eines feineren Körpers, dem Materie jeder Art, wie Türen, Wände etc. keinerlei Widerstand boten. Dann kehrte sie in ihren Körper zurück.

Erlebnisse dieser Art haben viele Menschen, besonders wenn sie emotionell stark aufgewühlt sind, voller Besorgnis sind und das starke Verlangen verspüren, einem geliebten Menschen nahe zu sein. Das trifft ganz besonders für Zeiten persönlicher Krisen zu. Wer sich mit dem vorherrschenden Gedanken zur Ruhe legt, bei dem geliebten Menschen zu sein, dessen Unterbewußtsein wird entsprechend program-

miert, und er findet sich auf einer außersinnlichen Exkur-
sion an dem gewünschten Standort wieder. Dabei ist er sich
seines physischen Körpers durchaus bewußt, sowohl beim
Verlassen als auch bei der Rückkehr.

Ein New Yorker Kriminalbeamter löst einen Fall durch außersinnliche Reise

Auf dem Internationalen Neugeist-Kongreß im Juli 1969
traf ich einen alten Freund, der seit vielen Jahren in New
York ein erfolgreicher Polizeidetektiv ist. Nach meinem Referat über Außersinnliche Wahrnehmung sagte er mir: »Ich
habe dir etwas zu erzählen, das dich interessieren wird.« Er
berichtete mir von einem Fall, bei dem er mit herkömm-
lichen Methoden nicht weitergekommen war. Er war auf
einen großen Einbruchsdiebstahl angesetzt und hatte selbst
nach dreimonatiger kriminalistischer Kleinarbeit nicht die
geringste Spur.

Eines Abends las er im Bett ›Die Macht Ihres Unterbewußtseins‹ und schlief anschließend mit dem Gedanken an
den vollständig aufgeklärten Fall ein. Sogleich fand er sich
in einer Kleinstadt, die ihm völlig fremd war, im Norden des
Bundesstaates New York wieder. Er drang durch ein Fen-
ster in einen Raum ein, in dem drei Männer offenbar bei
einer Besprechung saßen. Auf Tischen ausgebreitet bemerkte er Juwelen, Uhren, Kameras und Pelze. Er sah Zeitungen
und deren Überschriften, hörte die Männer reden und bejahte: »Sie werden mich nicht sehen!« Er sah aus dem Fen-
ster und prägte sich den Straßennamen und den Namen des
Kinos von gegenüber ein.

Plötzlich war er sich klar, daß es sich hier um die gesuchten Männer handelte. Das Appartement bestand aus drei
Räumen. Er wußte, daß er in einem außersinnlichen Körper

agierte, einem Körper, der dennoch für ihn fühlbar und in der Lage war, sich in jeder gewünschten Richtung zu bewegen. Er nahm die Zeitungen und Zeitschriften wahr, die die Männer lasen, und kannte jetzt auch die Stadt, in der sie sich versteckt hielten. Dann dachte er: »Jetzt will ich zurück nach New York«, und fand sich im selben Augenblick wieder in seinem Körper daheim in seinem Schlafzimmer in New York.

Nachdem er aufgewacht war, rief er sofort das Polizeihauptquartier an, von wo aus dann die örtliche Polizei verständigt wurde. Man konnte alle gestohlenen Gegenstände sicherstellen und auch die drei Männer festnehmen, die einigermaßen perplex waren, als um 3.00 Uhr früh sechs schwerbewaffnete Polizisten ihr Appartement stürmten. Allerdings hatte der Detektiv seiner Dienststelle gegenüber vorgegeben, einen heißen Tip erhalten zu haben. Hätte er seinen Vorgesetzten von seiner außersinnlichen Reise erzählt — so meinte er wohl vollkommen zur Recht —, dann würden sie ihm wahrscheinlich eine psychiatrische Behandlung empfohlen haben.

Nach meiner Überzeugung liegt die Erklärung für das Gesamtgeschehen in der Tatsache, daß der Detektiv, dessen ganze emotionale Energie auf eine Lösung des Falles ausgerichtet war, vor dem Einschlafen die Weisheit seines Unterbewußtseins aktiviert hatte, das seine Persönlichkeit in einem verfeinerten Körper zu dem Aufenthaltsort der Gesuchten projektierte — einem verfeinerten Körper mit allen Möglichkeiten zu sehen, zu hören, sich fortzubewegen und jeden Vorgang genauestens zu registrieren, und auch seine Mobilität nach Willen zu dirigieren. Er war auch intelligent und verständig genug, zu verlangen, von den gesuchten Räubern nicht bemerkt zu werden. Alles das und viel mehr noch sind latent vorhandene Kräfte im tieferen Bewußtsein des Menschen.

Durch Außersinnliche Wahrnehmung wußte sie, daß ihr Sohn am Leben war

Einen sehr interessanten Brief erhielt ich von einer Frau aus Arizona: Ihr Sohn war in Vietnam als vermißt gemeldet. Verständlich, daß sie völlig verstört war und sich Gedanken darüber machte, ob er wohl tot war oder noch lebte. Sie räumte ein, daß sie sehr angespannt und voller Sorge war, hin- und hergerissen zwischen Hoffnung, Furcht und wachsender Verzweiflung. Eines Abends jedoch las sie *Die Macht Ihres Unterbewußtseins* und beauftragte daraufhin ihr tieferes Bewußtsein unmittelbar vor dem Einschlafen: »Enthülle mir, ob mein Sohn tot ist oder ob er lebt.« Sogleich hatte sie im Schlafzustand eine hellsichtige Vision von ihrem Sohn, der aus einer Gruppe von Männern deutlich herausragte. Sie sah seine nackten Füße, seinen wilden Bart, den Stacheldraht, der ihn umgab, und die Pritsche, auf der er schlief. Sie erkannte alle Einzelheiten seines Aufenthaltsortes und wußte intuitiv, daß er lebte und den Umständen entsprechend wohlauf war.

Später erhaltene Informationen bestätigten ihr, daß ihr Sohn in Gefangenschaft geraten war. Nach einigen Monaten bekam sie einen Brief von ihm, der heimlich aus dem Lager geschmuggelt worden war. Ihr Unterbewußtsein hatte ihr auf seine ureigenste Weise die Antwort enthüllt, und für sie war diese Antwort ein untrüglicher Beweis.

Außersinnliche Wahrnehmung führt zu verlorenem Topas

Eine befreundete Ärztin fragte mich, ob ich ihr durch Gebet bei der Auffindung eines verlorengegangenen Ringes helfen könnte. Das wertvolle Erbstück war in der Familie von Generation zu Generation weitergereicht worden. Oftmals konzentriere ich mich vor dem Einschlafen auf Hilfeersuchen, die im Laufe des Tages an mich gerichtet werden. Dabei mache ich mir eine klare bildliche Vorstellung von der hilfesuchenden Person, von unserer Unterredung und der Natur des Problems. Sodann folgt eine Bejahung, etwa in dieser Art: »Die Unendliche Intelligenz weiß, wo dieser Topas sich befindet – sie enthüllt seinen Verbleib der Ärztin und mir in Göttlicher Ordnung. Ich akzeptiere die Antwort.« Dann überlasse ich mich den Tiefen des Schlafes, im Wissen, daß ich die Antwort bereits weiß.

In diesem besonderen Fall geschah nun das folgende: Während ich fest schlief, lief eine Szene vor mir ab, ähnlich wie ein Film auf der Leinwand. Ich sah eine Frau den Ring tragen und eine ältere Frau – vermutlich ihre Mutter – nach dem Wert fragen. Ich konnte die Farbe ihrer Kleidung ausmachen sowie die ihrer Haare, die sehr grau waren und ihr auf die Schultern hingen. Sie wies einige Zahnlücken auf und hatte einen Leberfleck im Gesicht.

Am nächsten Morgen telefonierte ich mit meiner Bekannten, um ihr von meinen Wahrnehmungen zu berichten. Sie war völlig perplex: »Das darf doch nicht wahr sein! Das ist eine perfekte Beschreibung meiner Hausangestellten. Sie ist seit 20 Jahren bei mir. Sie kann es nicht getan haben – das ist völlig unmöglich!« Ich machte ihr den Vorschlag, ihr genau zu erzählen, daß ich sie gesehen und auch genau gehört hätte, was sie zu ihrer Mutter gesagt hatte. So geschah es, und die Hausangestellte gestand unter Tränen, daß sie den Ring an sich genommen habe, aber nur, um ihn ihrer Mutter zu zeigen; daß sie nicht die Absicht hatte, ihn zu behalten. Die Ärztin hatte jedoch bereits seit zwei Monaten alles nach dem Ring abgesucht, und die Hausgehilfin hatte ihr auch noch dabei geholfen, immer in dem Wissen, daß sie ihn gestohlen hatte.

Mein Unterbewußtsein hatte mir die Wahrheit über die Situation offenbart. Seine Wege und Möglichkeiten bewegen sich außerhalb unseres Fassungsvermögens.

Dr. P. P. Quimbys Experimente mit Hellsehen und Außersinnlichen Wanderungen im Mai 1862

»Ich will jetzt von einem Experiment in Hypnose berichten, das ich mit meiner Versuchsperson Lucius durchführte. Ich bat jede im Raum anwesende Person, mir den Namen eines Bekannten auf ein Stück Papier zu schreiben. Sodann beauftragte ich Lucius, diese Personen tot oder lebend zu finden; was er auch tat, indem er sie alle den Zuhörern beschrieb. Bei dieser Gelegenheit wurde mir ein Name gegeben, den ich wie üblich Lucius gab. Seine Auskunft: Es handle sich um einen Mann mit einer Frau und drei Kindern, ein Tischler von Beruf, der die Stadt für zwei Tage verlassen habe. Er hätte seinen Werkzeugkasten in einer Scheune gelassen und sei direkt nach Boston gefahren. Ich wies ihn an, dem Mann zu folgen. Er tat es und sagte, er habe ihn in Ohio in einer Böttcherwerkstatt gefunden, wo er gestorben sei. Ich wies ihn an, ihn trotzdem zu beschreiben.

Er begann eine allgemeine Beschreibung zu geben. Ich unterbrach ihn und forderte ihn auf, eventuell vorhandene Besonderheiten zu erwähnen. ›Nun‹, sagte er, ›ich meine, jeder sollte ihn an seiner Hasenscharte erkennen.‹ Ich fragte die Person, die mir den Namen gegeben hatte, ob diese Beschreibung zutreffend sei, und bekam jede Einzelheit bestätigt. Hier hatten wir einen klaren Fall von Außersinnlichkeit. Lucius las verschlossene Briefe, begab sich an entfernte Orte und befragte eine Person dort, bekam eine Antwort, und dennoch war diese Person sich nicht bewußt, eine Frage beantwortet zu haben.«

Dieser Bericht ist den Schriften von Dr. Phineas Parkhurst Quimby entnommen, niedergeschrieben im Mai 1862. Dr. Quimby wußte, daß sich unter seinen Zuhörern jemand befand, der die in Frage stehende Person kannte. Und er wußte, daß seine Versuchsperson Lucius in ihrem hypnotischen Trancezustand hellsichtig war und damit fähig war, das unterbewußte Denken dieses Zuhörers zu empfangen. Das Aussehen des Vermißten war in dessen Unterbewußtsein, und Quimby wußte, daß er diese Beschreibung in allen Details enthüllen würde, die Hasenscharte eingeschlossen. Darüber hinaus waren Einzelheiten über sein Handwerk, seine Familie und seines Wohnortes noch weiteren Zuhörern bekannt, und Lucius trat in seinem Trancezustand lediglich in Kontakt mit dem Unterbewußtsein eines jeden dieser Leute. Quimby gebrauchte in diesem Zusammenhang die Bezeichnung *Spiritualismus.* Heutzutage nennen wir dieses Phänomen *subjektive Hellsichtigkeit (Clairvoyance),* soweit es die hypnotisierte Versuchsperson betrifft. Eine der Besonderheiten des Unterbewußtseins ist seine Fähigkeit, durch Hellsichtigkeit (Clairvoyance) mühelos Informationen zu erhalten.

Dr. Phineas Parkhurst Quimbys Experiment mit hellsichtigen Wanderungen

»Als ich in Eastport war, versetzte ich eine Dame in hypnotischen Schlaf. Sie hatte den Wunsch, ihre Angehörigen in New Hampshire zu besuchen. Ich begleitete sie. Als sie sich lächelnd verneigte, fragte ich sie, wem dieser Gruß gegolten habe. Sie sagte, es sei der Postmeister gewesen. Dann meinte sie, wir sollten jetzt nach Hause gehen. Ihre Leute hielten bereits Ausschau nach ihr. Ich fragte sie, ob ihr Vater daheim sei, und ob sie mich ihm wohl vorstellen könnte, was sie sofort tat. Ich forderte sie auf, ihren Vater zu fragen, ob irgend etwas vorgefallen sei seit ihrer Abwesenheit. Sie erbleichte und schien verstört. Auf meine Frage berichtete sie mir, daß ihr Onkel tot sei, und ihre Tante, die ihn gepflegt hatte, krank geworden, aber inzwischen wieder genesen war. Ihr Bruder hätte sie heimgebracht. Alle diese Angaben wurden einige Tage später brieflich bestätigt. Dieser Brief ihres Onkels, Dr. Richardson, befindet sich in meinem Besitz. Darin stellt er fest, daß alles, was sie gesagt hatte, buchstäblich der Wahrheit entsprach.

Ich kann von vielen Experimenten dieser Art berichten. Wenn ich bei Kranken sitze, sprechen sie zu mir von ihren Gefühlen, aber sie empfinden sie nicht durch ihre natürlichen Sinne, ebensowenig wie ich mir ihrer Gegenwart oder Gefühle durch die natürlichen Organe bewußt bin. Jede Person besitzt jedoch zwei Identitäten — eine hat Substanz und die andere den Schatten. Für mich jedoch ist der natürliche Mensch der Schatten, er jedoch hält sich für die Substanz und alles, was er nicht zu erfassen vermag, für den Schatten. Eine Person in hypnotischem Zustand beweist der Person im Wachzustand, daß es zwei Zustände gibt und jeder Zustand dem anderen ein Geheimnis ist. Diejenige im Wachzustand kann nicht verstehen, weshalb eine Person, die dem Wachzustand gegenüber tot sein kann, ihre Identität dennoch behalten kann und sich selbst gegenüber die gleiche Person bleibt. Und daß, wenn sie in ihren natürlichen Zustand kommt, den hypnotischen Zustand verloren hat. Die hypnotisierte Person wiederum kann nicht begreifen, weshalb diejenige im natürlichen Zustand nicht das wissen kann, was sie im hypnotisierten Zustand weiß. So ist jede der anderen ein Geheimnis.

Dies ist der Sachverhalt: Weisheit hat keinen Schatten; eine Meinung dagegen hat einen. Der Mensch handelt entweder nach seiner Meinung oder seiner Weisheit, jede

Handlung steht in seinem Ermessen und seine Anerkennung der Dinge hängt davon ab.«

In diesem Bericht aus Dr. Quimbys Schriften vom Mai 1862 unterstreicht er, daß ein jeder von uns zwei Identitäten besitzt — unsere ›übersinnliche Natur‹ und unser ›Fünf-Sinne-Bewußtsein‹. Letzteres basiert auf unserer Erziehung, dem Einfluß der Umwelt und den traditionellen Auffassungen. Aber tiefer als dies alles, in den Tiefen unseres Unbewußten, ist der lebendige Geist des Allmächtigen, die Gegenwart Gottes — und, wie Dr. Quimby hervorhebt, kommen in hypnotischem Zustand außerordentliche Kräfte unseres Geistes zum Vorschein, die das Fassungsvermögen des Verstandes und unseres abwägenden Wachbewußtseins übersteigen. Er beschreibt darin, wie er die in hypnotischem Schlaf befindliche junge Dame auf eine hellsichtige Reise nach Hause schickte, wo sie alles das sehen konnte, was sich dort im gleichen Moment abspielte; ebenso wie Ereignisse, die schon einige Tage vorher eingetreten waren — der Tod eines Onkels, die Krankheit einer Tante. Dr. Quimby, der sich in einem passiv hellsichtigen Zustand befand, begleitete sie geistig und sah alles, was sie tat. Quimby wußte, daß Zeit oder Raum für das Unterbewußtsein keine Rolle spielen. Daher befand sich die junge Frau auf der Stelle in ihrem Elternhaus in New Hampshire.

Das sind einige der Wunder des Geistes, die Dr. Quimby ans Licht brachte, im Mai 1862.

Zusammenfassung

1. Viele Menschen haben seltsame Erlebnisse außerhalb ihres Körpers, zögern jedoch, darüber zu sprechen, um von ihrer Umwelt nicht verspottet und als geistesgestört angesehen zu werden.

2. Eine Tochter, die über den Gesundheitszustand ihrer Mutter besorgt ist, kann durch Gedankenkonzentration vor dem Einschlafen auf ihre Mutter von ihrem Unterbewußtsein in einem verfeinerten Körper an den entfernten Wohnort der Mutter gesandt werden. Sie ist in der Lage, ihre Mutter zu umarmen, sie zu küssen und mit ihr zu sprechen. Auch alle anderen sichtbaren, hörbaren und greifbaren Dinge kann sie in diesem vierdimensionalen Körper wahrnehmen.

3. Ein in Los Angeles lebender Mann findet sich am Bett seines Vaters in Sydney, Australien, wieder und kann alles im Haus seines Vaters sehen. Er geht durch verschlossene Türen und erscheint seinem Vater, der über den unangemeldeten, überraschenden Besuch völlig verblüfft ist. Spätere Briefe des Vaters bestätigen die Astralreise in jeder Einzelheit.

4. Wenn Sie kurz vor dem Einschlafen für einen nahestehenden Menschen oder einen Bekannten intensiv beten, kann es geschehen, daß sie diesem Menschen sichtbar werden. Ebenso können Sie ihn sehen und mit ihm sprechen und darüber hinaus alles wahrnehmen, was sich in dem Raum befindet, in dem sich der andere gerade jetzt aufhält. Auch andere anwesende Personen sind in der Lage, sie zu sehen und anzunehmen, daß hier ein Angehöriger einen Besuch macht. Sie erscheinen in voller Kleidung mit allen Ihren körperlichen Fähigkeiten, denn als ein geistiges und außersinnliches Wesen sind Sie fähig, unabhängig von Ihrem dreidimensionalen Körper zu denken, zu sehen, zu fühlen und zu reisen.

5. Ein Detektiv, der von seinem Unterbewußtsein verlangt hatte, ihm den Verbleib von drei Einbrechern, die mehrere

Wohnungen ausgeraubt hatten, zu enthüllen, findet sich in deren Versteck, einem Appartement in einer anderen Stadt, wieder und verlangt sogleich von seinem Unterbewußtsein, für die anderen nicht wahrnehmbar zu sein. Sodann sammelt er alle erforderlichen Fakten für eine Festnahme. Er entdeckt, daß er bewegliche Gegenstände handhaben kann und seinen verfeinerten Körper in jede gewünschte Richtung dirigieren kann, da dieser Körper mit Willenskraft, Unterscheidungsvermögen und Initiative ausgestattet ist. In anderen Worten: Er ist ein bewußtes, unterscheidungsfähiges Wesen, das völlig unabhängig von seinem dreidimensionalen Körper funktioniert.

6. Eine zutiefst verzweifelte Mutter, deren Sohn in Vietnam als vermißt gemeldet war, entschloß sich, ihr Unterbewußtsein zu befragen. Daraufhin wurde sie im Schlaf hellsichtig und sah ihren Sohn als Kriegsgefangenen. Die Besonderheiten seines Äußeren und seiner Umgebung wiesen eindeutig auf diesen Sachverhalt. Somit wußte sie, daß er am Leben und den Umständen entsprechend wohlauf war. Die darauffolgenden Geschehnisse bestätigten ihre Wahrnehmung in jedem Detail.

7. Eine Ärztin, die einen sehr wertvollen Topas verloren hatte, bat mich um Gebetshilfe zu seiner Wiederbeschaffung. Im Traumzustand sah ich dann eine fremdländisch aussehende Frau mit dem gesuchten Topasring an der Hand. Ich hörte sie nach seinem möglichen Wert fragen, sah den Leberfleck in ihrem Gesicht und stellte fest, daß ihr drei Vorderzähne fehlten. Nach meiner Beschreibung erkannte die Ärztin sogleich ihre Hausgehilfin, die auf Vorhaltungen den Diebstahl eingestand. Durch außersinnliche Wahrnehmung gelangte das wertvolle Erbstück wieder in ihren Besitz.

8. Dr. Phineas Parkhurst Quimby führte im Jahre 1862 Experimente mit hellsichtigen Wahrnehmungen durch. In einem Fall hypnotisierte er eine Frau, die in diesem Zustand hellsichtig wurde. Er schickte sie zurück in ihr Elternhaus, wo sie genau von allem berichtete, was sich in dem Augenblick dort abspielte. Sie machte ihn mit dem dortigen Postmeister bekannt, berichtete vom Tod eines Onkels und anderen Einzelheiten, die später sämtlich bestätigt wurden. Quimby folgte ihr auf ihrer mentalen Reise. Er war hellsichtig, ohne sich in Trance zu befinden. Er demonstrierte die supranormalen Kräfte des Geistes.

9. Bei anderer Gelegenheit demonstrierte Dr. Quimby, daß seine Versuchsperson Lucius im Trancezustand hellsichtig wurde und eine detaillierte Beschreibung eines vermißten Mannes geben konnte. Er gab eine genaue Personenbeschreibung, nannte seinen Beruf, beschrieb Familienmitglieder und seinen derzeitigen Aufenthaltsort. Dr. Quimby wußte, daß ein Zuhörer den Mann kannte und mit seinen Verhältnissen vertraut war. Somit hatte Lucius in Trance nur einen Kontakt mit dem Unterbewußtsein des Fragestellers hergestellt. Dieser hatte ein komplettes Erinnerungsbild des Vermißten und wußte alles über ihn. Das sind die Wunder Ihres Unterbewußtseins.

6

Außersinnliche Wahrnehmung und Heilung

Eine der interessantesten und faszinierendsten Veranlagungen des menschlichen Geistes ist die der Vorausschau (Prevision), die Möglichkeit, zukünftige Begebenheiten vorauszusehen. Durch meine Konsultationen und durch Interviews mit Menschen aller Schattierungen erhielt ich eine Fülle von Informationen über bemerkenswerte Heilungen und Lebensrettungen durch Außersinnliche Wahrnehmungen.

Wie das Gebet einer Mutter eine Amputation verhütete

Eine Frau, die wegen eines häuslichen Problems zu mir in die Sprechstunde kam, berichtete mir von einer interessanten und bemerkenswerten Episode im Zusammenhang mit ihrer Gebetsarbeit. Ihr Sohn hatte sie von einem Lazarett in Vietnam aus angerufen und dringend um ihre Gebetshilfe gebeten. Man hatte ihm eröffnet, daß sein Fuß infolge fortgeschrittenen Brandes amputiert werden müsse. Darauf hatte er dem Chirurgen geantwortet: »Meine Mutter betet für andere Menschen, und die werden wieder gesund!« Der Arzt hatte ihn daraufhin ermutigt und gemeint, er solle sie anrufen. Nach dem Anruf ging sie in die Stille und bejahte: »Mein Sohn ist dem Göttlichen Geist bekannt. Gott in seiner Mitte heilt ihn jetzt, und ich danke Gott für die Heilung, die er jetzt vornimmt.« Dieses einfache Gebet bejahte sie wieder und wieder. Dabei war sie still und entspannt und nach etwa einer Stunde schlief sie ein. Im Traum sah sie dann ihren Sohn und hörte ihn sagen: »Mutter, ich werde meinen Fuß behalten. Es ist wundervoll!« Sie erwachte am nächsten Morgen mit einem wundervollen Gefühl des Friedens und der Gelassenheit. Spätere Briefe ihres Sohnes bestätigten ihre tiefe Überzeugung von der heilenden Kraft Gottes.

Diese Mutter wußte, daß Zeit und Raum für das Geistprinzip nicht existieren und daß ihre tief innere Vergegenwärtigung der Unendlichen Heilenden Gegenwart sich im Unterbewußtsein ihres Sohnes auch dort in weiter Ferne widerspiegeln würde. Sie wandte bei ihrer Bejahung auch ihren liebsten Bibelvers an: *Alles, um was ihr bittet, glaubt nur, daß ihr es empfangen habt, und es wird euch zuteil werden.* (Markus 11, 24)

Wie der Traum von einer Herzattacke half, eine Tragödie zu verhüten

Während ich dieses Kapitel so zwischen meinen Sprechstunden schreibe, muß ich feststellen, daß in meinen Beratungen doch recht vielfältiges Material für dieses Buch anfällt, denn ich unterhalte mich hier mit Menschen, die zum Teil ungewöhnliche Erfahrungen mit Außersinnlichen Wahrnehmungen hatten. Diese Erlebnisse wollen die meisten jedoch mit Angehörigen oder Freunden nicht diskutieren — sie behalten sie lieber für sich, um sich nicht lächerlich zu machen oder gar als komplett verrückt zu gelten.

Die hübsche junge Dame, die mich wegen eines wissenschaftlichen Gebets für ihren kleinen Sohn konsultierte, erzählte mir, daß sie einige Wochen zuvor während eines Mittagsschlafes einen sehr beunruhigenden Traum hatte. Sie sah ihren Mann am Steuer seines Wagens unterwegs nach Las Vegas. Plötzlich faßte er mit beiden Händen nach seiner Herzgegend, wobei der Wagen außer Kontrolle geriet.

Sie erwachte mit einem entsetzlichen Furchtgefühl, an allen Gliedern zitternd, und mit der sicheren Vorahnung einer drohenden Katastrophe. Sogleich nahm sie die Bibel und las den 91. Psalm, den großen Psalm des Schutzes mehrmals laut, wobei sie den Text in die Gegenwartsform setzte. Sie betete für ihren Mann etwa eine halbe Stunde lang, beginnend mit: »Er wohnt unter dem Schirm des Höchsten... Er ruht im Schatten des Allmächtigen... Seine Engel behüten meinen Mann auf allen seinen Wegen« und andere Passagen, wie »Gott heilt ihn jetzt« und »Gottes Liebe durchströmt ihn und macht ihn heil und vollkommen«. Nach und nach wurde sie von einem Gefühl tiefen Friedens erfüllt.

Etwas später erfuhr sie, daß ihr Mann einen schweren Herzanfall erlitten und dabei das Bewußtsein verloren hatte. Ein nachfolgender Autofahrer hielt neben dem mitten auf der Fahrbahn stehenden Wagen mit dem über das Lenkrad gebeugten, bewußtlosen Fahrer. Bei näherem Hinsehen entdeckte er einige Herzpillen in dessen Hand, die er offenbar noch einnehmen wollte, bevor der plötzliche Anfall ihn bewegungslos machte. Er steckte dem Bewußtlosen eine Tablette in den Mund und brachte ihn in eine Klinik, wo eine bemerkenswert schnelle Heilung einsetzte. Wie ein Wunder erschien es ihm, daß der Wagen zum Stillstand kommen konnte, da der Fuß des Bewußtlosen sich nicht auf dem Bremspedal befand.

Das Gebet dieser Frau, daß ›Engel ihren Mann behüten‹, wurde im Geist des vorbeifahrenden guten Samariters wirksam, der sich als Engel der Barmherzigkeit erwies. Es bewirkte weiterhin, daß ihre tiefe Inbrunst und Überzeugung von der uns allen innewohnenden Unendlichen Heilungsgegenwart ihren Widerhall im Unterbewußtsein ihres Mannes fand, so daß schnelle Rettungsmaßnahmen stattfanden und eine außergewöhnliche Heilung erfolgte. Spätere kardiografische Untersuchungen ergaben eine − wie es hieß − geradezu erstaunliche Heilung.

Wie Hellhören (Clairaudience) einen Zug Soldaten rettete

Auf einer Flugreise nach New York im letzten Jahr saß ich neben einem Offizier, der erst kurz zuvor aus Vietnam zurückgekehrt war. Während unserer Unterhaltung ergab sich, daß auch er ein ungewöhnliches Erlebnis mit Außersinnlicher Wahrnehmung hatte, mit einer Stimme ›aus dem Nichts‹, die er gehört hatte. Er und seine Leute hatten Befehl, eine Erkundung im Dschungelgelände durchzuführen. Während sie sich langsam vorwärts bewegten, hörte er plötzlich die Stimme seiner Schwester klar und eindeutig: »Unmittelbar vor dir ist eine Mine! Halt! Stop! Stop!!!« Er gab sofort Befehl stehenzubleiben, und sie fanden nur einige Meter von sich entfernt eine vergrabene Tellermine, die mit Sicherheit hochgegangen wäre, wenn sie nicht angehalten hätten.

Seine Schwester war eine Nonne, die in einem Konvent in Irland unterrichtete und regelmäßig für ihn betete, morgens und abends und bei der täglichen Messe: »Der Herr ist meines Bruders Licht und sein Heil.«

Dieser Offizier war sich bewußt, daß seine Schwester räumlich Tausende von Meilen von ihm entfernt war. Als studierter Psychologe wußte er selbstverständlich, daß die

Stimme, die er gehört hatte, eine Warnung aus seinem Unterbewußtsein war, das ihn zu beschützen suchte und auf die Gebete seiner Schwester machtvoll reagierte. Das Drängen, Flüstern, die Fingerzeige und Intuitionen aus dem Unterbewußtsein sind immer aufwärts, lebenswärts weisend. Sie sind immer bestrebt, Sie allezeit zu beschützen, denn Selbsterhaltung ist das erste Gesetz der Natur. Jeder sollte auf die innere Eingebung hören, das stille innere Wissen der eigenen Seele.

In jedem Notfall, bei jeder akuten Gefahr, werden Sie feststellen, daß Ihr Unterbewußtsein sich der Stimme einer Person bedient, die Sie als vertrauenswürdig akzeptieren und der Sie widerspruchslos gehorchen. Die innere Stimme — bestrebt, Sie unter allen Umständen vor dieser akuten Gefahr zu warnen und zu beschützen — würde daher niemals mit der Stimme eines Ihnen unsympathischen Menschen zu Ihnen sprechen oder gar mit der Stimme eines Menschen, dem Sie mißtrauen.

Außersinnliche Wahrnehmungen und Heilung in der Bibel

...schickte der Hauptmann Freunde und ließ ihm sagen: Herr, bemühe dich nicht, denn ich bin nicht wert, daß du unter mein Dach kommst... sprich nur ein Wort, so wird mein Knecht geheilt werden. (Lukas 7:6, 7)

Hier haben wir eine Technik für Fernbehandlung oder außersinnliche Heilung. Es geht darum, für einen anderen zu beten oder das Wort auszusenden, um ihn zu heilen. Wenn wir für einen anderen Menschen beten oder ihm eine — wie es heißt — geistige und außersinnliche Behandlung zuteil werden lassen, dann berichtigen wir einfach das Bild des anderen in unserem Bewußtsein, in dem wir wissend und fühlend die Freiheit, Vollkommenheit und den inneren Frieden des anderen bejahen.

Das *Wort* in der Bibelsprache steht für einen klar geformten Gedanken, verbunden mit einer tief empfundenen, anhaltenden Überzeugung, daß das Gewünschte bereits Form angenommen hat. In diesem Fall ist es die tief empfundene Überzeugung, daß die Unendliche Heilungsgegenwart bereits alles Erforderliche veranlaßt hat — daß die Heilung bereits eine vollendete Tatsache ist.

Das Aussenden des Wortes, um einem anderen Menschen Heilung oder Hilfe zu bringen, geschieht folgendermaßen: Zuerst denken Sie an alles, was Sie über Gott wissen, wie ›Gott ist endlose Liebe, vollkommene Harmonie, unendliches Leben, die Allkraft, die Allseligkeit, der lebendige Geist — allmächtig in mir‹. Erkennen Sie, daß es nichts zu verändern gibt als Ihr Denken. Wenden Sie keinerlei Gewalt oder mentalen Zwang irgendwelcher Art an. Werden Sie still, entspannen Sie sich und bedenken Sie, daß Sie ein Kanal sind, durch den sich die Wiedererrichtung der Vollkommenheit und Harmonie des Unendlichen vollzieht, vom Unsichtbaren zum Sichtbaren.

Wenn Sie für jemand anderen beten, dann bejahen Sie im Stillen: »Gott ist die einzige Gegenwart und Macht. Ich erkläre, empfinde und weiß, daß die aufrichtende, heilende und stärkende Kraft der Unendlichen Heilungsgegenwart John oder Mary (Name der betreffenden Person) durchströmt und ihn oder sie gesund, entspannt und vollkommen macht. Ich erkläre und weiß, daß die Harmonie, die Schönheit und das Leben Gottes sich jetzt manifestieren als Kraft, Frieden, Vitalität, Schönheit, Gesundheit und rechtes Handeln.« Empfinden Sie die Wahrheit Ihrer Bejahung, und bei klarem Gewahrwerden dieser Wirklichkeit wird der kranke Zustand sich im strahlenden Licht der Liebe Gottes auflösen.

Wichtig für Ihren Glauben und Ihr Vertrauen ist ein mentaler Zustand der Ruhe und Passivität. Verbleiben Sie in diesem Zustand der Gemütsruhe, und beten Sie für den betreffenden Menschen, wenn Sie sich dazu gedrängt fühlen; allmählich festigt sich diese Geisteshaltung, der Tag bricht an, und alle Schatten fliehen.

Der Sterbende richtete sich auf und begann zu sprechen

Kürzlich hielt ich ein Referat in der schönen ›Religions Science Church‹ in Oakland, Kalifornien. Während meines Aufenthaltes dort suchte mich ein Mann in meinem Hotel auf und bat mich um eine Anleitung für wirkungsvolle wissenschaftliche Gebete. Im Verlauf der Unterredung verriet er mir, daß er mit meinem Buch ›Die Macht Ihres Unterbewußtseins‹ sehr vertraut war — er hatte es gut fünfzehn Mal gelesen — er war von der Macht des Unterbewußtseins überzeugt und hatte das Gelesene auch emsig praktiziert.

Sein Sohn, ein eifriges Mitglied einer streng orthodoxen Kirche, die die Bibel wörtlich auslegt, war todkrank — seit Tagen bereits im Koma. Die Ärzte hatten so gut wie keine Hoffnung mehr, obgleich sie nach wie vor alles menschenmögliche für ihn taten und in jeder Weise rücksichtsvoll und zuvorkommend waren. Als der Vater am Krankenbett seines Sohnes um Führung betete — der Sohn hatte ihn nicht erkannt und war in einen lethargischen Schlaf gefallen —, sprach er laut zum Unterbewußtsein seines Sohnes: »Mein Sohn, Jesus ist jetzt hier bei uns und du kannst ihn sehen. Jesus heilt dich jetzt. Er legt seine Hand jetzt auf dich. Du fühlst diese Berührung jetzt.«

Er wiederholte diese Feststellungen mehrmals leise, langsam und eindringlich. Sein Sohn war sich der Gegenwart des

Vaters nicht bewußt, er befand sich nach wie vor im tiefen Koma. Nach etwa zehn Minuten jedoch richtete er sich plötzlich auf, öffnete die Augen und sagte: »Hallo Vater! Jesus war bei mir und hat mich berührt. Ich weiß jetzt, daß ich geheilt bin. Er sagte zu mir: ›Ich sage dir, steh auf!‹« Der Sohn wurde zwei Tage später als völlig geheilt aus dem Krankenhaus entlassen.

Was war geschehen? Das Unterbewußtsein des Sohnes akzeptierte die Bejahung des Vaters, daß Jesus am Krankenbett anwesend war, und sein Unterbewußtsein verbildlichte die Gedankenform; d. h. die religiöse Vorstellung, die der Sohn von Jesus hatte, wurde ihm gegenwärtig in seinem Schlaf — gegründet auf den speziellen Lehren seiner Kirche, den angenommenen Glaubensvorstellungen, den Abbildern in seinem Gebetsbuch, Gemälden, Kirchenstatuen etc. Dieser Junge glaubte bedingungslos, daß Jesus im Fleisch bei ihm war und seine Hand auf ihn gelegt hatte. Sein bedingungsloser Glaube wurde von seinem Unterbewußtsein registriert, das sodann entsprechend reagierte.

Wenn Sie einem in Trance befindlichen Menschen einreden, seine Großmutter sei jetzt anwesend, dann wird er augenblicklich ein Vorstellungsbild von seiner Großmutter sehen. Sein Unterbewußtsein projiziert ein Vorstellungsbild von seiner Großmutter aufgrund unterbewußt vorhandener Erinnerungsbilder. Dem gleichen Menschen können Sie auch posthypnotische Suggestionen geben, in dem Sie ihm bedeuten: »Wenn Sie aus der Trance erwachen, dann werden Sie Ihre Großmutter begrüßen und sich mit ihr unterhalten.« Genau das wird er dann tun.

Das Ganze wird wissenschaftlich als subjektive Halluzination bezeichnet. Der Glaube — angefacht im Unterbewußtsein des Sohnes — war der bestimmende Heilungsfaktor. Uns geschieht immer und ausschließlich nach unserem Glauben oder unserer Überzeugung.

Die Auferstehung der sogenannten Toten

Das Unterbewußtsein ist jederzeit Suggestionen zugänglich, auch im Zustand der Bewußtlosigkeit. Das Tiefenbewußtsein ist jederzeit in der Lage, Suggestionen entgegenzunehmen und daraufhin tätig zu werden. In gewisser Weise läßt sich dieses Geschehnis als *Auferstehung von den Toten* bezeichnen. Es ist die Auferstehung von Gesundheit, Glauben, Vertrauen und Vitalität.

Eine Frau weigert sich, einen Arzt zu konsultieren

Eine Frau rief mich aus New Orleans an. Sie fühlte sich sehr schwach und hatte in der letzten Woche drei Zusammenbrüche, nach jeweils leichteren Beanspruchungen im Haushalt. Ich riet ihr dringend, sofort einen Arzt zu konsultieren und sich untersuchen zu lassen. Währenddessen sollte sie sowohl für sich als auch für den Arzt beten und sich dabei vergegenwärtigen, daß Gott ihr und auch dem Arzt Führung zuteil werden läßt, und daß Gott in ihrer Mitte sie jetzt heilt.

Sie antwortete: »Ich hasse Ärzte, Schwestern und Pillen. Mein Mann besteht ebenfalls darauf, daß ich zum Arzt gehe, aber ich dagegen glaube, daß Gott mich heilen kann.« Ich erklärte ihr, daß sie, solange sie Haßgefühle irgendwelcher Art hege, den heilenden Strom der Liebe und der Freude blockiere. Sie solle statt dessen dem Sonnenschein der Liebe Gottes Einlaß gewähren. Ihr geistiger Widerstand errichte gleichzeitig einen wirksamen Widerstand gegen die Heilende Gegenwart. Leider war sie uneinsichtig und bestand auf ihrer Weigerung, einen Arzt zu Rate zu ziehen. Wie ihr Mann mir später berichtete, hatte sie noch am gleichen Tag einen erneuten Zusammenbruch und wurde mit

Blaulicht und Sirene ins Hospital geschafft, wo sie kurz darauf an einer Thrombose der Herzkranzgefäße starb.

Ihr Mann hatte sie beschworen, sich einer eingehenden ärztlichen Untersuchung zu unterziehen. Hätte sie das getan, so wäre ihr Zustand noch rechtzeitig entdeckt worden und sie hätte die dringend erforderliche Behandlung erfahren können. Eine Besserung ihres Zustandes wäre damit ganz ohne Zweifel eingetreten. Ihre Lebensspanne wäre auf jeden Fall verlängert worden. Durch ärztliche Betreuung im Zusammenwirken mit Gebetstherapie wäre sie auf vielfältigste Weise gesegnet gewesen. Auch der Arzt ist ein Instrument Gottes. Jeder Mensch ist ein Tempel des lebendigen Gottes.

Weshalb Sie die ärztliche Kunst würdigen sollten

Im Buch Ecclesiastiens oder Jesus Sirach, Kapitel 38, Vers eins und zwei lesen wir die folgenden Worte:

»Halte den Arzt wert, weil
du ihn nötig hast, denn auch
ihn hat Gott geschaffen.
Von Gott hat der Arzt seine
Weisheit, und vom König
empfängt er Geschenke.«

Diese von tiefer Weisheit durchdrungenen Verse sagen uns eindringlich, daß unsere Verwirklichungen immer dem Grad unseres Glaubens entsprechen. Wenn also durch Gebet keine Besserung Ihres Zustandes eintreten sollte, dann gehen Sie auf jeden Fall zum Arzt! Haben Sie das starke Empfinden von Gottes Gegenwart, dort wo die Beschwerden sind, dann werden sie vergehen; wenn nicht, dann tun Sie das Nächstbeste — sofort! Sind Ihre Gebete erfolgreich, dann stellt sich Gesundheit ein, auf schnellstem Weg. Nochmals: Wenn Ihnen durch Ihr Gebet nicht auf der Stelle ein neuer Zahn nachwächst oder ein Knochenbruch heilt, dann gehen Sie lieber zum Zahnarzt respektive zum Chirurgen. Das ist gesunder Menschenverstand und auf jeden Fall besser, als lebenslang verkrüppelt zu sein.

Warum ein Atheist an einem Wallfahrtsort eine bemerkenswerte Heilung erfuhr

Heilungen geschehen manchmal ohne jede Vorankündigung bei den verschiedenen religiösen Versammlungen. Viele Menschen haben mir von spontanen Heilungen berichtet, die sich an einer unserer sonntäglichen Heilungsandachten ereignet hatten. Sie erwähnten, daß sie so etwas wie eine Heilung ihres Leidens gar nicht erwartet hatten, daß sie im Gegenteil ausgesprochen skeptisch waren und keineswegs im Zustand einer Verzückung oder Erhebung — daß sie mit keinem einzigen Gedanken an eine Überwindung ihres Leidens gedacht hatten.

Aus diesen Worten muß man logischerweise folgern, daß es diesen Menschen am nötigen Glauben mangelt. Damit erhebt sich die Frage: Wie konnte es dann aber geschehen, daß sie geheilt wurden?

Die Antwort ist recht einfach: Jeder einzelne von Ihnen, ganz gleich, ob Atheist, Agnostiker oder Gottgläubig, wünscht sich im Grunde nichts sehnlicher als Heilung von seinem Leiden und hat daher von vornherein ein empfängliches Gemüt für Gedanken an Heilung und Wohlbefinden. Wahrscheinlich ist er in ärztlicher Behandlung, was an sich schon ein Hinweis auf den Wunsch gesund zu sein ist. Dieser im Gemüt vorherrschende Wunsch macht den Geist des

Betreffenden aufgeschlossen für die Heilungsgebete der Mehrheit aller Anwesenden.

Ein starker Wunsch ist ein Gebet, und Gott beantwortet das Gebet eines Atheisten, der sich Gesundheit wünscht, ebenso wie das eines jeden religiös eingestellten Menschen. Denn Gott und Sein Gesetz wirken ohne Ansehen der Person. Der Wunsch nach Heilung bewirkt eine erwartungsvolle, empfängliche Geisteshaltung, die ihrerseits im Unterbewußtsein das Wiederaufleben des Gedankens an eine vollkommene Gesundheit veranlaßt. Und genau darum wird in Kirchen und an Wallfahrtsorten von der Mehrheit der Besucher gebetet.

Wenn nun der vorher erwähnte sogenannte Atheist sich einer Gruppe von Menschen anschließt, die sich an einem Wallfahrtsort zum Gebet zusammenfinden – die gläubig bejahen, daß alle Anwesenden eine vollkommene Heilung erfahren –, dann hat er damit eine psychologische und übersinnliche Verbindung mit allen Anwesenden hergestellt. Damit besteht für ihn die Möglichkeit, eine vollkommene Heilung zu erfahren, da die Heilungsschwingungen, die von den inbrünstig Betenden ausgehen, auch auf sein Unterbewußtsein einwirken, die dort vorhandenen negativen Denkmuster nach und nach durchdringen und schließlich auflösen und so den Weg freimachen für ein Wiederaufleben der Heilkraft. Vereintes Gebet neutralisiert das geistige Gift in seinem Unterbewußtsein und macht den Weg frei, um dem Geist der Vollkommenheit und Schönheit Einlaß zu gewähren.

Zusammenfassung

1. Vorausschau (Prevision) ist die Fähigkeit Ihres tieferen Bewußtseins, zukünftige Ereignisse wahrzunehmen.

2. Eine Mutter kann für ihren Sohn in weiter Ferne beten und mit dem tief empfundenen Gedanken ›Gott in seiner Mitte heilt ihn jetzt‹ zu innerem Frieden gelangen. Ihre Überzeugung von Gottes heilender Gegenwart findet Widerhall im Unterbewußtsein des Sohnes; sein Fuß ist geheilt. Zeit und Raum sind für das Geistprinzip nicht existent, daher manifestiert sich die innere Vergegenwärtigung der Mutter sogleich in der äußeren Erfahrung des Sohnes.

3. Eheleute sind oftmals auch unterbewußt miteinander verbunden. Daher ist es möglich, daß ein Ehepartner eine akute Krankheit des anderen im Traum wahrnimmt und durch sofort eingeleitete Gebetstherapie eine Tragödie verhindert. In diesem Fall hatte eine Ehefrau im Traumzustand gesehen, wie ihr Mann im fahrenden Auto von einem Herzanfall überrascht wurde. Sie nahm sofort Zuflucht zum Gebet, und ihre Gebete wurden beantwortet.

4. Ein Offizier hörte auf einer Patrouille in Vietnam die Stimme seiner Schwester mit der Warnung: »Vorsicht, vor dir ist eine Mine! Stop!« Er gehorchte auf der Stelle und rettete damit sein Leben und das seiner Männer.

5. Wenn es in der Bibel heißt »Er sandte sein Wort und heilte sie«, dann heißt das, daß Sie die möglicherweise weitentfernte kranke Person nicht aufsuchen müssen. Im Wissen, daß Geist zeitlos, raumlos und der unteilbare Eine ist, kann man sich in tief empfundener Überzeugung Gottes Heilkraft vergegenwärtigen. Ihre innere Überzeugung wird von dem Kranken gespürt, und die Heilung setzt ein.

6. Ein Vater hatte begriffen, daß das Unterbewußtsein seines im Koma liegenden Sohnes für Suggestionen empfänglich war. Er gab seinem bewußtlosen Sohn kraftvolle Sugge-

stionen – er bejahte, Jesus sei anwesend und würde ihn berühren. Dem Sohn wurde daraufhin in seinem bewußtlosen Zustand eine Gedankenbildform von Jesus deutlich sichtbar. Da er überzeugt war, es tatsächlich mit Jesus zu tun zu haben, wurde er vollkommen geheilt. Sein bedingungsloser Glaube heilte ihn, da sein Unterbewußtsein auf jeden Fall reagiert, gleichgültig, ob es sich um eine wahre oder um eine als wahr angenommene Suggestion handelt. Die heilende Kraft des Unterbewußtseins ist die alleinige Heilungskraft, ungeachtet aller Techniken, Verfahrensweisen, Rituale, Zeremonien, Talismane, Reliquien oder Gewänder.

7. Wenn Sie krank sind und Ihre Gebete keine unmittelbaren Resultate zeigen, dann suchen Sie unverzüglich einen Arzt auf.

8. Einige religiöse Fanatiker weigern sich, die Hilfe des Arztes in Anspruch zu nehmen, auch bei ernsthaften Erkrankungen. Nach ihren abergläubischen Vorstellungen ist es unrecht, das zu tun. Eine solche Einstellung offenbart eine leichte Form von Geisteskrankheit. Extremisten jeder Art sind immer gefährlich. Nach erfolgreichem Gebet stellt sich Gesundheit ein; wenn nicht, dann war Ihr Glaube nicht so festgefügt, wie Sie gemeint hatten. Gehen Sie dann zum Arzt, segnen Sie ihn und seine Tätigkeit und beten Sie weiter um Gesundheit und Harmonie. Bedenken Sie: Ihr Verlangen nach Glauben ist noch kein vollendeter Glaube. Wirklicher Glaube manifestiert sich auf der Stelle. Tausende wären noch am Leben, hätten sie rechtzeitig ärztliche Hilfe gehabt. Da sie jeden medizinischen Eingriff ablehnen, andererseits aber noch keineswegs über das erforderliche Bewußtsein für Geistige Heilung verfügen, kann eine solche Haltung nur negative Ergebnisse bewirken und wirkliche Heilungsmöglichkeiten ausschließen.

9. Das Buch Jesus Sirach, Kapitel 38, stellt unmißverständlich und mit Bestimmtheit fest:

»Halte den Arzt wert, weil
du ihn nötig hast, denn auch
ihn hat Gott geschaffen.
Von Gott hat der Arzt seine
Weisheit, und vom König
empfängt er Geschenke.«

10. Auch ein Atheist erhält Antworten auf Gebete, denn das Gesetz des Geistes ist unpersönlich. Sofern er das Verlangen nach Heilung hat, kann er an einem Wallfahrtsort in Kontakt mit dem kollektiven Heilungsbewußtsein der dort Versammelten kommen, das die Tiefen seines Unterbewußtseins durchdringt und vollkommene Heilung bewirkt.

7

Sie werden ewig leben

Vor Tausenden von Jahren fragte Hiob: »Wenn der Mensch stirbt, wird er wieder leben?« Gott ist Leben, und das Leben kann nicht sterben. Das Leben hat keinen Anfang und auch kein Ende. Deshalb kann es auch nicht sterben. Jeder Mensch auf dieser Erde ist Gott oder das Leben in Manifestation.

Ihr Körper ist ein Instrument oder Vehikel, durch das das Lebensprinzip seinen Ausdruck findet. Sie werden immer über einen Körper irgendeiner Art verfügen, ganz gleich, in welcher Dimension des Lebens Sie wirken.

Der sogenannte Tod ist kein Ende: er ist nur ein Anfang. Sie werden an Ihrem neuen Bestimmungsort ankommen, wenn Sie von dieser dreidimensionalen in eine vierdimensionale Existenz überwechseln. Diesen Anfang werden Sie als Neugeburt betrachten. Sie werden mit einem neuen, für unsere Begriffe weitaus verfeinerten, vierdimensionalen Körper ausgestattet sein − befähigt, verschlossene Türen zu durchdringen, die Begrenzungen von Zeit und Raum zu überwinden, und sich allein durch Gedankenkraft augenblicklich an jedem gewünschten Ort zu befinden.

Milton sagte: »Der Tod ist der goldene Schlüssel zum Palast der Ewigkeit.« Die Reise eines jeden Menschen geht von Herrlichkeit zu Herrlichkeit, von Oktave zu Oktave − durch die vielen Wohnungen in unseres Vaters Haus.

Wenn Sie in die nächste Dimension des Lebens überwechseln, dann werden Sie sehen und auch gesehen werden. Sie werden geliebte Menschen erkennen. Sie werden nach wie vor über alle ihre Befähigungen als Individuum verfügen. Als Sie das Licht dieser Welt erblickten, kamen Sie sogleich in liebevolle Hände, die Sie betreuten. Sie wurden liebkost, gehätschelt und aufs beste umsorgt. Was aber für unsere jetzige Ebene gilt, das gilt ebenso für jede andere Ebene auch. Anderorts werden Sie von lieben Wesen begrüßt und betreut und mit den Besonderheiten der nächsten Lebensdimension vertraut gemacht.

Leben ist Fortentwicklung

Ihr Leben ist eine immerwährende, endlose Entfaltung — aufwärts, empor, Gottwärts. Sie können nicht zurückfallen, denn der Antrieb des Lebens ist Weiterentwicklung, Expansion und Wachstum.

Gott ist unendliches Leben. Dieses Leben ist jetzt Ihr Leben, deshalb gibt es kein Ende für Ihr Neusein, Ihre Freiheit und Ihr übersinnliches Gewahrsein. Niemals in aller Ewigkeit könnten Sie die Wunder und Herrlichkeiten in Ihrem Innern erschöpfen.

Im ersten Korintherbrief, Kapitel 15, sagt Paulus:

»40. *Und es sind himmlische Körper*
und irdische Körper. Aber eine andere
Herrlichkeit haben die himmlischen
und eine andere die irdischen.

49. Und wie wir getragen haben das
Bild des irdischen, also werden wir
auch tragen das Bild des himmlischen.«

Sie leben ewig

In dem obigen Bibelzitat erklärt Paulus, daß es so etwas wie einen Tod in Wirklichkeit nicht gibt, daß alle Wesen unsterblich sind. Jedes neugeborene Kind ist Leben, das eine neue Form annimmt. In biblischer Sprache ist es Gott (das Lebens-Prinzip), der vom Himmel herabkommend (aus dem Zustand des Unsichtbaren), auf der Erde erscheint und sich manifestiert. Wenn Ihr gegenwärtiger Körper aufhört, perfekt zu funktionieren, dann werden Sie einen vierdimensionalen Körper annehmen — manchmal auch Astralkörper, verfeinerter Körper, Sphärenkörper, Subjektivkörper etc. genannt. Keine der sogenannten irdischen Güter oder Besitztümer können Sie mit sich nehmen — was Sie dagegen behalten und immer mitnehmen werden, ist alles, was Sie jemals über Gott, das Leben und das Universum gelernt haben. In anderen Worten: Sie behalten die Totalsumme Ihres Glaubens, Ihrer Überzeugungen, Ihrer Impressionen und Ihres Bewußtseins.

Lehrer aus der vierten Dimension nehmen an Vortragsveranstaltungen teil

Menschen mit überdurchschnittlicher Begabung auf außersinnlichem Gebiet haben mir oftmals nach einem Sonntagmorgenvortrag im Wilshire Ebell Theatre in Los Angeles berichtet, daß sie auf dem Podium links und rechts von mir Männer sitzen sahen. In jedem Einzelfall haben sie dann profilierte Wahrheitslehrer beschrieben, die sich zur Zeit in der nächsten Dimension befinden: Dr. Emmet Fox, Autor des Buches ›Die Bergpredigt‹; Richter Thomas Troward, Autor von sechs Büchern über mentale Wissenschaft, und Dr. Harry Gaze, Autor von ›Emmet Fox, der Mensch und sein Werk‹. Ebenso akkurate Beschreibungen gaben sie von meinem Vater, der bereits vor vielen Jahren weitergegangen war, von meiner Schwester und anderen Angehörigen und Lehrern. In keinem einzigen Fall waren diese Sensitiven jemals einer der genannten Personen begegnet. Ebensowenig waren ihnen ihre Bücher bekannt, und ein Photo von ihnen hatten sie auch niemals gesehen.

Ich betrachte derartige Wahrnehmungen als keineswegs ungewöhnlich. Es gibt keinen plausiblen Grund, weshalb außersinnlich weitentwickelte Wesenheiten nicht an geisteswissenschaftlichen Veranstaltungen teilnehmen sollten und dort jederzeit nach Belieben erscheinen und wiedererscheinen sollten. Ich selbst hatte die erwähnten Personen bisher nicht wahrgenommen – einige meiner Zuhörer jedoch, durchweg höchst sensitiv und hellsichtig, sehen diese vierdimensionalen Wesenheiten gelegentlich auf dem Podium, entweder Sonntag morgens oder zuweilen in meinen Lehrveranstaltungen über den ›Ging-Tarot-Symbolismus und die esoterische Bedeutung der Bibel‹.

Außersinnlich weitentwickelte Personen können nach Belieben erscheinen und wiedererscheinen

Richter Thomas Troward, ein überragender Wahrheitslehrer und Autor geisteswissenschaftlicher Bücher, wie ›Der schöpferische Vorgang im Individuum‹, hatte den größten Teil seines Lebens als Richter in Punjab, Indien, zugebracht. Aus ›Der schöpferische Vorgang im Individuum‹, erschienen in den USA 1915, zitiere ich:

»Manifestation ist ein vom Prinzip ausgehender Wachstumsvorgang bzw. eine Form, in der das Prinzip aktiv wird. Dabei müssen wir der Tatsache eingedenk bleiben, daß, obgleich eine Form zur Manifestation erforderlich ist, diese

Form nicht wesentlich ist, da das gleiche Prinzip sich durch eine Vielfalt an Formen manifestieren kann. Ebenso wie die Elektrizität durch eine Lampe oder eine Straßenbahn wirken kann, ohne damit ihre eigentliche Natur zu verändern. Das führt uns zu der Schlußfolgerung, daß das Lebensprinzip sich jedesmal mit einem Körper versehen muß, durch den es wirksam werden kann, wenngleich wir daraus nicht schließen dürfen, daß dieser Körper die gleiche chemische Konstitution aufweisen muß wie der Körper, den wir zur Zeit besitzen. Wir könnten uns durchaus einen entfernteren Planeten vorstellen, auf dem die uns vertrauten chemischen Zusammensetzungen keinerlei Geltung haben; würde das essentielle Lebensprinzip eines Individuums jedoch dorthin verlegt, so würde es sich da selbst dem Gesetz des schöpferischen Prozesses gemäß, anschicken, sich mit einem materiellen Körper zu versehen, der aus der Atmosphäre und Substanz dieses Planeten geschöpft ist; und die so geschaffene Persönlichkeit wäre an dem ihr gemäßen Ort, denn die dortigen Gegebenheiten wären ihr allesamt völlig natürlich, wie anders geartet die dortigen Naturgesetze von den unsrigen auch immer sein mögen.

In einer Konzeption wie dieser liegt die Wichtigkeit der zwei führenden Prinzipien, auf die ich aufmerksam machte:

1. Die Kraft des Geistes, *ex nihilo* schöpferisch zu sein, und

2. Die Anerkennung des grundlegenden Prinzips der Einheit durch das Individuum, welche dem Rahmen der Natur Dauer und Festigkeit verleiht.

Durch das erstere könnte das selbsterkennende Lebensprinzip jede Art eines erwünschten Körpers hervorbringen; durch das letztere würde es veranlaßt, einen solchen zu projektieren, der sich im Einklang mit der natürlichen Ordnung dieses betreffenden Planeten befindet und somit alle Fakten dieser Ordnung zu einer feststehenden Realität sowohl für das Individuum als auch für sich selbst werden läßt, und sich damit den übrigen Bewohnern als natürliches Wesen darstellt. Das würde jedoch andererseits nicht das Wissen des Individuums um seine Herkunft beseitigen. Geht man nun davon aus, daß es sich seines Einsseins mit dem universellen Lebensprinzip in ausreichender Weise gewahr ist, um eine Projektion seines Körpers bewußt herbeizuführen, dann könnte er seinen auf die Lebensbeschaffenheiten dieses Planeten abgestimmten Körper nach Willen auflösen und einen neuen bilden, der seinerseits ebenso harmonisch den Bedingungen eines anderen entspricht, und damit als vollkommen natürliches Wesen auf einer ganzen Reihe anderer Planeten funktionsfähig wäre. Er würde allen anderen Bewohnern in jeder Weise gleichen, mit dem einen wichtigen Unterschied: Da er sich seiner Einheit mit seinem schöpferischen Prinzip bewußt ist, unterliegt er nicht wie sie den Gesetzen der Materie.«

Diesen Ausführungen können Sie entnehmen, daß ein außersinnlich weitentwickeltes Individuum, das sich seiner Einheit mit dem universellen Lebensprinzip bewußt ist, sich nach Belieben an andere Orte, in andere Länder oder sogar auf andere Planeten versetzen kann; das allweise, allwissende Lebensprinzip, als alleinige Ursache und Substanz, wird dazu einen Körper aussenden, der in jeder Weise den atmosphärischen Erfordernissen des betreffenden Planeten entspricht. In anderen Worten: Er kann überall nach Belieben erscheinen und wiedererscheinen.

Ein Beispiel: Wenn wir Eis schmelzen, wird es zu Wasser. Kochen wir das Wasser, bekommen wir Dampf, der unsichtbar werden kann. Dampf, Wasser und Eis sind jedoch ein und dasselbe, lediglich auf jeweils einer anderen molekularen Schwingungsebene wirksam. Die Funktionen und physikalischen Eigenschaften sind verschieden. Gleichermaßen sind wir Geist, Bewußtsein und Körper. Sie alle sind eins, aber jedes von ihnen hat eine separate Funktion. Es ist nichts Unlogisches im Spiel, wenn ein außersinnlich entwikkelter Mensch in, sagen wir, New York ansässig sich als in Johannesburg befindlich betrachtet, sieht und fühlt und sich sogleich daselbst wiederfindet. Er ist ein geistiges und außersinnliches Wesen und ist sich bewußt, daß Geist und Übersinn allgegenwärtig sind. Er weiß, daß er, sobald er sich einen bestimmten Standort vergegenwärtigt, er automatisch seinen Körper entmaterialisiert, d. d. er verändert lediglich dessen Form, die sich bekanntlich aus Atomen und Molekülen zusammensetzt und die jetzt unsichtbar scheint, vergleichbar mit dem erwähnten Dampf. Sodann vermindert er die erhöhte molekulare Schwingungsrate wieder zu der eines dreidimensionalen Körpers, mit dem er dann durch die Straßen von Johannesburg spaziert. Einem außersinnlich so hochentwickelten Menschen würde es daher auch ein leichtes sein, willentlich in die nächste Dimension oder zu anderen Planeten überzuwechseln und nach Belieben zurückzukehren.

Ein Sterbender spricht mit Angehörigen in der nächsten Dimension

Kürzlich war ich bei einem an Krebs erkrankten Mann, der im Begriff stand, in die nächste Dimension überzuwechseln. Er war sich über seinen Zustand völlig im klaren — die Metastasen hatten sich über seinen ganzen Körper ausgebreitet. Wir sprachen über verschiedenes und beteten miteinander. Er war, wie man zu sagen pflegt, im vollen Besitz seiner geistigen Kräfte. Diese Feststellung ist wichtig, denn plötzlich begann er mit seinen Eltern zu sprechen, die diese Welt vor vielen Jahren verlassen hatten. Er sagte: »Sie sind gekommen, um mich abzuholen, und ich gehe jetzt mit ihnen.« Dann sagte er auf einmal: »Da ist ja auch John! Ich wußte gar nicht, daß John auch dort ist!« Seine gleichfalls am Sterbebett weilende Frau war über die Anwesenheit ebenso erstaunt. Eine Woche später jedoch erhielt sie eine Nachricht aus Indien, wo John (ihr Sohn) stationiert war. John war zu genau dem gleichen Zeitpunkt übergewechselt, als sein Vater diese Bemerkung gemacht hatte.

Ihre abgeschiedenen Lieben sind genau dort, wo Sie sind

Ihre sogenannten toten Angehörigen sind überall um Sie herum, und Sie sollten daher aufhören zu glauben, sie seien tot und vergangen. Sie sind nach wie vor angefüllt mit dem ›Leben Gottes‹. Das einzige, was sie als von uns getrennt erscheinen läßt, ist ihre veränderte Schwingungsfrequenz. Kosmische Strahlen, Gammastrahlen, Alphastrahlen, ultraviolette Strahlen oder infrarote Strahlen sind für uns absolut unsichtbar. Ebenso sind unsere physischen Augen blind, soweit es die große unsichtbare Wirklichkeit betrifft, die uns überall umgibt. Sie würden eine völlig andere Welt erblicken, sobald Sie beginnen würden, sie durch Ihr inneres Auge der Hellsichtigkeit (Clairvoyance) zu betrachten. Gleichermaßen würden Sie völlig veränderte Erscheinungen wahrnehmen, wenn Sie über die Sensitivität eines Röntgenapparates oder infraroter Strahlen verfügen würden.

Wahrscheinlich sind Sie der Meinung, daß sich jetzt, während Sie dieses Kapitel lesen, niemand außer Ihnen im Zimmer befindet. Ein Knopfdruck an Ihrem Radio- oder Fernsehgerät belehrt Sie eines Besseren. Aus dem scheinbaren Nichts heraus hören und sehen Sie plötzlich Menschen –

redende, lachende, tanzende Menschen. Sie hören Musik, Gesang, menschliche Stimmen — im Original möglicherweise Tausende von Kilometern entfernt. Alles das erfüllt auf einmal den Raum, in dem Sie sich gerade aufhalten. Der Mensch selbst ist eine Art Sende- und Empfangsstation. Aus diesem Grunde war er überhaupt imstande, das Radio und Fernsehen zu erfinden, denn alle diese Kräfte und Anlagen trägt er in sich, unerweckt zumeist — in manchen anderen jedoch aktiv und lebendig, teilweise zur höchsten Entfaltung gebracht. Und das in Menschen, die Ihnen jederzeit und überall auf der Straße begegnen können.

Vernichten Sie den hypnotischen Bann

Der Durchschnittsmensch unterliegt in der Regel einer Art hypnotischem Bann. Er glaubt an den Tod als solchen; sobald seine übersinnlichen Augen sich jedoch öffnen und der angehäufte, jahrhundertealte Falschglaube abfällt, wird er gewahr, daß seine wirkliche Existenz die uns bekannte von Zeit und Raum weit übersteigt. Und er wird sich der Gegenwart derer bewußt, die er bis dahin immer als ›tot‹ bezeichnet hat.

Ich habe schon bei vielen Menschen den Augenblick des Ablebens miterlebt. Sie alle zeigten nicht das geringste Anzeichen von Furcht. Instinktiv und intuitiv fühlten sie, daß sich nunmehr eine größere Dimension des Lebens für sie aufgetan hat. Thomas Edison sagte bekanntlich zu seinem Arzt, unmittelbar bevor er starb: »Es ist wunderschön da drüben!«

Wir Menschen haben alle ein ganz natürliches Sehnen, mehr über den Verbleib unserer Lieben wissen zu wollen, nachdem sie unsere Ebene verlassen haben. Wir müssen dabei stets bedenken:

»Kein Wesen kann zu nichts zerfallen
Das Ew'ge regt sich fort in allen
Am Sein erhalte dich beglückt!
Das Sein ist ewig: denn Gesetze
Bewahren die lebend'gen Schätze,
Aus welchen sich das All geschmückt.«   Goethe

Verstorbener Vater kehrte zurück und verfügte Wiedergutmachung eines Unrechts

Ein befreundeter Anwalt aus Mexiko erzählte mir einmal, daß seine Schwester ihren Vater vor seinem Tod hypnotisiert hätte, um sich testamentarisch den größeren Anteil seines Vermögens zu sichern. Der Vater befolgte diese posthypnotische Suggestion an sein Unterbewußtsein, die von seinem Wachbewußtsein nicht wahrgenommen wurde.

Eines Abends, kurz nach dem Tod des Vaters, als die Geschwister sich im Wohnzimmer ein Rundfunkprogramm anhörten, erschien der Vater in voller Kleidung — er trug sein liebstes Stück, ein Hausjackett, das zum festen Bestandteil seiner Erscheinung geworden war. Er war sehr ungehalten und sagte seiner Tochter auf den Kopf zu, daß sie ihn hypnotisiert habe, damit ihr Bruder im Testament benachteiligt würde, und verlangte von ihr auf der Stelle eine Korrektur, ein Ersuchen, dem sie auch sofort entsprach. In der nächsten Dimension konnte der Vater erkennen, auf welch üble Weise er hintergangen worden war. Deshalb entschloß er sich, seine Tochter aufzusuchen und sofortige Wiedergutmachung zu verlangen. Hier hat zweifellos das starke Verlangen, ein Unrecht gutzumachen und seiner ursprünglichen Entscheidung Gültigkeit zu verschaffen, sein Unterbewußtsein mit ausreichender Intensität aufgeladen, um seine Persönlichkeit in ihr Wohnzimmer zu versetzen.

Hier handelt es sich keineswegs um eine Geistererscheinung, eine seltsame Halluzination oder Gedankenform, sondern um die Gesamtpersönlichkeit des Vaters, die über alle ihre Anlagen verfügte, sich artikulieren konnte und der Tochter eine Lektion in Gerechtigkeit erteilte.

Balsam der Freude für die Trauernden

Trauern Sie niemals um geliebte Menschen. Strahlen Sie statt dessen Liebe, Frieden und Freude auf den Angehörigen oder Freund aus, der jetzt in die größere Dimension des Lebens übergegangen ist. Erheben Sie ihn in Ihrem Bewußtsein und Herzen, und freuen Sie sich über seinen neuen Geburtstag. Seien Sie sich dessen eingedenk, daß Göttliche Liebe und Göttliches Leben mit ihm ist. Bedenken Sie, daß die teuren Weitergegangenen jetzt von Schönheit, Frieden und Harmonie umgeben sind. Mit dieser Geisteshaltung machen Sie Ihre Lieben glücklich — Sie tragen damit das Ihre zu ihrem Wohlbefinden bei. Sie sind nicht tot und entschwunden und auch nicht dort, wo ihre Gräber sind. Anstelle eines derartigen Gefühls sollten Sie sich vergegenwärtigen, daß die Weisheit, Intelligenz und die Liebe Gottes sie durchströmt in transzendenter Schönheit. Wann immer Sie an einen verstorbenen Angehörigen oder Freund denken, segnen Sie ihn mit der Bejahung: »Gott liebt dich und sorgt für dich.« Diese Geisteshaltung heilt jeden Schmerz und jede Trauer für Sie und die Ihren.

Eintritt in eine höhere Schwingung

Niemand ist irgendwo begraben, weder in der Erde noch weit von der Heimat, in den Wellen des Ozeans. Der abgelegte Körper ist beerdigt und der Auflösung unterworfen. Er kehrt zu seinen ursprünglichen Elementen zurück. Moderne wissenschaftliche Denker besuchen niemals Gräber, weil einfach niemand dort ist. Sich mit einem Körper im Grab zu identifizieren und das Grab zu schmücken, heißt, sich mit Begrenzung und Endgültigkeit zu identifizieren, und das bewirkt letztlich Leiden und alle Arten von Verlust für denjenigen, der die Gebräuche pflegt. Bei einem modernen Begräbnis verzichtet man auf den Anblick der Leiche. Statt dessen versammeln sich die Angehörigen zu Gebet und Meditation und feiern den neuen Geburtstag des geliebten Menschen in Gott – denn er geht aufwärts, empor, Gottwärts.

Zusammenfassung

1. Gott ist Leben und Sein Leben ist Ihr Leben jetzt. Das Lebensprinzip hat keinen Anfang und kein Ende; daher ist auch Ihrem Wachstum, Ihrer Ausdehnung und Ihrer Entfaltung kein Ende gesetzt. Selbst in einer Billion oder Trillion von Jahren werden Sie irgendwo leben und mehr und mehr Ausdruck sein aller Wunder und Herrlichkeit Ihres Inneren.

2. In der nächsten Dimension werden Sie geliebte Menschen wiedertreffen, die Sie dort einführen und Ihnen bei Ihrer Reise behilflich sein werden — bei der Reise, die kein Ende kennt.

3. Das Leben ist ständige Weiterentwicklung. Das Leben verläuft nicht rückwärts, noch hält es sich mit Gestrigem auf. Ihre Reise geht vorwärts. Sie bringt immer Neues und endloses Wachstum von Herrlichkeit zu Herrlichkeit.

4. Bei meinen Vorträgen vor größerem Publikum passiert es zuweilen, daß Sensitive mit hellsichtigen Fähigkeiten vierdimensionale Wesen auf dem Podium bei mir sehen. Ihre Beschreibung deckt sich genau mit meiner persönlichen Erinnerung an die Betreffenden. Menschen mit weit fortgeschrittenen Kenntnissen und Fähigkeiten, welche die Geistesgesetze betreffen, können sich an jeden beliebigen Ort begeben — sie sind nicht begrenzt von Zeit oder Raum.

5. Richter Thomas Troward, Autor vieler bemerkenswerter geisteswissenschaftlicher Bücher, weist darauf hin, daß ein in der Erkenntnis seiner Einheit mit dem All-Ursächlichen Geist weit vorgeschrittener Mensch in der Lage ist, andere Planeten zu besuchen oder jeden anderen Punkt auf der Erde. Das kann er bewirken, indem er den gewünschten Bestimmungsort in den Brennpunkt seiner Aufmerksamkeit — seines Denkens und Fühlens hineinnimmt, seinen gegenwärtigen Körper auflöst und die All-Ursächliche Intelligenz in sich veranlaßt, dessen Atome an anderer Stelle dieser Erde oder auf anderen Planeten wieder zusammenzusetzen. Die All-Ursächliche Intelligenz erschafft einen Körper, dessen atomare Beschaffenheit genau den jeweiligen atmosphärischen Erfordernissen entspricht.

6. Zuweilen nehmen Sterbende die Anwesenheit von bereits zuvor verstorbenen Angehörigen wahr, die erschienen sind, um ihnen den Übergang zu erleichtern.

7. Ihre weitergegangenen Lieben befinden sich genau dort, wo Sie auch sind; wenn Sie hellsichtig wären, dann könnten Sie sie sehen und mit ihnen sprechen. Sie sind lediglich durch unterschiedliche Schwingungsfrequenzen voneinander getrennt. Die Flügel eines Ventilators werden unsichtbar, sobald dieser sich mit hoher Geschwindigkeit dreht.

Verringert sich die Geschwindigkeit, werden sie wieder sichtbar. Ähnlich verhält es sich mit den unterschiedlichen Frequenzen der dritten und der vierten Dimension.

8. Die Unsterblichkeit des Menschen wurde von vielen Dichtern aller Völker intuitiv erfaßt, die der Menschheit davon kündeten. In Gott leben wir, in Gott bewegen wir uns und in Gott haben wir unser Sein. Gott seinerseits lebt in uns, bewegt sich in uns und hat sein Wesen in uns. Wir leben bereits jetzt in der Ewigkeit, denn Gott (das Lebensprinzip) ist die Wirklichkeit eines jeden von uns.

9. Für Verstorbene ist es möglich, nach Wunsch wieder zu erscheinen, um eine wichtige Botschaft zu bringen. Im Fall eines Vaters war es das starke Verlangen, ein Unrecht zu korrigieren, das sein Unterbewußtsein mit der erforderlichen Schwingungsintensität versah, um seine Erscheinung zu projizieren.

10. Betrauern Sie niemals die sogenannten Toten. Trauer ist im Grunde nichts anderes als Selbstmitleid. Und eine übermäßig ausgedehnte Trauer offenbart Egoismus. Der Trauernde denkt in der Hauptsache: *mein* Verlust, *mein* Schmerz, *meine* Trauer. Umgeben Sie Ihre Lieben gedanklich mit Frieden und Harmonie und vergegenwärtigen Sie sich, daß Gottes Liebe sie durchströmt und die Freude des Herrn ihre Stärke ist. Diese Geisteshaltung vertreibt Schmerz und alle Betrübnis. Freuen Sie sich über den neuen Geburtstag in Gott. Man kann seine Lieben nicht für immer behalten. Sie sind Ihnen von Gott geliehen und alles muß sich weiterbewegen. Das ist kosmisches Gesetz, deshalb muß es gut sein, andernfalls wäre es keines. Ihre Kinder gehören Ihnen nicht; sie kamen von Gott *durch* Sie, jedoch nicht *von* Ihnen. Das Kind, das nur eine Stunde hier gelebt

hat, oder tot geboren wurde, ist eine Gnaden-Note in der großen Symphonie aller Schöpfung.

11. Niemand ist begraben, weder im Grab noch in einer Gruft. Suchen Sie niemals Friedhöfe auf mit dem Gedanken an vermeintlich dort befindliche Tote. Das ist Verlustdenken, Mangel, Begrenzung — Sie identifizieren sich mit Endgültigkeit. Der Körper ist nicht die Persönlichkeit. Geben Sie dem geliebten Menschen lieber die Blumen Ihres Herzens, genau dort, wo Sie sind. Vergegenwärtigen Sie sich die Wahrheit des 23. Psalms: *Gutes und Gnade werden mir folgen alle meine Tage, und ich werde im Hause des Herrn weilen mein Leben lang.*

8

Wie Außersinnliche Wahrnehmung sich im Traum bemerkbar macht

Die Bibel sagt: »*Ich, der Herr* (das Unterbewußtsein) *offenbare mich ihm in Gesichten und rede in Träumen mit ihm.*« (Numeri 12:6)

Zahllose Bibelstellen nehmen Bezug auf Träume, Visionen, Offenbarungen und Warnungen, die dem Menschen im Schlaf zuteil werden. Ihr Unterbewußtsein ist 24 Stunden am Tag aktiv und schläft zu keiner Zeit. Die Bibel weist auf die erstaunliche Genauigkeit, mit der Joseph die Träume des Pharaos gedeutet hatte. Seine Klugheit und sein Scharfsinn, die er bei der Zukunftsvorhersage durch Trauminterpretation an den Tag legte, brachten ihm Lob, Ehren und Anerkennung des Königs.

Träume haben in allen Zeitaltern auf Wissenschaftler, Dozenten, Mystiker und Philosophen eine besondere Faszination ausgeübt. Viele Antworten auf die brennendsten Probleme des Menschen wurden ihm im Traum zuteil. Seit biblischen Tagen haben Traumdeuter in allen Teilen der Erde sich mit der Auslegung von Traumgeschehen befaßt. Freud, Jung, Adler und viele andere hervorragende Psychologen und Psychiater haben Symbolstudien betrieben und durch Interpretation ihrer Bedeutungen das Bewußtsein des Patienten veranlaßt, verborgene Ängste, Fixationen und andere Komplexe freizusetzen. Ihre Träume sind Projektionen aus dem Unterbewußtsein. In vielen Fällen liefern sie Antworten auf Ihre Probleme, geben Warnungen vor nachteiligen Folgen evtl. beabsichtigter Handlungen, wie Investitionen, Reisen, einer Heirat, oder vor kleineren Stolpersteinen des Alltagslebens. Ihr Traum ist ein Handlungsablauf, ein Spielfilm — aus dem Projektionsraum Ihres Unterbewußtseins auf die Bildwand Ihres Bewußtseins geworfen und ist nicht fatalistisch. Sie formen, schneidern und gestalten Ihre Zukunft durch Ihr Denken und Fühlen. Alles in Ihrem Unterbewußtsein ist veränderbar, und wenn Sie die Gesetze des Geistes beherrschen, dann bestimmen Sie Ihre Zukunft selbst. Bedenken Sie: Ihre Zukunft ist die Manifestation Ihres jetzigen Denkens, denn Ihr Unterbewußtsein gibt Ihnen zuverlässig die Resultate Ihres gewohnheitsmäßigen Denkens wieder, und das 24 Stunden am Tag.

Die Bedeutung der Symbole in Ihren Träumen

Die in Ihren Träumen vorkommenden Symbole sind ganz persönlicher Art und beziehen sich nur auf jedes Individuum; das gleiche Symbol kann im Traum eines Familienmitglieds oder eines Fremden eine völlig andere Bedeutung haben.

Traum enthüllt kleines Vermögen in Dollarnoten

Ich erhielt einmal einen Anruf von einer Frau aus New York, die mir verzweifelt berichtete, daß ihr Mann vor seinem Tod die Absicht geäußert hatte, eine größere Geldsumme aus seinem privaten Safe zu entnehmen, um es im Ausland zu investieren. Er versprach sich von dieser Transaktion einen höheren Gewinn. Wenige Tage darauf war er verstorben, und bei Öffnung seines Bankschließfaches stellte sich heraus, daß auch nicht die kleinste Summe Bargeld vorhanden war. Es konnte jedoch festgestellt werden, daß er noch zwei Tage vorher an seinem Schließfach war. Keine Anzeichen deuteten auf irgendeine Transaktion hin und auch eine gründliche Durchsuchung seines Schreibtisches ergab keinen Hinweis.

Ich empfahl ihr, die Angelegenheit ihrem Unterbewußtsein zu übergeben, das die Antwort kannte und sie auf seine Weise enthüllen würde. Vor dem Einschlafen betete sie wie folgt: »Meinem Unterbewußtsein ist der Ort bekannt, an dem mein Mann das Geld deponiert hat. Ich akzeptiere die Antwort und vertraue bedingungslos, daß mir die Antwort klar und deutlich zu Bewußtsein kommt.« Sie meditierte still über die Bedeutung dieser Worte, wissend, daß sie ihrem Unterbewußtsein eingeprägt und seinen Widerhall aktivieren würden.

Daraufhin hatte sie einen sehr lebhaften Traum: Sie sah eine kleine schwarze Kassette in der Wand im Arbeitszimmer ihres Mannes, hinter einem Lincoln-Porträt versteckt. Es wurde ihr gezeigt, wie sie einen geheimen Knopf betätigen mußte, der mit bloßem Auge nicht erkennbar war. Sofort nach dem Erwachen eilte sie in das Arbeitszimmer, nahm das Lincolnbild von der Wand, fand den ihr im Traum gezeigten Knopf, eine Öffnung wurde sichtbar und in ihr kam eine kleine schwarze Kassette zum Vorschein. Sie enthielt 50 000 Dollar Bargeld.

Diese Frau hatte die Schätze ihres Unterbewußtseins entdeckt. Sie hatte erfahren, daß ihr Unterbewußtsein alles weiß, alles sieht und über das Know-how für die Durchführung eines jeden Vorhabens verfügt. Auch Ihnen ist es gegeben, solche oder ähnliche Schritte zu tun, um Ihre ASW (Außersinnliche Wahrnehmung) anzuwenden, um alle Dinge, die Ihnen rechtmäßig zukommen, aufzufinden.

Wie ein Traum einen großen psychologischen Schock verhüten konnte

Eine junge Frau in San Francisco hatte vier Nächte lang einen immer wiederkehrenden Traum. Ihr in Los Angeles lebender Verlobter erschien ihr und bevor er noch sprechen konnte, schob sich ein unüberwindlicher Berg zwischen sie beide. Sie reagierte mit tiefer Verwirrung und Frustration, und auch nach dem Erwachen hatte sie mit dem Problem zu ringen. Sie spürte etwas Schlimmes auf sich zukommen.

Ich fragte sie, wie sie diesen Berg deuten würde, da jeder Traum, sofern richtig interpretiert, wichtige Hinweise auf das Gemütsleben des Träumers gibt. Darüber hinaus ist ein wiederkehrender Traum besonders aufschlußreich, denn hier sagt die innere Stimme sehr eindringlich: »Stop, Vorsicht, Aufpassen!« Der Begriff *Berg* beinhaltete für sie ein unüberwindliches Hindernis. Ich schlug ihr ein klärendes Gespräch mit ihrem Verlobten vor, um sicherzustellen, daß da nichts war, das vor ihr verborgen werden mußte − daß es praktisch nichts gab, von dem sie nichts wußte.

Sie flog nach Los Angeles, um mit ihrem Verlobten zu sprechen. Die Aussprache ergab den folgenden Sachverhalt: Der Verlobte war homosexuell veranlagt und wollte sie nur heiraten, damit seine Kunden keinerlei Verdacht schöpften.

Dieser immer wiederkehrende Traum bewahrte sie vor einem schwerwiegenden traumatischen Schock. Auch Sie können Voraussicht üben, wenn Sie Ihre wiederkehrenden Träume analysieren.

Der Grund für ihre Träume

Diese junge Dame hatte gespürt, daß seit einigen Monaten etwas nicht in Ordnung schien, ohne sagen zu können, was es war. Im Gebet beauftragte sie die Unendliche Intelligenz ihres Unterbewußtseins, ihr eine klare Antwort aufzuzeigen.

Die Bibel sagt: »*Im Traum, im Nachtgesichte, wenn auf Menschen der Tiefschlaf fällt, im Schlummer auf dem Lager, da öffnet er das Ohr der Menschen und erschreckt sie durch seine Verwarnung.*« (Hiob 33:15, 16)

Es gibt vielerlei Traumarten

Soweit es die Art von Träumen betrifft, so haben wir es hier mit einer Vielfalt zu tun, die von sexuellen Frustrationen und Unterdrückungen über mentalen und emotionellen Aufruhr, körperliche Leiden, Furchtgefühle, religiöse Tabus, bis zur Widerspiegelung vergangener Ereignisse oder des Tagesgeschehens reichen. Es gibt jedoch Träume wiederkehrender Art, oder von präkognitiver Bedeutsamkeit, bei denen Begebenheiten noch vor ihrem eigentlichen Geschehen wahrgenommen werden. In vielen Fällen wird man mit detaillierten Verhaltensmaßregeln versehen.

Wie ein Traum den zukünftigen Ehemann vorstellte

Eine junge Dame, Mitarbeiterin eines Anwalts, träumte, daß ein junger Mann — gutaussehend, hochgewachsen, blond, blauäugig, ihr einen Heiratsantrag machte. Sie akzeptierte. Einige Tage später lernte sie diesen Mann tatsächlich kennen. Er kam zu ihr ins Büro, um ihren Chef zu konsultieren. Er lud sie zum Essen ein, und sie wurden sehr schnell Freunde. Zwei Monate darauf waren sie verheiratet.

Träume dieser Art kommen recht häufig vor. Es ist durchaus nichts Ungewöhnliches für einen Mann oder eine

Frau, den zukünftigen Ehepartner im Traum präsentiert zu bekommen. Es ist möglich, große intuitive Kräfte freizusetzen, wenn Sie sich, wie in diesem Fall, Ihre Träume nutzbar machen.

Die wahre Ursache einer Voraussicht

Eine junge Frau, die sich nach einem idealen Ehepartner sehnte, bejahte allabendlich in ihren Gebeten das folgende: »Ich weiß, daß ich jetzt eins bin mit Gott. In Ihm lebe ich, in Ihm bewege ich mich und in Ihm habe ich mein Sein. Gott ist Leben. Sein Leben ist das Leben eines jeden Menschen. Wir alle sind Söhne und Töchter des einen Vaters.

Ich weiß, daß ein Mann irgendwo auf mich wartet. Ein Mann, der mich lieben und für mich sorgen wird. Ich weiß, daß ich ihn glücklich machen werde. Er wird mich nicht enttäuschen, ebenso werde ich ihn nicht enttäuschen. Es gibt nur gegenseitige Liebe und gegenseitige Hochachtung.

Es gibt nur einen Geist, und in diesem Geist kenne ich ihn bereits. Ich bin jetzt eins mit den Eigenschaften und Qualitäten, die ich so sehr bewundere und die ich alle in meinem Mann wiederfinde. In meinem Bewußtsein bin ich eins mit ihnen. Wir lieben und kennen uns bereits im Göttlichen Geist. Ich sehe Gott in ihm und er sieht Gott in mir. Da ich ihm im Innern bereits begegnet bin, muß sich diese Begegnung auch im Äußeren vollziehen, das ist das Gesetz des Geistes.

Diese Worte gehen von mir aus, um das zu vollbringen, wozu sie ausgesandt wurden. Ich weiß, daß es jetzt vollbracht ist, vollendet in Gott. Danke, Vater.«

Diese inbrünstig bejahten Wahrheiten fanden Einlaß in ihr Unterbewußtsein, das ihr den Mann mit den gewünschten Eigenschaften zuführte.

Außersinnliche Wahrnehmung wird im Schlaf aktiviert

Wenn du einhergehst, wird sie dich geleiten,
wird über dir wachen, wenn du schläfst,
und wenn du erwachst, wird sie zu dir reden. (Sprüche 6:22)

Im Schlaf verbindet sich Ihr Wachbewußtsein schöpferisch mit Ihrem Unterbewußtsein. Viele intelligente Menschen sind der Ansicht, der Schlaf diene einzig dem Zweck, dem Körper eine Möglichkeit zum Ausruhen zu geben. Tatsächlich aber ruht da überhaupt nichts, wenn Sie schlafen, denn Ihr Unterbewußtsein und alle vitalen Fähigkeiten Ihres Körpers funktionieren weiterhin, wenn auch mit beträchtlich verminderter Intensität. Während des Schlafens setzt ein Stärkungs-, ein Wiederherstellungsprozeß ein, der dann ein Gefühl des Ausgeruhtseins bewirkt. Ein anderer Grund, weshalb wir uns zur Ruhe begeben, ist, um uns geistig zu entwickeln. Daher ist es von allergrößter Wichtigkeit, jeden disharmonischen Zustand vor dem Einschlafen zu beseitigen, und auf gar keinen Fall einen wie auch immer gearteten Mißklang in den Schlafzustand mitzunehmen. Die Allweise Göttlichkeit, immer bestrebt, uns zu formen, hat es so arrangiert, daß wir nicht dem äußeren Lärm unterworfen sein müssen, der jeglicher geistigen Entwicklung nicht gerade förderlich ist. Es steht durchaus in unserem Ermessen, uns zeitweilig von der lauten Welt zurückzuziehen.

Der Mensch wird im Schlaf göttlich geführt. Er findet im Schlafzustand Antworten auf viele Probleme. Formeln, Erfindungen, Gedichte, Kompositionen, Bände füllende Schriften etc. — alles das kann ihm im Traum zuteil werden. Manche chemische Formel, manche Erfindung war zuerst der Inhalt eines Traumgeschehens, bevor sie ihren Siegeszug um die Welt antrat.

Wie man zu Erfindungen und Neuentdeckungen kommt

Sie müssen zunächst eine ungefähre Idee von dem, was Ihnen als Erfindung oder Entdeckung vorschwebt, haben, das ist alles. Die Verfahrensweise ist ganz einfach: Sammeln Sie sämtliche Informationen darüber, deren Sie habhaft werden können. Dann machen Sie sich ein geistiges Bild von dem Zustand, den diese Erfindung oder Entdeckung bewirken soll. Laden Sie dieses Gedankenbild mit Gefühl und Überzeugungskraft auf, und übergeben Sie es Ihrem Unterbewußtsein mit der Bitte, alle erforderlichen Einzelheiten auszuarbeiten. Gehen Sie dann schlafen. Folgen Sie auf jeden Fall den ›Eingebungen‹, die Ihnen nach dem Erwachen kommen werden! Manchmal kommen sie als ein inneres Gewahrsein, daß die Lösung in einer bestimmten Richtung oder einer bestimmten Faktenreihe zu finden ist. Oftmals kann die komplette Formel oder Lösung in einem Traumgeschehen offenbar werden. Daher ist es zweckmäßig, Papier und Kugelschreiber immer griffbereit neben dem Bett liegen zu haben, um sich notfalls sogleich Notizen machen zu können. Es könnte Sie unter Umständen in helles Erstaunen versetzen, was Ihnen da so alles ›im Schlaf gegeben wird‹.

Einige Menschen behaupten, niemals zu träumen. Das stimmt nicht. Wir alle träumen. Wenn Sie sich an Ihre Träume nicht erinnern können, dann geben Sie Ihrem Unterbewußtsein vor dem Einschlafen den Befehl: »Ich erinnere mich genau.« Ihr Unterbewußtsein weiß, woran Sie sich erinnern wollen, und wird diesen Befehl gehorsam ausführen.

Uns geschieht nach unserem Glauben. Ihr Traumzustand kann möglicherweise eine der positiven Pforten zu Außersinnlichen Wahrnehmungen sein.

Zusammenfassung

1. Die Bibel ist angefüllt mit Bezugnahmen auf Träume, Visionen und Offenbarungen, die dem Menschen im tiefen Schlaf zuteil wurden.

2. Träume sind seit altersher studiert und analysiert worden. In allen Kulturen und Zeitaltern wurden Traumdeuter in Anspruch genommen.

3. Träume sind von Ihrem Unterbewußtsein wiedergegebene Handlungsabläufe. Sie können eine symbolhafte Antwort auf Ihre Probleme beinhalten, oder Sie vor evtl. drohenden Gefahren warnen. Ihre Zukunft ist in Ihrem Unterbewußtsein in der Gegenwart verankert und basiert auf Ihren subjektiven Eindrücken, Überzeugungen oder Annahmen.

4. Sie formen, schneidern und gestalten Ihre Zukunft Ihrem gewohnheitsmäßigen Denken gemäß. Ihr Unterbewußtsein schläft niemals und reproduziert beständig die ihm übermittelten Eindrücke aus Ihrer Merkwelt in Ihre Wirkungswelt.

5. Symbole sind von rein persönlicher Bedeutung und daher für jeden Menschen anders interpretierbar. Bei ihrer Deutung müssen innere Gefühle und Überzeugungen Berücksichtigung finden. In anderen Worten: Sie müssen für Sie einen Sinn haben.

6. Eine Frau auf der dringenden Suche nach verstecktem Geld beauftragt ihr Unterbewußtsein, ihr dessen Verbleib zu enthüllen. Es antwortet im Traum mit einem klaren Hinweis auf ein Geheimfach und seine Handhabung. Das Unterbewußtsein weiß alles und sieht alles.

7. Eine junge Dame, die spürte, daß in ihren Beziehungen zu ihrem Verlobten etwas nicht stimmte, beauftragte ihr Unterbewußtsein, ihr uneingeschränkt Aufschluß zu geben. Das geschah in Form eines immer wiederkehrenden Traumgeschehens. Vier Nächte lang träumte sie von einem unüberwindlichen Berg zwischen sich und ihrem Verlobten. Intuitiv deutete sie ihn als unüberwindliches Hindernis. Auf Befragen mußte der Verlobte schließlich einräumen, daß er sie nur als Fassade braucht. Er hatte gehofft, durch eine Heirat mit ihr seine homosexuellen Neigungen vor der Umwelt kaschieren zu können. Ihr Traum ersparte ihr einen großen traumatischen Schock.

8. Es gibt die verschiedensten Traumarten und -ursachen. Legen Sie sich z. B. in sehr durstigem Zustand schlafen, könnten Sie sich im Traum wiederfinden, Unmengen Wasser trinkend. Träume können andererseits Dramatisierungen von Frustrationen, Befürchtungen, Phobien und Komplexen jeder Art sein. Weiter sind da wiederkehrende und präkognitive Träume, die zukünftige Begebenheiten offenbaren, bevor sie sich tatsächlich ereignen. Viele Antworten auch auf die verzwicktesten Probleme sind schon in Träumen oder Nachtvisionen gegeben worden.

9. Es ist keinesfalls unmöglich, zukünftigen Ehepartnern im Traum zu begegnen. Das geschieht oftmals als Folge einer lebhaften gedanklichen Vorstellung der im anderen gewünschten Eigenschaften und Vorzüge. Vom Unterbewußtsein aufgenommen und bearbeitet, gewährt es Ihnen eine ›Vorschau‹ auf die Verkörperung Ihrer Ideen.

10. Außersinnliche Wahrnehmung wird im Schlaf aktiviert. Wenn Sie einschlafen, sind Unterbewußtsein und Wachbewußtsein schöpferisch miteinander verbunden. Der letzte

wache Gedanke haftet sich dem Unterbewußtsein an, und letzteres bringt Heilungen oder Problemlösungen auf den Weg.

11. Wenn Sie unmittelbar vor dem Einschlafen an bestimmte Problemlösungen denken, kann es geschehen, daß ganze Formeln oder vollständige Lösungen im Traumgeschehen offenbar werden. Uns geschieht nach unserem Glauben.

9

Wie Ihr außersinnlicher Geist durch Traumeindrücke Probleme löst

Im Verlauf vieler Jahre hatte ich immer wieder Gelegenheit festzustellen, daß Menschen aus allen Lebensbereichen von Träumen geradezu fasziniert waren. In Zeitungen, Zeitschriften und Magazinen wird fortlaufend über das Traumleben und die mit ihm zusammenhängenden Forschungsarbeiten namhafter Ärzte, Psychologen und Psychiater berichtet. Und alle diese Wissenschaftler kommen zu der Schlußfolgerung, daß jeder Mensch träumt. Sie erbrachten auch den Nachweis, daß willkürliche Beraubung notwendigen Schlafes zu geistiger Verwirrung oder schließlich sogar zu Psychosen führt.

Nahezu jedem heutzutage sind die Namen Sigmund Freud, Carl Gustav Jung, Alfred Adler — um nur einige wenige zu nennen — zu Begriffen geworden. Diese Wissenschaftler haben unter anderem eine große Anzahl bemerkenswerter Arbeiten veröffentlicht, die sich sämtlich mit dem Traumgeschehen auseinandersetzen, und ihre Interpretationen und Schlußfolgerungen variieren zum Teil ganz beträchtlich. Seit undenklichen Zeiten waren Menschen immer wieder verblüfft und erstaunt über diese Dramatisierung des Geistes, die wir als Traum bezeichnen. Viele dieser Träume sind vorausschauender Natur und durchdringen Zeit und Raum.

Der Bildschirm seines Geistes enthüllte die Antwort

Ein junger Universitätsstudent erzählte mir kürzlich, daß er es sich zur Regel gemacht habe, jeden Abend auf den Bildschirm seines Geistes zu schauen. Er hatte es sich angewöhnt, seine Träume als sein ›geistiges Fernsehprogramm‹ aufzufassen. Infolge Krankheit hatte er mehrere Wochen lang wichtige Vorlesungen versäumt, war aber dennoch gehalten, an der nächsten Prüfung teilzunehmen. Am Abend vor dieser Prüfung gab er seinem Unterbewußtsein die folgende Instruktion: »Unendliche Intelligenz, du bist allweise. Enthülle mir alles, was ich über die morgige Prüfung wissen muß. Ich akzeptiere die Antwort jetzt.« Dann überließ er sich dem Schlaf. In dieser Nacht sah er alle Fragen klar und deutlich auf seinem geistigen Bildschirm. Er stand auf, schlug in seinen Büchern nach, studierte die Antworten und war somit für die Prüfung bestens gerüstet. Dieser junge Mann weiß, daß er sich auf sein Unterbewußtsein hundertprozentig verlassen kann, als gewissenhafter Führer durch alle seine Studien.

Wie ein Traum ihr Leben rettete

Beim Schreiben dieses Kapitels wurde ich von einem Überseegespräch unterbrochen. Am anderen Ende war ein Mitglied unserer Organisation, z. Zt. in London. Das folgende ist in gekürzter Form das, was sie mir sagte: »Ich mußte Sie anrufen. In der vergangenen Nacht sind Sie mir im Traum erschienen und haben mich gewarnt. Sie beschworen mich, unter gar keinen Umständen wie vorgesehen mit dem Auto nach Nottingham zu fahren und statt dessen die Bahn zu nehmen. Ich hatte erst vorgehabt, mit meinen beiden Kusinen zusammen im Wagen dorthin zu fahren. Nach Ihrer

Warnung habe ich dann abgesagt, wie Sie es mir geraten hatten. Ich war schockiert, kurz darauf zu erfahren, daß meine Kusinen in einen schweren Unfall verwickelt waren und schwer verletzt wurden.«

Ihr spezielles Gebetsprogramm

Vor ihrer Europareise gab ich dieser jungen Frau das folgende Gebet mit der Weisung mit, ihr Bewußtsein mit den darin enthaltenen einfachen Wahrheiten anzufüllen: »Ich reise unter Gottes Leitung und Führung zu allen Zeiten. Ich sende meine Botschafter aus. Es sind Göttliche Liebe, Frieden, Harmonie und richtiges Handeln. Sie gehen vor mir her, um mir den Weg zu ebnen. Damit ist der Weg leicht und beglückend, voller Schönheiten und Freude. Wenn meine Augen auf Gott gerichtet bleiben, kann mir auf meinem Weg kein Übel begegnen. Ob ich im Auto fahre, mit dem Bus, der Bahn, dem Flugzeug – in jedem Augenblick meines Lebens bin ich von Gottes Liebe umgeben. Die unsichtbare Rüstung Gottes umgibt mich ständig. Der Geist Gottes ist in mir, über mir und um mich herum. Er macht alle Fahrbahnen zu seiner Straße – Gottes Straße. Es ist wunderbar.«

Der Grund für ihren Traum

Selbsterhaltung ist das erste Lebensgesetz. Daher ist Ihr Unterbewußtsein bestrebt, Sie vor jeglichem Schaden zu bewahren. Das regelmäßig wiederholte Schutzgebet wurde dem Unterbewußtsein aufgeprägt, das daraufhin seine hellsichtigen Kräfte aktivierte. Es wußte mit Sicherheit, daß meine Bekannte, falls sie wie vorgesehen im Auto mit ihren

Kusinen nach Nottingham fahren würde, in einen Unfall verwickelt würde. Daher projizierte es das Bild ihres Geistlichen und dramatisierte seine warnenden Worte. Die Erscheinung meiner Person in ihrem Traum war nur ein Symbol der außerordentlichen Wichtigkeit der Botschaft ihres Unterbewußtseins.

Sie konnte an der Autofahrt nicht teilnehmen

In diesem Zusammenhang ist es wichtig, sich die Tatsache zu vergegenwärtigen, daß Harmonie und Mißklang nicht zusammenpassen; daher wurde es dieser jungen Frau unmöglich, ein Auto zu nehmen, das mit einem anderen zusammenstoßen sollte. Es konnte nicht sein, weil sie bejaht hatte, daß Göttliche Liebe und Harmonie den Weg vor ihr ebnen werden und ihre Reise zu einem friedvollen, beglückkenden Erlebnis macht.

Er sagte: »Ich träume niemals«

Das Unterbewußtsein wacht immer, auch wenn der Körper sich in tiefstem Schlaf befindet, und es ist immer aktiv. Ein junger Mann, der meine Vorträge gehört hatte, war der Auffassung, daß sein gesunder Schlaf völlig traumlos sei, da er sich nach dem Erwachen an keinen einzigen Traum erinnern konnte.

Ich empfahl ihm, im Augenblick des Erwachens sich selbst zu suggerieren: »Ich erinnere mich«, und zu seiner Überraschung und großen Freude entfaltete sich der Traum vor seinem Tagesbewußtsein in allen Einzelheiten und brachte ihm sogar die Antwort auf ein Problem, das ihn schon seit längerem beschäftigt hatte.

Ihr Traum bewahrte sie vor einer nicht ungefährlichen Operation

Ein Mädchen — nennen wir sie Louise — wurde von ihrem Arzt eindringlich darauf hingewiesen, daß der Zustand ihres linken Fußes eine schwierige Operation unumgänglich machte, um eine Heilung oder wenigstens Besserung überhaupt möglich zu machen. Dazu wäre es weiterhin erforderlich, den Fuß für die Dauer von mindestens zwei Monaten im Gipsverband zu belassen. Zur Fortbewegung während dieser Zeit müsse sie dann Krücken benutzen. Sie wandte sich im Gebet an die Unendliche Intelligenz ihres Unterbewußtseins und bat um Führung, um die richtige Entscheidung treffen zu können. Dieses Ersuchen gab sie jeden Abend vor dem Einschlafen an ihr Unterbewußtsein weiter in dem vollen Vertrauen, von ihm die einzig richtige Antwort zu bekommen. Am Ende der vierten Nacht sah sie einen Freund der Familie — Arzt und Chiropraktiker —, der im Traumgeschehen auf Hexagramm 35 des *I Ging* wies, und dort hieß es ›Fortschritt‹. Am nächsten Tag suchte sie ihn auf. Eine eingehende Untersuchung ergab hier, daß durch chiropraktische Therapiemaßnahmen und ein praktisches Übungsprogramm eine vollkommene Heilung erzielt werden könne. Und genau das trat einige Zeit später auch ein.

Der Grund, weshalb das Unterbewußtsein das Hexagramm auswählte

Das Unterbewußtsein bedient sich für seine Antworten zumeist der Symbolsprache. Louise hatte bei mir zwei Lehrgänge über das *I Ging* absolviert und war sehr eingenommen von seiner wissenschaftlichen und metaphysischen

Sinngebung des Lebens in allen seinen Aspekten. Daher konnte das Unterbewußtsein davon ausgehen, daß sie ohne Zögern den Anweisungen des Hexagramms Folge leisten würde. Es sprach zu ihr in des Wortes wahrer Bedeutung, als es ihr den richtigen Arzt zeigte.

Das Geheimnis ihres außergewöhnlichen Erfolges: Eine Malerin kann jederzeit einen unterbewußten Bewußtseinszustand herbeiführen

Eine Malerin, die ich kürzlich in ihrem Atelier besuchte, erzählte mir, daß sie in der Lage sei, nach Willen in einen unterbewußten Bewußtseinszustand einzutreten. Sie schließt die Augen, wird still und läßt das Räderwerk der Gedanken zum Stillstand kommen. Dann beauftragt sie ihr Unterbewußtsein, ihr mentale Bilder vorzulegen — eine Kollektion geistiger Bilder von ausgesuchter Schönheit in Form und Farbe. Sie weiß, daß ihr Unterbewußtsein jeder von Überzeugung durchdrungenen Suggestion zugänglich ist und daß die daraus resultierenden Visionen von ihrer eigenen Willenskraft hervorgebracht wurden. Alles, was ihr dann noch zu tun bleibt, ist, äußerlich an die Arbeit zu gehen und das im Geist so plastisch Wahrgenommene auf die Leinwand zu bringen. Sie hat die Goldmine in sich entdeckt, und nicht nur das — sie weiß vielmehr, wie man die Schätze dieser Goldmine zutage fördert.

Er hörte auf seinen inneren Monitor und blieb am Leben

Kürzlich besuchte ich einen alten Freund in Honolulu, dessen Mutter ihm in frühester Jugend eingeschärft hatte: »Sei dir an jedem Tag deines Lebens bewußt, daß dich der Zauber Gottes ständig umgibt und Frucht bringt durch ein zauberhaftes Leben.« Über diese große Wahrheit meditierte er regelmäßig – er wendet sie systematisch an, und selbstverständlich reagiert sein Unterbewußtsein entsprechend. Es reagiert durch Übereinstimmung.

Eines Abends auf dem Heimweg – er befand sich schon in der Nähe seiner Wohnung – hörte er seine innere Stimme der Intuition klar und deutlich: »Geh nicht hinein! Ruf die Polizei.« Er rief sofort die Polizei an und sagte ihnen, daß in seinem Haus gerade eingebrochen werde (das fühlte er intuitiv). Innerhalb weniger Minuten war die Polizei zur Stelle und überraschte zwei schwerbewaffnet Einbrecher auf frischer Tat.

Einer der Detektive lobte nach der Festnahme der beiden die Umsicht meines Freundes. Hätte er ahnungslos seine Wohnungstür geöffnet, so würden sie mit Sicherheit auf ihn geschossen haben, wie sie es bei vorangegangenen Fällen bereits getan hatten.

Unser vielgerühmter Gott-gleicher *Verstand* hält durchaus nicht alle Antworten auf unsere Alltagsprobleme bereit; er ist von dieser Welt – erdgebunden. Unser bewußter Denkapparat ist zweifellos das nobelste Attribut unseres bewußten Geistes, dennoch ist er im Wesentlichen begrenzt und in seinen Möglichkeiten in erster Linie *auf die dreidimensionale Welt angewiesen*. Er ist unser alltägliches Führungsinstrument in unserem objektiven, äußeren Leben – in unserer äußeren Umgebung. Ihr Unterbewußtsein hingegen ist eins mit der Unendlichen Intelligenz und der Unbegrenzten Weisheit. Und es ist unbehindert durch die objektiven Sinne, die physische Form und äußere Zustände – und es ist unbeeinflußt von äußeren, begrenzten Denkweisen. Ihr Unterbewußtsein schöpft die Antwort auf Ihre Probleme direkt aus der ewigen Quelle.

Zusammenfassung

1. Menschen aus allen Lebensbereichen sind fasziniert von Träumen und den mit ihnen einhergehenden psychischen Gegebenheiten. So gut wie jeder Schüler ist mit Namen wie Freud, Adler und Jung vertraut — Forscher, die zahlreiche Arbeiten veröffentlicht haben, die das Thema Traum und Traumvisionen zum Gegenstand hatten, deren Auffassungen jedoch zum Teil beträchtlich voneinander abweichen. Viele Träume sind präkognitiver Natur und von außerordentlicher Wichtigkeit für Sie.

2. Ein junger Universitätsstudent hat es sich zur Gewohnheit gemacht, den ›Bildschirm seines Geistes‹ — wie er es nennt — mit präzisen Aufgaben zu betrauen. Durch wiederholte Bejahungen veranlaßte er sein Unterbewußtsein, ihm die Prüfungsfragen des nächsten Tages zu präsentieren, so daß er Gelegenheit fand, sich entsprechend zu präparieren.

3. Ein junges Mädchen, auf einer Europareise, wandte ein spezielles Schutzgebet an. Sie sandte die Botschafter der Göttlichen Liebe, des Friedens, der Harmonie und des richtigen Handelns aus, um ihr den Weg zu ebnen, und ihr Unterbewußtsein reagierte entsprechend und bewahrte sie vor möglichem Mißgeschick.

4. Ihr Unterbewußtsein kann Ihnen unter Umständen das symbolische Image Ihres Seelsorgers im Traum zeigen, um den Ernst einer Warnung zu verdeutlichen, wenn es sich um Selbsterhaltung handelt. Die Wege und Möglichkeiten Ihres Unterbewußtseins übersteigen jedes Vorstellungsvermögen.

5. Jeder Mensch träumt. Sollten Sie der Überzeugung sein, niemals zu träumen, dann brauchen Sie sich nur unmittel-

137

bar nach dem Erwachen aus dem vermeintlich traumlosen Schlaf zu sagen: »Ich erinnere mich!« Wichtige Träume werden dann in ihrem gesamten Ablauf Ihrem Wachbewußtsein zur Kenntnis gebracht.

6. Wenn Sie sich mit dem Studium der Bibel oder des *I Ging* befaßt haben, dann kann es geschehen, daß Ihr Unterbewußtsein Ihnen ein Hexagramm präsentiert. Genaues Befolgen seiner Diagnosen und Prognosen birgt die Antwort auf Ihr Verlangen in sich. Die vielen Allegorien und die Symbolsprache der Bibel stammen ausnahmslos von erleuchteten Menschen, die sich die wunderbaren Kräfte ihres unterbewußten Geistes und des Überselbst erschlossen hatten.

7. Eine außerordentlich begabte Malerin bringt ihren Gedankenablauf zum Stillstand und versetzt sich in einen passiven, psychisch empfänglichen Gemütszustand. Sodann versieht sie ihr außersinnliches Bewußtsein mit dem klaren Auftrag, ihr eine Reihe geistiger Bilder von ausgesuchter Schönheit in Form und Farbe vorzulegen, die sie dann ihrerseits mit Pinsel und Farbe auf die Leinwand bannt. Sie betrachtet ihr Unterbewußtsein als ihre Goldmine.

8. Einem Mann in Honolulu wurde schon in frühester Kindheit von seiner Mutter eingeschärft: Sei dir an jedem Tag deines Lebens bewußt, daß dich der Zauber Gottes ständig umgibt und Frucht bringt, durch ein zauberhaftes Leben. Sein Unterbewußtsein sprach zu ihm klar und deutlich als innere Stimme und sagte: »Geh nicht in deine Wohnung! Ruf die Polizei!« Er befolgte diese Anweisung unverzüglich und wurde damit, wie sich bald herausstellte, vor dem sicheren Tod bewahrt. Die Weisheit Ihres Unterbewußtseins versagt niemals, wenn Sie sich ihm vertrauensvoll zuwenden.

10

Außersinnliche Wahrnehmung
und Ihr Unterbewußtsein

Ihr Unterbewußtsein gibt das wieder, was ihm aufgeprägt wurde. Viele der sogenannten seltsamen Begebenheiten, Projektionen und Stimmen sind nichts anderes, als persönliche Manifestationen. Die Gespenster, die wir fürchten, schweben durch die düsteren Gänge unseres Gemüts.

Ihr Unterbewußtsein ist ein offenes Buch

Für den intuitiven, außersinnlich begabten und sensitiven Menschen mit hellsichtigen Kräften stellt Ihr Unterbewußtsein ein offenes Buch dar. Einem guten Hellseher ist es ohne weiteres möglich, sowohl vergangene Ereignisse zu enthüllen, als auch zukünftige Begebenheiten, die Ihrem Unterbewußtsein bereits bekannt sind. Seine Diagnose würde wahrscheinlich zu 90 Prozent zutreffen. Von einem zweiten Hellseher würden Sie wahrscheinlich eine etwas abweichende Auskunft bekommen. Das ist einfach auf die Tatsache zurückzuführen, daß alles von einem Hellseher an Ereignissen Geschaute durch die eigene Mentalität gefiltert wird. Das bewirkt kleinere Abweichungen in der Interpretation.

Die Gedanken, Pläne und Erfahrungen des Menschen können auch aus einem Satz Spielkarten gelesen werden, aus einer Kristallkugel, aus der Zusammensetzung von Sandkörnern und anderen Sinnbildern. Seit altersher hat der Mensch den Zahlen, Karten und anderen Symbolen bestimmte Eigenschaften zugeschrieben. Da der Mensch diesen Dingen Autorität und Kraft zuerkannt hatte, mußten sie seinen Glauben auch symbolisch rechtfertigen. Durch Halbtrance oder teilpassiven Zustand ist es möglich, Auskunft über den Inhalt des Unterbewußtseins eines anderen zu erlangen.

Die Karten, die Markierungen im Sand oder die vorbeiziehenden Bilder in der Kristallkugel dienen lediglich als ein Alphabet Ihres Unterbewußtseins, das vom Hellsehen zusammengesetzt in einer Sprache zu Ihnen spricht, die Sie verstehen können.

Ihr Charakter kann entschlüsselt werden

Es wird Sie manchmal schon überrascht haben, wenn Astrologen, Numerologen oder Kartenleger Ihren Charakter deuteten und Sie die Entschlüsselung in allen ihren Einzelheiten als akkurat befanden. Zu irgendeinem Erstaunen besteht hier aber eigentlich gar kein Anlaß, denn bedenken wir doch mal eines: Alle Ihre Dispositionen, Tendenzen, Eigenschaften und Kenntnisse sind in Ihrem Unterbewußtsein registriert und wie in einem Computer gespeichert. Ein hochgradig sensitiver Mensch braucht sich also nur auf die ›Wellenlänge‹ Ihres Unterbewußtseins einzustimmen und seine auf diese Weise erzielten Wahrnehmungen Ihrem Wachbewußtsein mitzuteilen. Im Grunde haben *Sie* den sensitiven Menschen schon über alles informiert, bevor er oder sie Ihnen auch nur ein Wort gesagt hatte. Der Hellseher hat sich lediglich mit Ihrem Unterbewußtsein in Rapport gesetzt — das war alles.

Wie sie die Prophezeiung eines Unfalls neutralisierte

Eine junge Frau kam zu mir in die Sprechstunde. Sie war völlig verstört über die Weissagung einer Handleserin, die ihr einen schweren Unfall prophezeit hatte, der sich in der Zeit um ihren 21. Geburtstag ereignen sollte. Sie hatte diese Suggestion angenommen und fürchtete sich natürlich nun vor jeder Reise — sei es mit dem Auto, der Bahn oder dem Flugzeug. Die junge Frau lebte jetzt in fortgesetzter Furcht und hatte ihr Unterbewußtsein mit der Erwartung des unvermeidlichen Unfalls eingestimmt. Durch starke Befürchtungen in Gang gesetzt, würde ihr Unterbewußtsein mit Sicherheit die Verwirklichung dieses Unfalls herbeigeführt haben, wenn sie nicht gerade noch rechtzeitig gelernt hätte, wie bereits akzeptierte negative Gedanken neutralisiert werden können.

Wie sie Bejahungen positiver Art anwandte

»Wo immer ich gehe, mit welchem Verkehrsmittel ich auch fahre, mit dem Bus, dem Auto, der Bahn, dem Flugzeug, oder ob ich zu Fuß unterwegs bin — ganz gleich, auf welche Art ich mich auch fortbewege — ich weiß, ich glaube und ich akzeptiere die Wahrheit, daß Göttliche Liebe vor mir hergeht und mir meinen Weg ebnet — ihn freudevoll, prachtvoll und für mich glücksbringend macht. Ich weiß, daß die Unendliche Intelligenz mich allezeit führt und leitet. Ich befinde mich zu jeder Zeit im heiligen Kreis von Gottes ewiger Liebe. Die ganze Rüstung Gottes umgibt mich ständig — alle meine Wege und alle meine Reisen sind ständig unter Gottes Kontrolle. Gott wacht über alle Reisen im Himmel und auf Erden. Damit wird jede meiner Reisen zu einer Reise Gottes.«

Ihre Technik, eine negative Prophezeiung unwirksam zu machen

Sie bejahte diese Wahrheiten an jedem Morgen, Nachmittag und Abend, in dem Wissen, daß diese übersinnlichen Schwingungen die negativen Suggestionen, die ja durch ihre Furchtgefühle eine nicht unbeträchtliche Verstärkung erfahren hatten, aus ihrem Unterbewußtsein restlos tilgen würden. Inzwischen wurde sie 23 und blickt auf ihren 21. Geburtstag zurück, als auf einen der glücklichsten Tage ihres Lebens. Sie hat inzwischen einen Jugendfreund geheiratet und ist mit ihm wunschlos glücklich. Paulus sagt: *»Seien es aber Reden aus Eingebung, sie werden abgetan werden.«* (I. Kor. 13:8)

Wie Sie lernen, Ihr Schicksal selbst zu gestalten

Ihre Gedanken und Gefühle bestimmen Ihr Schicksal. *»Und alles, um was ihr bittet im Gebet, so ihr glaubet, werdet ihr's empfangen.«* (Matth. 21:22) Etwas glauben heißt, es als wahr zu akzeptieren. Was Sie mit Ihrem bewußten Verstand als wahr befinden, das wird von Ihrem Unterbewußtsein in Ihren Erfahrungsbereich getragen. Das Wirken Ihres Unterbewußtseins ist der wichtigste Vorgang in Ihrem Leben. Man kann den menschlichen Geist mit einem Eisberg vergleichen: 90 Prozent befindet sich unter Wasser. Ihr Leben wird zu 90 Prozent bestimmt von den Annahmen, Überzeugungen und Beschaffenheiten Ihres Unterbewußtseins. Die Überzeugungen Ihres Unterbewußtseins diktieren, kontrollieren und manipulieren alle Ihre bewußten Handlungen. Fangen Sie jetzt damit an zu glauben, zu fühlen und zu wissen, daß Gott Sie auf allen Wegen führt, daß Göttliches rechtes Handeln jederzeit vorherrscht, daß Gott auf jede

Weise Ihr Gedeihen bewirkt, und daß Sie immer von oben inspiriert sind. Sobald Sie diese Wahrheiten mit Ihrem Bewußtsein akzeptieren, macht sich Ihr Unterbewußtsein ans Werk, um Sie zu verwirklichen, und Sie werden entdecken, daß alle Ihre Wege Wohlbefinden und alle Pfade Frieden sind.

Wie Sie das Gesetz des Durchschnitts überwinden können

Ihr Unterbewußtsein ist der Kontrolle und den Anweisungen Ihres Wachbewußtseins unterworfen. Wenn Sie dem Wirken Ihres Unterbewußtseins nicht ganz bewußt eine Richtung geben, die den universellen Gesetzmäßigkeiten und den ewigen Wahrheiten entspricht, dann werden Sie nach dem Gesetz des Durchschnitts leben. Das bedeutet, daß Sie weitgehend dem Massendenken unterworfen sind, und das ist, wie Sie wissen, größtenteils negativ. Millionen von Menschen führen ein Leben der Mittelmäßigkeit, des Mangels, der Begrenzung aller Art, nur weil sie ihr Unterbewußtsein nicht richtig anweisen. Sie haben es nicht mit Gedanken an Harmonie, Frieden, Freude, Überfluß, Sicherheit und rechtes Handeln geprägt. Ihr Unterbewußtsein reproduziert Ihr gewohnheitsmäßiges Denken — und das 24 Stunden am Tag!

Fangen Sie jetzt an, Ihr Bewußtsein außersinnlich zu aktivieren, und Ihr Unterbewußtsein kümmert sich um alles andere.

Wenn Ihr Bewußtsein eine schöpferische Idee völlig angenommen hat und sie im Gefühl der Überzeugung an das Unterbewußtsein weitergereicht hat, dann bringt das universelle Gesetz Ihres Unterbewußtseins diese Schöpfung als verwirklichtes Erlebnis in Ihren Erfahrungsbereich.

Der Mensch ist Geist und immerfort ergreift er
das Werkzeug seines Denkens
und erwählt sich, was er sich erwählen mag,
tausenderlei Freuden oder tausenderlei Plag'.

Wie Sie sich ein wunderbares Leben prophezeien

Vom Standpunkt der Gesetzmäßigkeit aus betrachtet, gibt
es absolut niemanden, der Sie mit einer ganz genauen Prophezeiung versorgen kann. Die Göttliche Intelligenz weiß,
was zu tun ist und wie es getan wird. Sie reagiert auf Ihr gewohnheitsmäßiges Denken; somit sind Sie es, der sich ständig seine eigene Zukunft prophezeit. Soweit Ihre Gedanken
nobel, erhaben und Gott-gleich sind, erkennen Sie das Trü-
gerische in der Furcht vor dem Unbekannten und im Glauben an das Böse. Da Sie ein wissenschaftlicher Denker sind,
besteht Ihre Prophezeiung aus Harmonie, Gesundheit, Frieden und allen Segnungen des Lebens. Sie sind der Beherr-
scher Ihres Schicksals, der Meister Ihres Denkens.

Sie müssen lernen, sich auf dieser Erde zu bewegen, unerschütterlich und gelassen, in der tiefen Überzeugung, daß
nichts zu gut ist, um wahr zu sein. Denn die Güte, der
Reichtum, die Harmonie und die Herrlichkeit Gottes sind
immer gleich — gestern, heute und in Ewigkeit.

Wie ein Indianerjunge Blutungen stillte

In meinem 1944 erschienenen und seit vielen Jahren vergrif-
fenen Buch ›This Is It!‹ (Das ist es!) schilderte ich eine Begegnung mit einem Indianerjungen, die jetzt etwa 40 Jahre
zurückliegt. Der Junge konnte weder schreiben noch lesen,
aber er besaß die Fähigkeit, Blutungen auf der Stelle zum
Stillstand zu bringen, indem er einfach nur die Augen

schloß und befahl: »Stop!« Wenn er dann die Augen wieder öffnete, hatte die Blutung aufgehört. Er war überzeugt, daß sein Gebet immer erfolgreich sein würde, und unbeschadet durch die hämischen Bemerkungen anderer war es das auch.

Wie kam dieser sogenannte Ungläubige zu dieser Fähigkeit? Er erklärte es so: Soweit er sich zurückerinnern konnte, hatte sein Vater ihm immer wieder gesagt, daß die Kraft, Blutungen zu stillen, eine Familientradition war, die jeweils vom Vater auf den Sohn vererbt wurde. Der Erstgeborene der Familie erhielt die Gabe, allen anderen Familienmitgliedern war sie verwehrt.

Der Junge wuchs in dem Glauben auf, er akzeptierte die Tatsache, daß er jederzeit Blutungen stillen könne, voll und ganz. In jedem solchen Fall schloß er die Augen und gab den Befehl, der jedesmal prompt ausgeführt wurde. Er war sich nicht im klaren, auf welche Weise der Stillstand herbeigeführt wurde. Er wußte nichts vom Unterbewußtsein und dessen Kräften. Für ihn geschah es einfach nur, weil er *daran glaubte.* Er sagte mir, daß er daheim in Kanada oftmals geholt wurde, um einen Blutsturz zu verhindern.

Weshalb er bei der Heilung anwesend sein mußte

Eigentümlich an dieser Heilungsgabe war der Umstand, daß der Junge meinte, er müsse bei jedem Heilungsvorgang zugegen sein, um das Blut fließen zu sehen. Deshalb waren ihm Fernheilungen nicht möglich. Diese Überzeugung wurde ihm in frühester Kindheit eingeprägt und von ihm als Familientradition akzeptiert.

Die Bibel sagt: »*So hoch der Himmel über der Erde ist, soviel sind meine Wege* (Antworten aus dem Unterbewußtsein) *höher als eure Wege und meine Gedanken höher als eure Gedanken.*« (Jesaja 55:9)

Zusammenfassung

1. Ihr Unterbewußtsein gibt Ihnen das zurück, was Sie ihm eingeprägt haben, sei es gut oder schlecht.

2. Wenn ein guter Hellseher oder ein gutes Medium sich passiv und empfänglich macht, ist er *im Rapport* mit Ihrem Unterbewußtsein und kann es ›anzapfen‹ und damit seine Geheimnisse erkunden − entweder durch Handlungsabläufe vor dem Auge seines Geistes oder durch intuitive Eindrücke. Oftmals erscheinen ihm Ihre im Unterbewußtsein gespeicherten Erfahrungen wie eine Fernsehserie.

3. Alle Ihre Dispositionen, Tendenzen, Eigenschaften und Kenntnisse können von guten Astrologen, Numerologen, Kartenlegern etc. persönlich erfühlt werden. Vorausgesetzt, es handelt sich um intuitiv und übersinnlich begabte Personen. Aus diesem Grund kann Ihr Charakter auch möglicherweise von einer Person entschlüsselt werden, die über keinerlei Spezialkenntnisse der genannten Disziplinen verfügt. Karten, Kristallkugeln, Nummern etc. sind lediglich Symbole und dienen nur als eine Art Alphabet Ihres tieferen Bewußtseins.

4. Sie können eine negative Prophezeiung neutralisieren und dann unwirksam machen. Meditieren Sie über Göttliche Wahrheiten, und denken Sie konstruktiv. Dabei gehen Sie vom Standpunkt der ewigen Gesetzmäßigkeiten und Wahrheiten aus. Das Niedere ist immer dem Höheren unterworfen − daher werden negative, furchterfüllte Gedanken von Göttlichem Denken zerstreut und aufgelöst.

5. Wenn Sie unterwegs sind, können Sie sich gegen Unfälle jeglicher Art immunisieren, wenn Sie sich regelmäßig und

systematisch bewußt machen, daß Göttliche Liebe Ihren Weg ebnet und leicht macht. Bejahen Sie fortwährend, daß Sie von Gottes Liebe und Seiner ganzen Rüstung umgeben sind. Nach einiger Zeit sind diese Bejahungen in Ihrem Unterbewußtsein eingeprägt. Dann sind Sie immun und Gottdurchströmt.

6. Ihr Denken und Fühlen bestimmt Ihr Schicksal. Was Sie mit Ihrem Verstand als wahr annehmen, das wird Ihr Unterbewußtsein produzieren. Sie formen, schneidern und gestalten Ihre Zukunft. Ihr Unterbewußtsein reproduziert Ihr gewohnheitsmäßiges Denken, täglich, stündlich — 24 Stunden am Tag.

7. Sie können sich über das Gesetz des Durchschnittserlebens und über das Massendenken der Erdbevölkerung erheben. Meditieren Sie über alles Wahre, Noble, Erhabene und Gott-gleiche und es wird sich mit Leben erfüllen.

8. Die Göttliche Intelligenz in Ihrem Innern weiß, was zu tun ist und wie es getan wird. Ihr Anruf ist niemals vergeblich — Sie bekommen immer eine Antwort. Sie können sich selbst Harmonie, Gesundheit, Frieden, Freude, Überfluß und Sicherheit prophezeien, indem Sie sich diese Wahrheiten denkend und stark empfindend vergegenwärtigen. Sie werden feststellen, daß Ihre Zukunft die Manifestation Ihres augenblicklichen Denkens ist.

9. Eine traditionelle Überzeugung, vom Vater an den Sohn weitergereicht, wird vom beeindruckbaren Gemüt des Sohnes akzeptiert, und ihm geschieht nach seinem Glauben. Mit seiner Göttlichen Gabe, Blutungen zum Stillstand bringen zu können, erzielt er sofortige Erfolge. Das Gesetz des Lebens ist das Gesetz des Glaubens.

11

Die dynamische Kraft
des übersinnlichen Denkens

Die Bibel sagt: »*Wie er in seinem Herzen* (Unterbewußtsein)
denkt, so ist er.« (Spr. 23:7) »*Am Anfang war das Wort, und
das Wort war bei Gott, und das Wort war Gott.*« (Joh. 1:1)
Das ›Wort‹ ist ein klar geformter Gedanke, und wenn es in
der Bibel heißt »das Wort war Gott«, dann bedeutet das:
dieser klar geformte, mit Gefühl aufgeladene Gedanke ist
schöpferisch – er ist von der schöpferischen Kraft durchdrungen, und er wird auch von der schöpferischen Kraft getragen, von der einen schöpferischen Kraft, die das All
durchdringt – dem Geist. Und die Funktion des Geistes ist
das Denken.

Am besten ist es, wenn Sie Ihrer Denkfähigkeit gegenüber
einen gesunden Respekt hegen. Der Grad Ihres Glücklich-
seins, Ihres Friedens, Ihres Wohlstandes und Erfolgs wird
allein von Ihrem gewohnheitsmäßigen Denken bestimmt.
Ihr Unterbewußtsein reproduziert ständig die Gedanken
und Vorstellungen Ihres bewußten Verstandes. Gedanken
sind Dinge, und Ihr Denken hat seine eigene Mechanik, sich
auszudrücken.

Wenn Sie bei einem Gedanken verweilen, setzen Sie die
schöpferische Kraft Gottes oder der Unendlichen Intelligenz frei, um tätig zu werden. Emerson sagte: »Der Mensch
ist, was er den ganzen Tag lang denkt.«

Wie er die Kraft des Denkens unter Beweis stellte

Dr. Arthur Thomas, Pfarrer der Church of Religious Science in Reno, Nevada, gab mir seine Erlaubnis für die folgenden Ausführungen: Arthur war früher Leutnant zur See in der Britischen Marine. Später war er in Großhandelsunternehmungen und im Immobiliengeschäft tätig. Vor acht Jahren jedoch begann er, meine Sonntagmorgen-Vorträge in Los Angeles zu besuchen. Wie er sagte, begriff er plötzlich, daß seine Gedanken die einzig schöpferische Kraft darstellten, deren er sich bewußt war. »Ich faßte den Entschluß, das zu erschaffen, was ich wirklich wollte.«

Infolgedessen begann er regelmäßig zu bejahen: »Ich bin jetzt ein Geistlicher. Ich lehre die Wahrheiten des Lebens.« Jeden Abend stellte er sich vor, wie er vor einer Gruppe aufgeschlossener Menschen in einer Kirche über die großen Wahrheiten sprach. Nach etwa einem Monat konsequenter Bejahungen belegte er einen Schulungskurs am Institute for Religious Science, in der festen Erwartung, daß das Endresultat seiner gedachten Vorstellung entsprechen würde.

Er bestand alle Prüfungen und Tests in Göttlicher Ordnung und bekam sofort ein Angebot, als Geistlicher die Religious Science Church in Reno, Nevada, zu übernehmen. Er übt jetzt genau die Tätigkeit aus, die er in seinen Bejahungen und Vorstellungsbildern als wahr erklärt hatte. Er war sich bewußt, daß sein Unterbewußtsein mit mathematischer Akkuratesse seinem Denken gemäß handeln würde.

Lernen Sie die gewaltigste Kraft im Universum kennen

Der Gedanke ist die mächtigste Kraft im Universum. Ihr Wort ist ein ausgedrückter Gedanke. Das Wort eines Menschen in entsprechender Position kann über den Einsatz von

Raketen, Atomenergie, Dynamit oder thermonuklearen Waffen verfügen. Ihr Denken entscheidet beispielsweise über den Gebrauch elektrischer Kraft. Ebenso entscheidet Ihr Denken über den Verlauf Ihres Lebens. Das Zusammenwirken Ihres wachbewußten Verstandes mit Ihrem Unterbewußtsein könnte mit einem Eisberg verglichen werden. 90 Prozent des Eisberges befinden sich unterhalb der Wasserfläche. Ihr Unterbewußtsein leistet die Hauptarbeit, die ihm von Ihrem wachbewußten Verstand übertragen wird. Was Sie mit Ihrem Verstand denken, das wird von Ihrem Unterbewußtsein hervorgebracht.

Sie entdeckte die Wunder des rechten Denkens

Dr. Elsie McCoy in Beverly Hills, deren Erlebnisse mit ihrer Erlaubnis ich hier wiedergebe, gab ein bemerkenswertes Beispiel für die Auswirkung konstruktiven Denkens im Einklang mit dem allumfassenden Prinzip. Vor einigen Jahren war sie mit einem prominenten Chirurgen verlobt, durch ihre Studien in Europa und Asien jedoch oftmals lange von ihm getrennt.

Seit ihrem 18. Lebensjahr hatte sie es sich zur Gewohnheit gemacht, tagsüber des öfteren zu bejahen: »Mein Leben wird nur durch Göttliches rechtes Handeln bestimmt – was immer ich an Wissen und Informationen benötige, wird mir auf der Stelle zuteil durch das Wirken der Unendlichen Intelligenz in mir.« Allmählich wurde ihr Unterbewußtsein von dieser Wahrheitsbejahung durchdrungen und konnte entsprechend reagieren. Eines Nachts sah und hörte sie im Traum, wie ihr Verlobter sich mit einer Krankenschwester für das Wochenende verabredete. Sie hörte ihn sagen: »Du weißt wahrscheinlich, daß ich verlobt bin, aber Europa ist weit und meine Verlobte wird es nicht erfahren.«

Dr. McCoy rief ihn am nächsten Tag an und erwähnte dabei lachend, daß sie einen recht albernen Traum gehabt hätte. Zu ihrer Überraschung reagierte er mit einem Wutanfall und beschuldigte sie, Detektive engagiert zu haben, die hinter ihm herschnüffelten. Daraufhin löste sie die Verlobung. Spätere Ereignisse bewiesen ihr, daß sie von der Weisheit ihres Unterbewußtseins vor einer zutiefst unglücklichen Ehe bewahrt wurde.

Ihr richtiges Denken aktivierte ihr Unterbewußtsein, das ihr seinerseits alles erforderliche Wissen offenbarte, bevor es zu spät war.

Ein bekannter Schauspieler erhält eine erstaunliche Antwort durch das Unterbewußtsein eines anderen

Dr. Olive Gaze, eine meiner Mitarbeiterinnen, erzählte mir einmal, auf welch eine bemerkenswerte Weise das Unterbewußtsein ihrer Mutter, Josephine Wyndham, auf Fragen reagierte, die ihr von dem inzwischen verstorbenen Norman Trevor, einem seinerzeit bekannten Schauspieler, gestellt wurden. Er war mit einem unlösbar erscheinenden Problem konfrontiert und bat Mrs. Wyndham mit ihrer hochentwickelten Intuition um Hilfe.

Sie entspannte sich und dachte einige Minuten lang still, ruhig und gefühlvoll: »Richtige Antwort.« Von da an übernahm ihr Unterbewußtsein die Führung und beherrschte ihre rechte Hand. Sie begann zu schreiben, etwa zwei ganze Seiten füllend. Als sie es sich näher ansah, mußte sie feststellen, daß sie auch nicht ein Wort lesen konnte von dem Text, den sie selbst geschrieben hatte. Auch ihre Tochter war nicht in der Lage, das Geschriebene zu entziffern.

Sie übergab das Schriftmaterial an Norman Trevor, der nicht die geringsten Schwierigkeiten hatte, es zu lesen. Die seltsame Schrift war in Hindustani abgefaßt, einer Sprache, die er perfekt beherrschte, da er viele Jahre in Indien verbracht hatte. Die Botschaft stellte eine ausführliche und komplette Antwort auf sein Problem dar. Alle Beteiligten waren höchst erstaunt über die Wunder des rechten Denkens und die Art der Reaktion des Unterbewußtseins.

Meine Erklärung für diese außergewöhnliche Reaktion des Unterbewußtseins ist ganz einfach: Die hochgradig intuitiv begabte Josephine Wyndham versetzte sich in einen sehr entspannten, ruhigen, passiven, empfänglichen Bewußtseinszustand, der ein Zutagetreten des Unterbewußtseins und ein teilweises Eintauchen des Wachbewußtseins bewirkt. In dem Augenblick, als das Unterbewußtsein und das Wachbewußtsein miteinander Kontakt hatten, war sie auch *im Rapport* mit Norman Trevors Unterbewußtsein und hatte Zugang zu dessen Inhalt, einschließlich der Hindustani-Sprache. Da das Unterbewußtsein seiner Natur nach ›kompulsiv‹ (zwingend antreibend) ist, übernahm es die Kontrolle über ihre rechte Hand und schrieb in einer Sprache und auf eine Art, die ihn restlos überzeugen würden. Die Wirkungsweise des Unterbewußtseins übersteigt jedes Vorstellungsvermögen.

Wie sie ihr Unterbewußtsein aktivierte

In den meisten Ländern der Welt gehört es zu den Gepflogenheiten, am Jahreswechsel neue Vorsätze zu fassen. Mrs. Louise Barrows erzählte mir, daß sie am Sylvesterabend 1969/70 den Vorsatz faßte, eine Europareise zu unternehmen. Sie beauftragte ihr Unterbewußtsein, alles Erforderliche zu veranlassen. Sie bejahte wie folgt: »Meine beiden Jungen und ich werden im Sommer 1970 nach Europa fahren, in Göttlicher Ordnung. Ich akzeptiere diesen Gedanken jetzt verstandesgemäß und mein Unterbewußtsein sorgt für alles weitere.«

Im Februar 1970 fragte ein naher Verwandter bei ihr an, ob sie Lust hätte, zusammen mit ihren zwei Söhnen einen Urlaub in Europa zu verleben und dabei die Schweiz, Deutschland und Italien zu besuchen. Der Flug war bereits gebucht und alle Kosten bezahlt. Ihr Unterbewußtsein kannte den Weg zur Verwirklichung und wirkte auf das Bewußtsein des wohlhabenden Verwandten ein und veranlaßte ihn zu seinem Angebot. In anderen Worten: Er war das Instrument, durch das sich Geld und Gelegenheiten manifestierten. Ihr Denken war ein Befehl an ihr Unterbewußtsein, ihr dieses Verlangen zu realisieren.

Erfolgbringendes Denken (Gebet)

Ihr Gedanke ist Ihr Gebet. Wenn Ihr Verstand eine wohlerwogene schöpferische Idee akzeptiert hat und sie vertrauensvoll an das Unterbewußtsein weitergereicht hat, dann verfügt die Intelligenz Ihres Unterbewußtseins ihre Verwirklichung. Ihr Unterbewußtsein fungiert als Gesetz und produziert mit mathematischer Genauigkeit das Äquivalent Ihrer Idee in Ihren Erfahrungsbereich.

Rechtes Denken verhalf ihr zu vierzig Pfund Gewichtsabnahme

Eine junge Dame aus Wichita, Kansas, schrieb mir, daß sie sich nach der Lektüre von ›Die Macht Ihres Unterbewußtseins‹ entschlossen habe, dem Rat ihres Arztes zu folgen und 40 Pfund abzunehmen. Sie hatte bislang alle möglichen Diäten ausprobiert und Gewichtsverluste erzielt, nur um bald darauf wieder zuzunehmen. Nunmehr folgte sie jedoch den Anweisungen, die ich in meinem Buch gab: Vor dem Einschlafen gab sie ihrem Unterbewußtsein die richtige Anweisung: »Ich wiege 118 Pfund in Göttlicher Ordnung. Die Unendliche Intelligenz meines Unterbewußtseins akzeptiert dieses Verlangen und wird in entsprechender Weise tätig. Ich schlafe friedvoll und erfüllt von Göttlichem rechtem Handeln.«

Nach einer Woche ungefähr mußte sie zu ihrer großen Verwunderung feststellen, daß sie ihren sprichwörtlichen Appetit auf Süßigkeiten und stärkehaltige Produkte verloren hatte. Es bereitete ihr nun nicht mehr die geringsten Schwierigkeiten, die Gewichtsminderung herbeizuführen. Vorher hatte sie sich bei jeder Diät großen Zwang auferlegen müssen, um nicht einem übermächtigen Verlangen nach Eiskrem und andern Süßigkeiten nachzugeben.

Jeder, der behauptet: »Ich kann nicht abnehmen«, sagt in Wirklichkeit: »Ich will nicht abnehmen.« Alles, was Sie hier nämlich zu tun haben, ist, mit Ihrem Verstand zu einer glasklaren Entscheidung zu kommen, und Ihr Unterbewußtsein besorgt den Rest. Dann werden Sie sehr schnell feststellen, daß Sie nicht mehr das geringste Verlangen nach all den Nahrungsmitteln haben, die zu Ihrer Korpulenz beitrugen.

Sie sind der einzige Denker in Ihrem Universum

Sie haben es in der Hand, jeden konstruktiven Gedanken selbst auszuwählen — das ist Ihr Privileg. Sie treffen die Auswahl, fassen den Gedanken, halten ihn fest und nähren ihn mit Gefühl, im Wissen, daß eine Reaktion Ihres Unterbewußtseins zwangsläufig erfolgen muß. Die Weisheit Ihres Unterbewußtseins bearbeitet die von Ihnen erwählte Idee auf ihre einzigartige Weise.

Die Macht der Gedanken und Ihr Körper

Sie kennen die Wirkung von Furchtgefühlen auf Puls, Herz-schlag etc. Verlegenheit läßt erröten und Zorn und Ärger lassen Sie erbleichen. Das Haar manch eines jungen Mannes wurde über Nacht weiß nach irgendwelchen schrecklichen Erlebnissen. Unerwartete Nachricht vom plötzlichen Tod eines geliebten Menschen hat schon zu Erblindung und Taubheit geführt. Sorgegedanken wirken sich auf die Verdauung aus und können zu Magengeschwüren, Darmkatarrhen und anderen Krankheiten führen. Man braucht nur einen Blick in die Zeitungen und Magazine zu werfen, um zu sehen, welche verheerenden Folgen Haß, Neid, Eifersucht und Anspannung auf den Körper haben: Anämie, hoher Blutdruck, Herzstörungen und sogar Krebs.

Gebrauchen Sie die schöpferische Kraft mit Klugheit

Ihr Bewußtsein ist die einzig schöpferische Kraft in Ihrem Leben. Ihr Bewußtsein umfaßt alles das, was Sie denken, fühlen, glauben und gutheißen. Es ist die Ursache aller Ihrer Erfahrungen, Zustände und Begebenheiten in Ihrem Leben. Machen Sie nicht die äußere Welt zur Ursache — sie ist eine Wirkung.

Weigern Sie sich mit Bestimmtheit ein für allemal, irgendwelchen Äußerlichkeiten Macht zu verleihen. Kein erschaffenes Ding besitzt irgendwelche Macht. Der wissenschaftliche Denker macht niemals eine Wirkung zu einer Ursache. Der Schöpfer ist größer als seine Schöpfung. Der Denker ist größer als seine Gedanken, und der Künstler ist größer als sein Kunstwerk. Denken Sie Gutes und Gutes wird folgen; denken Sie negativ und Negatives wird folgen.

Denken und Gedanke — ihre wirkliche Bedeutung

Bei einem Vortrag, den ich voriges Jahr in Las Vegas hielt, stellte mir einer meiner Zuhörer die Frage: »Was ist Denken und Gedanke, und was ist eigentlich neu daran?« Ich erklärte ihm, daß Denken vergleichen bedeutet; d. h. ein Ding mit einem anderen zu vergleichen, eine Behauptung mit der anderen. Wenn der Verstand ausschließlich ›ja‹ sagen könnte, bestünde keinerlei Vergleichsmöglichkeit. Sie haben die Möglichkeit der Wahl zwischen zwei Dingen. Zu dem einen sagen Sie ›ja‹, zu dem anderen ›nein‹. Fragen Sie ›warum‹, dann suchen Sie eine Begründung. Erwägen heißt, dieses auswählen, jenes ablehnen. Und das wäre wiederum nicht möglich ohne die Fähigkeit des Geistes zur Annahme oder Ablehnung.

Die meisten Menschen denken nicht bewußt. Wir denken, wenn unser Geist sich den ewigen Wahrheiten Gottes widmet, wenn wir alle Furcht abweisen in dem Wissen, daß es eine allmächtige Kraft gibt, die auf unser Denken reagiert und das Gewünschte in Form bringt. Sie denken wirklich, wenn Sie diese Dinge mit Ihrem Verstand erwägen und alle negativen Vorstellungen als für das Haus Gottes ungeeignet befinden und an der Realität der Göttlichen Lösung festhalten. Wissend, daß eine universelle Weisheit auf Ihr Denken reagiert, wenn Sie frei von Furcht sind.

Diese Antwort schien ihn zufriedenzustellen, denn er sagte: »Ich habe nicht gewußt, was Denken ist — bis zu diesem Augenblick.«

Der Mensch ist Geist und immerfort
ergreift er das Werkzeug seines Denkens
und bringt hervor
tausend Freuden
oder tausend Plagen.

Zusammenfassung

1. Ihr Denken ist schöpferisch. Wenn Sie einen Gedanken fassen, dann setzen Sie latente Kräfte in Ihrem Innern frei. Jeder Gedanke hat das Bestreben, sich auszudrücken.

2. Durch ständige Wiederholung eines bestimmten Gedankenmusters mit Ihrem bewußten Verstand findet dieses Muster schließlich Eingang in Ihr Unterbewußtsein, das daraufhin tätig wird und auf seine ureigenste Weise die Verwirklichung herbeiführt. Ihre geistige Vorstellung ist eine Gedankenform in Ihrem Gemüt. Wenn Sie sich systematisch und regelmäßig die begehrten Dinge vorstellen oder sich gewünschte Tätigkeiten ausführen sehen, dann wird Ihr Unterbewußtsein allmählich diese mentalen Vorstellungsbilder in der Dunkelkammer Ihres Geistes entwickeln und zum Vorschein bringen.

3. Ihr Gedanke ist die gewaltigste Kraft in der Welt. Das Wort ist ein ausgedrückter Gedanke. Durch sein Wort kann ein Mensch über den Einsatz atomarer Energie verfügen. Der Mensch ist der Herrscher seiner selbst. Er muß über den Gebrauch der Kräfte entscheiden, die ihm zur Verfügung stehen.

4. Wenn Sie bejahen: »Jede Kenntnis, die ich benötige, wird mir unverzüglich zuteil werden«, dann wird Ihr Unterbewußtsein Sie mit Sicherheit vor Fehlern und Irrtümern bewahren. Eine junge Ärztin, die ihr Unterbewußtsein mit dieser Wahrheit impfte, sah im Traum, daß ihr Verlobter Beziehungen zu einer anderen Frau unterhielt. Sie löste daraufhin augenblickliche die Verlobung und stellte später fest, daß sie auf Göttliche Weise vor einem tragischen Fehler bewahrt wurde.

5. Es gibt viele außersinnlich begabte Menschen, die als ›außersinnlich selbsttätig‹ (Psychic automatists) bezeichnet werden.

6. Eine Mutter von zwei Teenagern faßte den Vorsatz, eine Europareise zu unternehmen, in dem Bewußtsein, daß die Außersinnliche Intelligenz ihr den geeigneten Weg eröffnen würde. Das Resultat: Ein wohlhabender Verwandter kam für alle Kosten auf und ermöglichte für sie und ihre beiden Söhne einen ausgedehnten Urlaub in Europa.

7. Gedanken der Furcht, Sorge, Anspannung und des Zornes machen sich bemerkbar an Ihrem Gesichtsausdruck, den Augen, dem Puls, dem Blutdruck oder einer Veränderung der Gesichtsfarbe. Sorgen, Haß, Eifersucht und Feindseligkeit sind die Ursachen vieler Krankheiten. Ihr psychisches Denken ist schöpferisch.

8. Bewußtheit ist die einzig schöpferische Kraft. Ihr Bewußtsein umfaßt Ihr gewohnheitsmäßiges Denken, Fühlen, Glauben, Ihre Überzeugung und alles, dem Sie bewußt zustimmen. Denken Sie Gutes und Gutes wird folgen.

9. Denken heißt vergleichen, d. h. ein Ding einem anderen bevorzugen. Ihr Verstand kann sowohl ›ja‹ als auch ›nein‹ sagen. Ihr Geist hat die Macht der Annahme und der Ablehnung. Sie denken erst wirklich, wenn Ihr Denken mit den ewigen Wahrheiten einhergeht. Emerson sagte: »Der Mensch ist, was er den ganzen Tag lang denkt.«

12

Wie Geheimnisse der Außersinnlichen Wahrnehmung zur Problemlösung eingesetzt werden

Eine Frau (nennen wir sie Mrs. Jones) sollte vor Gericht erscheinen, um ein Urteil entgegenzunehmen. Verständlicherweise war sie sehr erregt, nervös und besorgt. Ihre Stieftöchter hatten das Testament ihres verstorbenen Mannes angefochten und bewiesen ihr gegenüber eine feindselige Haltung.

Auch der Richter schien ihr nicht sonderlich wohlgesonnen zu sein, obgleich ihr Mann sie nur mit der Hälfte seines Vermögens bedacht hatte.

Auf meinen Rat hin wandte sie die folgenden Bejahungen an: »Ich weiß, daß die Unendliche Intelligenz uns alle führt und leitet. Sie führt meinen Anwalt, den Richter, den gegnerischen Anwalt und jeden, der mit diesem Fall befaßt ist. Ich bin mir bewußt, daß das Göttliche Gesetz der Harmonie höher ist als alles andere, und daß alles, was mir vererbt wurde, mir nach Göttlichem Gesetz und in Göttlicher Ordnung zukommt.«

Durch die praktische Anwendung dieser Wahrheiten — das wußte die Frau — würde sie die in ihrem Unterbewußtsein verankerten Wahrheitsprinzipien in Gang setzen und ihr würde in jeder Weise Gerechtigkeit zuteil werden.

Ihre Bildtechnik

Sie sagte sich: »Der Architekt verbildlicht einen Wolken-kratzer. Er macht sich ein geistiges Bild; er sieht ihn bereits fertiggestellt, so, wie er ihn haben will. Sein geistiges Vor-stellungsbild wird zu einem festgefügten Denkmuster, aus dem das fertige Gebäude schließlich hervorgeht.« Weiter be-jahte sie: »Der Richter ist absolut integer. Gott denkt, spricht und handelt durch ihn, und seine Entscheidung gründet sich auf Göttliches rechtes Handeln.« Sie verbild-lichte sich den Richter, wie er sagte: »Meine Entscheidung ist gerecht, in jeder Weise fair und im Einklang mit den Ab-sichten und Verfügungen des Verstorbenen.«

Sie sah (geistig) den Richter und hörte diese Worte wieder und wieder, solange bis ihr Bewußtsein von der Wahrheit ihrer Bejahung durchdrungen war. Diese Wahrheit fand ihren Widerhall im Unterbewußtsein des Richters, dessen Entscheidung genau diesen Bejahungen und damit den te-stamentarisch niedergelegten Absichten und Vorkehrungen ihres Mannes entsprach. Ihre bedingungslose Anerkennung des Prinzips des rechten Handelns machten den Neid und die Habsucht der beiden Stieftöchter für sie unwirksam. Auch Sie können Ihre Probleme zufriedenstellend lösen, indem Sie auf die gleiche Weise verfahren.

Wie Außersinnliche Wahrnehmung ihn von krankhafter Eifersucht kurierte

Ein Handlungsreisender gestand mir einmal, daß er erhebli-che Zweifel an der Treue seiner Frau habe, wenn er unter-wegs sei. Sie war eine attraktive Frau — jung und außerge-wöhnlich hübsch. Auf seinen Geschäftsreisen lebte er in konstanter Furcht, sie zu verlieren — daß sie sich einem jüngeren Mann, möglicherweise aus der Nachbarschaft, zuwenden würde. Vier bis fünf Mal am Tag rief er zu Hause an, was von seiner Frau nicht gerade als übergroßer Vertrauensbeweis angesehen wurde. Denn selbstverständlich konnte kein noch so ausgeklügelter Vorwand den wahren Grund für den jeweiligen Anruf verschleiern. Kein Wunder also, daß sie dieses Verhalten ihres Mannes schließlich unerträglich fand.

Ich erklärte ihm, daß die fundamentale Ursache seiner Eifersucht in einem Gefühl der Unsicherheit und Minderwertigkeit zu suchen ist.

Die angewandte Heilungstechnik

Mit den folgenden Bejahungen konnte er sich für immer von seiner zerstörenden Emotion heilen: »Göttliche Liebe vereint uns.« Das bejahte er zwei oder drei Mal täglich, wenn er auf Reisen war. Dazu entspannte er seinen Körper, wurde innerlich still und sah in seiner Vorstellung seine Frau vor sich. Er stellte sich dieses Bild sehr lebhaft vor, er spürte ihre Anwesenheit förmlich. Dann bejahte er still: »Göttliche Liebe vereint uns« und »Ich liebe dich von ganzem Herzen«. Er hörte ihre Antwort: »Ich liebe dich – du bist der einzige.« Diese Antwort hörte er in seiner Imagination immer wieder. Er hörte sie nicht nur, er fühlte sie förmlich. Jedesmal, wenn er versucht war zu Hause anzurufen, um zu kontrollieren, bejahte er sofort: »Göttliche Liebe vereint uns. Ich liebe sie, und sie liebt mich.«

Er spürte die Wahrheit dieser Worte in seinem Herzen, und er konnte beim Fahren die Stimme seiner Frau deutlich hören – unverkennbar in Klang und Timbre: »Ich liebe dich.« Nach einer Woche entdeckte er, daß Liebe wirklich die Furcht (und Eifersucht) austreibt.

Wie Tom seine Alpträume überwand

Ein Mann (nennen wir ihn Tom) rief mich an, wegen entsetzlicher Alpträume, denen er seit einer Woche Nacht für Nacht ausgesetzt war. Er wollte von mir wissen, wie er diesen Zustand überwinden könne. Er wußte, wie er mir versicherte, daß der Verursacher im Traum jedesmal der Träumer selbst ist, sei er nun Angreifer oder Angegriffener. Manchmal wurde er von wilden Tieren zerrissen, ein andermal von irgendwelchen Strolchen zusammengeschlagen und hilflos liegengelassen.

Ich erklärte ihm, daß seine Alpträume zweifellos eine Art Selbstbestrafungssucht darstellen und sicherlich aus Schuldgefühlen herrühren, die ihre symbolische Darstellung als die Raubtiere finden, die ihn angreifen. Er räumte ein, daß diese Angriffe von wilden Tieren und Strolchen etwas mit seinen Aggressionsgefühlen einer Frau gegenüber zu tun haben müssen, die seine Liebe zurückgewiesen und sich einem anderen Mann zugewandt hatte.

Seine Alpträume waren tatsächlich die Widerspiegelung seiner Empfindungen — von Haß, Feindseligkeit und unterdrücktem Zorn. Sie könnten als Ausbruch seines Gewissens bezeichnet werden. Sein Einblick in die Zusammenhänge, die seinen Zustand heraufbeschworen, überstieg das Wissen seiner fünf Sinne.

Die Technik, die er anwandte, um schreckliche Alpträume zu vertreiben

Nach meinen Anweisungen legte er sich flach auf den Rükken und stellte sich seine frühere Freundin und ihren Mann als strahlend, glücklich, fröhlich und frei vor. Er strahlte bewußt Liebe, Harmonie, Frieden und guten Willen auf beide aus, wobei er hörbar sagte: »Diese Gott-gleichen Schwingungen gehen von mir aus und finden ihren Widerhall in den Herzen beider Ehepartner. Die Begrenzungen von Zeit und Raum sind für das Unterbewußtsein nicht existent, deshalb finden die von mir ausgesandten Segnungen ihre Verankerung in den Herzen sowohl meiner früheren Freundin als auch ihres Ehemannes. Ich werde jetzt in Frieden schlafen. Gott gibt mir Frieden und Glücksgefühl, denn meine Seele ist von Gottes Liebe erfüllt.«

Diese Technik praktizierte er etwa zehn Minuten, und in dieser Nacht schlief er friedlich — zum ersten Mal seit langem. Seither hatte er keine Alpträume mehr. Sein Unterbewußtsein war unter Kontrolle seines Wachbewußtseins. Da er sein Unterbewußtsein mit leben-gebenden Denkmustern speiste, löschte er die negativen Schablonen aus. Liebe treibt die Furcht aus.

Ignorieren Sie niemals Ihre Träume

Jeder Mensch träumt, obgleich viele Menschen — für gewöhnlich die glücklichen, fröhlichen und freien — sich dessen nicht bewußt sind. Viele möchten ihre Traumerlebnisse nicht wahrhaben, weil sie unbewußt Geisteshaltungen offenbaren, die sie verdrängt hatten; sie neigen vielmehr dazu, ihre Feindseligkeiten und Ressentiments zu unterdrücken. Im Schlaf jedoch übernimmt das Unterbewußtsein das Kommando und dramatisiert seinen Inhalt. D. h., es kleidet die unterdrückten Vorstellungen in einen Handlungsablauf und protestiert damit lautstark gegen die ständige Zersetzung mit negativen und destruktiven Vorstellungen durch das jetzt schlafende Wachbewußtsein.

Wahr ist jedoch ebenfalls, daß unsere Träume uns eine beträchtliche Hilfe bieten, um übermäßigen Streß und aufgestaute Anspannungen abzubauen. Das geschieht in jedem Fall, gleichgültig ob wir uns eines Traumes bewußt sind oder nicht.

Das Unterbewußtsein ist allweise, und es ist ständig bestrebt, unsere angehäuften Emotionen abzutragen, während wir schlafen.

Alpträume und Schlaflosigkeit können überwunden werden. Erfüllen Sie Ihr Bewußtsein mit Gottes unvergänglichen Wahrheiten und meditieren Sie über diese Wahrheiten, nachdem Sie sich zur Ruhe begeben haben. Da Ihr Unterbewußtsein von den Anweisungen Ihres wachbewußten Verstandes abhängig ist, werden Sie in Frieden schlafen und freudig erwachen.

Wie Anns außersinnliche Kräfte die Situation am Arbeitsplatz harmonisierten

Eine junge Sekretärin in leitender Position (nennen wir sie Ann) hatte in ihrem Büro 20 Mitarbeiterinnen. Eines der Mädchen, Lucy mit Namen, bewies ihr gegenüber eine ausgesprochen feindselige Haltung und unternahm alles nur menschenmögliche, um ihr Schwierigkeiten jeglicher Art zu bereiten.

Darüber hinaus beschuldigte sie Ann, gegen sie intrigiert zu haben, da sie ihrer Meinung nach schon längst hätte befördert werden müssen. Einerseits widerstrebte es Ann, die Entlassung Lucys vorzuschlagen, da sie trotz ihrer negativen Charakterzüge eine außerordentlich fähige und tüchtige Mitarbeiterin war − andererseits wollte sie mögliche Beschwerden Lucys über vermeintliche Intrigen verhindern. Auf keinen Fall sollte bei der Direktion der falsche Eindruck entstehen, daß hier eine Mitarbeiterin systematisch benachteiligt würde.

Wie Ann die Hürde nahm

Auf meinen Rat hin setzte Ann sich eines Morgens still hin in ihrem Büro und las den 91. Psalm. Dann bejahte sie tiefempfunden und liebevoll: »Ich bin von der freiströmenden Liebe Gottes erfüllt. Mein ganzes Wesen ist von Göttlicher Liebe durchdrungen. Ich vergebe Lucy von ganzem Herzen. Der Geist in mir spricht zum Geist in Lucy, und es gibt nur Harmonie, Liebe und Verständnis zwischen uns. Jedesmal, wenn ich Lucy sehe und wir miteinander sprechen, umgebe ich sie mit einem Kreis des Lichtes und der Liebe.«

Ann praktizierte diese Technik tagsüber mehrmals. Am Ende des vierten Tages entschuldigte sich Lucy bei ihr für ihre renitente Haltung und versprach loyale Zusammenarbeit für die Zukunft. Anns Segnungen und Gebete hatten buchstäblich von der Seele Lucys Besitz ergriffen und sie wurden gute Freunde. Was Ann projiziert oder ausgesandt hatte, war zu ihr zurückgekommen. Wenn Sie Liebe und guten Willen aussenden, kehren sie zu Ihnen zurück. Aktion und Reaktion sind sich gleich.

Wie eine junge Dame Außersinnliche Wahrnehmung anwandte, um ihren lange verschollenen Vater aufzufinden

Vor einigen Wochen besuchte ich einen Ort (Ulu Maui) auf Hawaii. Dort werden von den Dorfbewohnern folkloristische Veranstaltungen vielfältigster Art geboten, traditionelles Kunsthandwerk ausgestellt und alte Zeremonien und Riten beschworen. Es heißt allgemein: »Wer diesen Ort nicht gesehen hat, hat Hawaii nicht gesehen.« Bei einem Mittagessen unterhielt ich mich mit einer jungen Dame am Nebentisch. Ich erzählte ihr, daß ich Material für mein neues Buch sammle und mir von meinem Hawaiibesuch in dieser Hinsicht viel verspreche, besonders von den Kahunas, den legendären Eingeborenenpriestern.

Darauf bot sie mir an, ihre Story zu verwenden. Sie sei sehr lebhaft und real. Das Folgende ist eine Zusammenfassung ihres Erlebnisses: Ihr Vater hatte sie und ihre Mutter verlassen, als sie noch ein zweijähriges Kind war. Offensichtlich hatten sie sich ständig gestritten. Er überließ der Mutter 25 000 Dollar für den Unterhalt und die Ausbildung des Kindes. Als die Tochter herangewachsen war und an der Universität von Hawaii in Psychologie promoviert hatte, entschloß sie sich, die Kräfte ihres Geistes anzuwenden, um ihren Vater ausfindig zu machen. Sie hatte den starken Wunsch, ihn endlich kennenzulernen.

Wie ihr die Bewußtheit eines Astralkörpers die entscheidende Hilfe brachte

Sie sagte: »Ich weiß, daß ich über einen verfeinerten, vierdimensionalen Körper verfüge, zuweilen auch Astralkörper genannt, denn ich habe mich schon manches Mal außerhalb meines Körpers befunden und dann sogar an fremden Ufern.« Sie betonte, daß ihr Astralkörper genau den Konturen ihres physischen Körpers entsprach.

Eines Abends vor dem Einschlafen instruierte sie ihr Unterbewußtsein auf die folgende Weise: »Du weißt, wo mein Vater zu finden ist. Ich weiß, daß du mein persönliches Erscheinen vor ihm bewirken kannst, wo immer er sich befindet, gleichgültig, ob er schläft oder wacht. Deine Intelligenz wird ihn finden, du bist mein inneres Radar. Ein Band der Liebe verbindet meinen Vater und mich. Er sehnt sich nach einem Wiedersehen, ebenso wie ich mich danach sehne. Das ist mein Auftrag für dich, und jetzt werde ich in Frieden schlafen.« Diese Worte sind die Essenz ihrer Instruktionen, die sie ihrem Unterbewußtsein übermittelte.

»Unmittelbar nach dem Einschlafen befand ich mich in einem Hotelzimmer in Sydney, Australien«, sagte sie. »Ich verfügte über einen Körper, der genau dem glich, den ich auf dem Bett in Honolulu zurückgelassen hatte. Und da sah ich meinen Vater, wie er sich den Mantel anzog, um zur Arbeit zu gehen. Er schien erschrocken und verstört zu sein, deshalb sagte ich zu ihm: ›Dad, ich bin Lisa, deine Tochter. Ich liebe dich. Komm zu uns zurück.‹ Er schien sprachlos vor Staunen und ich erinnere mich nur, daß er sagte, ja, ich komme! Dann fand ich mich wieder in meinem dreidimensionalen Körper auf dem Bett in meiner Wohnung in Honolulu.«

Die interessanten Folgen ihrer Astralreise

Lisa hatte ein vollkommenes Erinnerungsvermögen an alles, was sich während ihres Schlafes abgespielt hatte. Am folgenden Morgen erzählte sie ihrer Mutter, daß ihr Vater sich in Sydney aufhielt. Sie schrieb ihm dorthin und schilderte ihm ihre Astralreise. In seiner Antwort berichtete er von einer hübschen jungen Dame, die ihm erschienen sei und sich als seine Tochter zu erkennen gegeben habe. Er kündigte gleichzeitig seine Rückkehr nach Honolulu an. Es gab eine frohe Wiedervereinigung. Ihre Mutter empfing ihren lang verlorenen Ehemann mit offenen Armen.

Wie sie außerhalb ihres Körpers funktionierte

Vor dem Einschlafen gab Lisa ihrem Unterbewußtsein die Order, von seinem leitenden Prinzip zu ihrem Vater geführt zu werden. Daraufhin projektierte es ihre Persönlichkeit auf der Stelle im Astralkörper zum Aufenthaltsort ihres Vaters. Das Ganze geschah in einem einzigen Augenblick. Nach Uhrzeitbegriffen hatte sie noch keine fünf Minuten geschlafen. Sie war im Besitz aller ihrer Kräfte und machte vollen Gebrauch von ihnen. Sie konnte das Hotel genau wahrnehmen, seinen Namen und seine Adresse lesen, die Einrichtung des Zimmers zur Kenntnis nehmen, und sich ihrem Vater bemerkbar machen. Sie konnte sehen, hören und fühlen.

In anderen Worten: Sie konnte sich beweisen, daß sie nicht nur aus einem Körper bestand, sondern ein geistiges Wesen war bzw. ist, das befähigt ist, unabhängig von seinem physischen Organismus zu leben, zu handeln und sich fortzubewegen. Sie werden immer einen Körper haben, bis zur Unendlichkeit. Sie werden tatsächlich zu keiner Zeit ohne einen Körper sein, denn Sie befinden sich auf einer Reise ohne Ende.

Außersinnliche Wahrnehmung und der Mann aus Kalkutta, der seiner Tochter das Leben rettete

In Honolulu, wo ich dieses Kapitel schrieb, hatte ich ein sehr interessantes Gespräch mit einem alten Freund, den ich von Indien her kenne. Er hatte seit Jahren bereits Astralexkursionen und wanderndes Hellsehen betrieben. Seine Tochter, die in Honolulu studierte, war schwer erkrankt — es bestand kaum noch Hoffnung. Als man ihn in Kalkutta telegraphisch benachrichtigte, nahm er auf der Stelle eine Yoga-Pose ein und versetzte sich in einen passiven, empfänglichen Zustand. Er verbildlichte sich, daß sein vierdimensionaler (oder Astral-)Körper durch seinen Kopf austrete, ausgestattet mit allen seinen Anlagen. Und er gab seinem Unterbewußtsein die präzise, von tiefer Überzeugung getragene Anordnung: »Ich werde meiner Tochter auf der Stelle erscheinen und ihr Hilfe bringen.« Er wiederholte diesen Befehl etwa sechs Mal und fiel dann in tiefen Schlaf.

Unmittelbar darauf befand er sich am Bett seiner Tochter. Sie hatte geschlafen, wurde aber sofort wach und rief aus: »Dad, warum hast du mir nicht gesagt, daß du kommen würdest? Hilf mir!« Er legte seine Hand auf ihre Stirn und stimmte einige religiöse Phrasen an. Dann sagte er ihr: »In ein paar Stunden kannst du aufstehen. Dann bist du gesund.«

Sie erfuhr eine unmittelbare Heilung. Das Fieber begann sofort zu sinken und sie rief der Schwester zu: »Ich bin geheilt, ich bin gesund. Mein Vater war hier und hat mich geheilt!« Die Schwester glaubte an Wahnvorstellungen, aber die Untersuchung des diensthabenden Arztes bestätigte die erstaunliche Tatsache, daß sie vollkommen geheilt war. Den Besuch des Vaters aus Indien nahm ihr allerdings niemand ab.

Die Schwester konnte niemanden wahrnehmen

Die völlig verblüffte Schwester fragte sie: »Wie konnte Ihr Vater oder sonst irgend jemand durch verschlossene Türen hier hineingelangen? Ich habe niemanden kommen sehen.« Die Tochter versuchte den Sachverhalt zu erklären: »Mein Vater hat mich mit seinem Astralkörper besucht. Er hat seine Hand auf mich gelegt und mit mir gebetet.« Die Schwester meinte daraufhin: »Ich glaube nicht an Gespenster, Geistererscheinungen oder an Voodoo-Zauber.« Das Mädchen mußte einsehen, daß weitere Erklärungsversuche sinnlos sein würden.

Mein Freund sagte mir, daß er die ganze Astralreise bewußt erlebt habe. Trotz der riesigen Entfernung zwischen

Kalkutta und Honolulu und des Zeitunterschiedes war er nicht länger als zehn Minuten außerhalb seines physischen Körpers gewesen. Obgleich er Arzt von Beruf ist, hat mein Freund ein unerschütterliches Vertrauen in geistige Heilweisen und ist mit den verschiedenen Systemen und Schulen bestens vertraut. Er war sich bewußt, daß seine Anwesenheit seiner Tochter eine gewaltige Transfusion des Glaubens, Vertrauens und Mutes gab und ihr Unterbewußtsein stark beeinflußte. Ihnen geschah nach ihrem Glauben. Die Bibel sagt: *»Jesus aber sprach zu ihm: Wenn du könntest glauben; alle Dinge sind möglich dem, der da glaubt.«* (Markus 9:23)

Zusammenfassung

1. Bei gerichtlichen Auseinandersetzungen sollten Sie sich bewußt machen, daß die Unendliche Intelligenz am Werk ist, daß sie in allen Beteiligten wirksam ist, im Richter und in den Anwälten beider Kontrahenten. Lassen Sie sich von der Überzeugung durchdringen, daß das Göttliche Gesetz der Harmonie vorherrscht, und daß Ihnen in jeder Weise Gerechtigkeit zuteil wird.

2. Ein krankhaft eifersüchtiger Handelsvertreter, der seine Frau mit seinen fast stündlichen Kontrollanrufen zur Verzweiflung gebracht hatte, heilte sich selbst durch zeitweilige Stilleperioden tagsüber, wenn er unterwegs war. Er konnte die negativen Denkschablonen in seinem Unterbewußtsein ausradieren, die auf Unsicherheits- und Furchtgefühle zurückgingen, und damit seine Eifersucht überwinden.

3. Alpträume können gewöhnlich auf Schuldgefühle zurückgeführt werden, eine Art Selbstbestrafungssucht. Sie

gründen sich auf verdrängte Ressentiments, Feindseligkeiten und unterdrückte Zorngefühle. Da Ihr Unterbewußtsein der Kontrolle Ihres wachbewußten Verstandes unterliegt, brauchen Sie, um sich selbst und anderen zu vergeben, nur Ihr Unterbewußtsein vor dem Einschlafen mit den lebensspendenden Denkmustern von Liebe und Harmonie anzufüllen. Dann werden Sie friedlich schlafen und froh erwachen.

4. Jeder Mensch träumt. Ihr Traum ist der in einen Handlungsablauf gefaßte Inhalt Ihres Unterbewußtseins — eine Art mentales Fernsehprogramm. Ihre Träume können Ihnen helfen, übermäßige Anspannungen und Besorgnisse zu lösen. Jeden Abend, nachdem Sie sich niedergelegt haben, erfüllen Sie Ihr Bewußtsein mit den ewigen Wahrheiten Gottes, und Sie werden alles aus Ihrem Unterbewußtsein hinausdrängen, was nicht Gott-gleich ist.

5. Wenn Sie Schwierigkeiten mit einem renitenten und feindseligen Mitarbeiter haben, dann bringen Sie Ihr Gemüt von Zeit zu Zeit zur Ruhe und bejahen unerschütterlich: »Die freiströmende Liebe Gottes durchdringt mein ganzes Wesen. Der Geist in mir grüßt den Geist in ... und es gibt nur Harmonie, Liebe, Frieden und Verständnis zwischen uns.« Wann immer Sie die andere Person sehen oder mit ihr sprechen, bejahen Sie im stillen: »Ich umgebe dich mit einem Kreis der Liebe und des Lichtes.«

6. Ein junges Mädchen mit Erfahrungen außerhalb ihres Körpers gab ihrem Unterbewußtsein den Auftrag, ihren verschollenen Vater zu finden, der ihre Mutter verlassen hatte, als sie zwei Jahre alt war. Daraufhin fand sie sich in ihrem Astralkörper in ein Hotelzimmer in Sydney, Australien, versetzt. Dort gab sie sich ihrem Vater zu erkennen und bat ihn

zurückzukehren. Dieser hatte zunächst an eine gewöhnliche Erscheinung geglaubt, fand aber dann die Bestätigung, daß es sich um seine Tochter gehandelt hatte. Es gab dann eine frohe Wiedervereinigung mit Frau und Tochter.

7. Sie besitzen einen verfeinerten Körper, zuweilen auch Astralkörper genannt. Er ist ein genaues Abbild Ihres grobstofflichen Körpers, operiert jedoch auf einer wesentlich höheren Schwingungsfrequenz unabhängig von Zeit und Raum und kann verschlossene Türen durchdringen.

8. Viele Menschen sind imstande, aus ihrem Körper auszutreten und Astralwanderungen zu unternehmen. Sie verfügen über alle ihre Anlagen, können sehen, hören, fühlen und sind in der Lage, mit anderen zu reden und ihre Umgebung zu beschreiben. Sie können sogar schwere Gegenstände bewegen. Ebenso können sie jederzeit einen Richtungswechsel vornehmen durch die entsprechenden Weisungen an das Unterbewußtsein, das jederzeit bedingungslos gehorcht.

9. Ein in Indien lebender Vater befahl seinem Unterbewußtsein, ihn an das Bett seiner schwerkranken Tochter in Indien zu projizieren. Er legte seine Hand auf ihre Stirn und betete. Sie erfuhr daraufhin eine bemerkenswerte Heilung.

13

Wie Sie durch Außersinnliche Wahrnehmung zu wachsendem Wohlstand gelangen

Um sich das Gesetz der Fülle bewußt zu machen, brauchen Sie nur die geradezu verschwenderische Üppigkeit und Großzügigkeit der Natur zu beobachten. Dann werden Sie zu keinem anderen Schluß kommen, als daß die Natur verschwenderisch, extravagant und freigiebig ist. Bedenken Sie zum Beispiel, daß, wenn Sie Saatkörner in den Boden geben, diese vervielfacht hervorkommen, zehnfach, hundertfach, tausendfach. Wenn Sie eine Eichel ansehen, dann blicken Sie auf einen potentiellen Wald.

Wie ein Geschäftsmann begriff, daß grenzenloser Reichtum für ihn vorhanden war

Ein Geschäftsmann in Hilo, an der Westküste der Hauptinsel von Hawaii, berichtete mir von einem interessanten Erlebnis, das entscheidend zur Überwindung seines Armutskomplexes beigetragen hatte. Eines Tages, als er wieder einmal hin und her überlegte, wie er alle die Rechnungen bezahlen sollte, die sich in seinem Laden zu einem stattlichen Packen angesammelt hatten, fiel sein Blick nach draußen, wo es in Strömen regnete, oder besser gesagt, in Strömen

goß. Sofort kam ihm der Gedanke: »Gottes Reichtümer fließen mir zu wie der Regen, der so reichlich vom Himmel
fällt.« Dieses Gedankenbild behielt er im Sinn, etwa eine
halbe Stunde lang. Auf einmal hatte er das seltsame Gefühl,
daß Gottes Reichtümer die ganze Atmosphäre um ihn
herum erfüllten — übersinnlich, geistig und materiell, —
und ein wundervolles Gefühl des Friedens überkam ihn.
Von da an nahm die Zahl der Kunden täglich zu und sein
Umsatz stieg derart an, daß er zwei zusätzliche Verkäuferin-
nen einstellen mußte. Auch dieser Vorgang hat eine recht
einfache Erklärung: Als er meditierte und sich Gottes
Reichtum verbildlichte, der ihm in Strömen zufloß wie der
Regen, hatte er mit diesem Gedanken sein Unterbewußtsein
durchtränkt, das entsprechend reagierte und das Bejahte auf
wunderbare Weise in die Wirklichkeit umsetzte. Wie er mir
sagte, hatte er sich seither niemals wieder Sorgen um seine
Finanzen gemacht. Geldmittel zirkulieren frei und ungehindert in seinem Leben. Auf seinem Schreibtisch hat er ein
kleines Schild angebracht mit der Aufschrift: »*Ich will euch
Brot vom Himmel regnen lassen.*« (Exodus 16:4)

Ihre unsichtbare Versorgung

Ein junger Millionär, der manchmal zu meinen Vorträgen
kommt, sagte mir einmal, die Schwierigkeit mit den meisten
seiner Bekannten sei die Tatsache, daß sie kein Wohlstandsbewußtsein entwickeln. Sie haben keine Ahnung, wie sie die
Schatzkammer ihres Unterbewußtseins aufschließen können, wo unbegrenzte Reichtümer lagern. Deshalb kann das
Gesetz der Fülle in ihrem Leben nicht wirksam werden. Sie
beherbergen ein unerschöpfliches Reservoir in ihrem Innern, aus dem alles hervorgeht. Sie können es anzapfen und
reich werden.

Sie gründete ihren Erfolg auf Service

Eine sehr erfolgreiche Frau, die mehrere gutgehende Schönheitssalons betreibt, erzählte mir, daß sie ihr erstes Geschäft unter großen Schwierigkeiten eröffnet hatte. Dessen ungeachtet, war sie entschlossen, ihrer Kundschaft den bestmöglichen Service zu gewähren. Gleichzeitig hatte sie ein inneres Gefühl der Einheit mit der Göttlichen Quelle. Sie war sich bewußt, daß harte Arbeit allein den Erfolg nicht gewährleistet. Wichtiger noch war die Arbeit im Inneren ihres Bewußtseins. Ihr ständiges Gebet setzte sich aus den folgenden großen Wahrheiten zusammen: *»Bewährten Sinn bewahrst du in Frieden, weil er auf dich vertraut.«* (Jesaja 26:3) *»In Stillehalten und Vertrauen besteht eure Stärke.«* (Jesaja 30:15) *»Sei stille dem Herrn und harre auf ihn.«* (Psalm 37:7) *»Befiehl dem Herrn deine Wege und vertraue ihm, er wird's wohl machen.«* (Psalm 37:5)

Sie stellte sich geistig auf diese ewigen Wahrheiten ein. Sie wurden zu einem Teil ihres inneren Selbsts und fanden schließlich ihren Ausdruck in dem hervorragenden Service, den sie bot. Seither wurde sie von der Welle des Wachstums, des Sieges und der Errungenschaften von Erfolg zu Erfolg getragen.

Das Gesetz des Seins ist Überfluß

Wenn Sie sich umschauen, dann wird es für Sie offensichtlich, daß die unendliche Schatzkammer die gesamte Natur mit verschwenderischer Fülle ausgestattet hat. Das Gesetz des Lebens ist Überfluß – nicht Mangel. Sobald Sie sich die geistige und außersinnliche Basis – das Wohlstandsbewußtsein – geschaffen haben, werden Sie in der Lage sein, Ihr Leben zu verändern und mit den Reichtümern des

Unendlichen in Berührung kommen. Und dies im Bewußtsein und im äußeren Leben.

Bedenken Sie, daß Ihr Gedanke Form annimmt. Im inneren Bereich Ihres Wesens, und dies kann von einem sensitiven oder hellsichtigen Menschen sogar gesehen – auf jeden Fall aber gespürt werden. Armutsgedanken führen zur Erfahrung von Armut und bedrückenden Zuständen. Andererseits gibt es überall Menschen, die es sich zur Gewohnheit gemacht haben, Gedanken der Fülle, der Wohlhabenheit und der Sicherheit zu denken. Diese Menschen scheinen förmlich umgeben zu sein von den Dingen, die sie sich wünschen. Das Geheimnis ihres Erfolgs liegt in ihrer Gewohnheit, die Gedanken des Mangels und der Begrenzung durch solche der Fülle und des Überflusses zu ersetzen. Für sie ist die unendliche und unerschöpfliche Versorgung mit Gottes Reichtümern schlicht und einfach eine Tatsache. Ändern Sie Ihre Gedanken, und *halten Sie sie geändert.* Verbildlichen Sie sich die Reichtümer des Unendlichen – sehen und fühlen Sie sie als eine greifbare Tatsache in Ihren Erfahrungsbereich einströmen, und gewaltige Veränderungen werden in Ihrem Leben stattfinden.

Mietrückstände und überzogenes Konto – wie er diese deprimierenden Zustände überwand

Vor einigen Monaten hielt ich in Laguna Beach, Kalifornien, einen Vortrag über das Gesetz des Überflusses. Nach dem Vortrag suchte mich ein Mann in meinem Hotel auf. Er war zutiefst beunruhigt. Er hatte schwere finanzielle Probleme. Er war soweit gekommen, daß er seine Lebensversicherung beleihen mußte, um wenigstens einige der vielen offenen Rechnungen bezahlen zu können. Mit der Miete war er seit drei Monaten im Rückstand, und sein Portemonnaie war leer. Seine Frage lautete klipp und klar: »Wie kann ich der unendlichen Quelle vertrauen, wenn ich völlig pleite bin?«

Ich erwiderte, daß es auf jede Frage eine Antwort gebe und eine Lösung für jedes Problem. Die Antwort auf sein Problem war, der biblischen Weisung zu folgen: »*Trachtet zuerst nach dem Reich Gottes und nach seiner Gerechtigkeit, so wird euch das alles zufallen.*« (Matth. 6:33) Das bedeutet nichts anderes, als daß Sie alle Kräfte und alle Macht der Gottesgegenwart in sich haben. Sie müssen *beanspruchen,* was Sie haben wollen, es im Denken und Fühlen als *bereits vorhanden* in Besitz nehmen — die Erfüllung also im Geist vorwegnehmen, das Ganze als bereits vollendete Tatsache akzeptieren, die Wirklichkeit des Bejahten spüren, und Ihr Unterbewußtsein geht unverzüglich ans Werk, um das ihm Aufgeprägte Wirklichkeit werden zu lassen.

Ich machte ihm klar, daß Wohlstand, Gesundheit, Seelenfrieden, Erfolg etc. zunächst Bewußtseinszustände sind, und daß eine Idee — sei es eine Erfindung, ein Buch, ein Bühnenstück, eine neue Bürotechnik oder was auch immer — unter Umständen eine Million Dollar wert sein kann oder mehr. ›Gerechtigkeit‹ steht in der Bibel für ›rechtes Denken‹. Es bedeutet richtige Anwendung des Gesetzes — rechtes Denken, rechtes Fühlen, rechtes Handeln. Wünschen Sie allen Menschen nur das Beste. Sehen Sie Überfluß in allen Dingen, für alle Menschen.

Er begann einzusehen, daß eine Änderung seiner Geisteshaltung die Lösung seines Problems bringen würde. Ich gab ihm eine verblüffend einfache Formel zur Überwindung seiner dunklen, depressiven Stimmung und zur Aktivierung der latenten Kräfte in seinem Innern. Die folgenden Worte sollte er dreimal täglich eine halbe Stunde lang laut vor sich hin sprechen: »Reichtum, Erfolg, Sieg, Jubel!« Er fing noch am gleichen Tag damit an und legte nach besten Kräften alles Gefühl und alle Begeisterung, die er zur Verfügung hatte, in diese Worte.

Nach und nach fühlte er sich innerlich aufgerichtet. Er spürte, daß diese Worte, wenn sie mit aller Hingabe gesprochen wurden, alle Kräfte und Wirksamkeiten seines Unterbewußtseins aktivierten und lebendig machten.

Nachdem sein Bewußtsein fest in diesen Wirklichkeiten und Wahrheitsprinzipien verankert war, begannen die Umstände sich zu verändern. Einige Wochen vergingen, ohne daß sich etwas Bemerkenswertes ereignet hätte, abgesehen von der Tatsache, daß ihm einige enge Freunde ein paar tausend Dollar vorschossen, um ihn über die Runden zu bringen. Etwa einen Monat später jedoch kam die Lösung: Einer seiner Freunde, die ihm finanziell ausgeholfen hatten, hatte ihm gleichzeitig ein irisches Sweepstake − ein Lotterielos − überlassen. Zu seinem größten Erstaunen gewann er eine größere Summe, die alle seine finanziellen Probleme löste. Sein Unterbewußtsein kannte die Antwort. Er vertraute seinen inneren Kräften, und ihm geschah nach seinem Glauben.

Eine wirksame Technik für Erfolg und Wohlstand

Manch einer sagt: »Wenn ich Erfolg bejahe, während ich ein offensichtlicher Versager bin, oder wenn ich behaupte, wohlhabend zu sein, aber in Wirklichkeit pleite bin, dann mache ich mir doch nur etwas vor. Die Dinge scheinen sich obendrein noch zu verschlechtern und ich erfahre das genaue Gegenteil dessen, was ich bejahe oder für wahr erkläre.«

Der Grund für diese Erscheinung ist recht einfach. Der Glaube an Mangel, Mißerfolg und Begrenzung dominiert nach wie vor in Ihrem Unterbewußtsein. Da Sie noch nicht wissen, wie Sie mit den Reichtümern des Unendlichen in Kontakt kommen, bringen Sie mit jeder Wohlstandsbejahung den Gedanken an Mangel zum Vorschein. Die Arbeitsweise Ihres Bewußtseins ist Ihnen noch weitgehend unbekannt.

Für diejenigen, die selbstkritisch genug sind, diesen Mangel an Verständnis zu erkennen, habe ich eine simple Prozedur parat. Ich frage sie: »Glauben Sie an Reichtum? Glauben Sie, daß unendliche Reichtümer existieren und dem Unendlichen nichts mißlingen kann, daß er allmächtig ist und sich ihm daher nichts entgegenstellen kann? Erfolg ist daher ein Lebensprinzip. Gehen Sie mal die Straße entlang oder fahren Sie hinaus ins Grüne. Alles, was Sie da sehen, ist Überfluß, entweder von Menschenhand oder von Gott geschaffen. Alle erschaffenen Dinge waren zuerst Gedanken, Ideen — entweder der Menschen oder Gottes.«

Ich stelle dann zwei Worte heraus. Zwei Worte, die nicht bloße Abstraktionen sind, sondern Worte (ausgedrückte Gedanken), die eine gewaltige Kraft in sich tragen, da sie in direkter Beziehung stehen zu der unerschöpflichen Macht und Weisheit des Unendlichen. Die ständige Wiederholung dieser beiden Worte ›Erfolg, Reichtum‹, langsam, ruhig, fühlend und wissend, mehrmals am Tag, schafft Ihr Ego aus dem Weg und beseitigt jeglichen Widerstand des Verstandes und des Unterbewußtseins, weil Sie der unbestreitbaren Tatsache zustimmen, daß Überfluß, Reichtum und Erfolg auf jeder Ebene wahrgenommen werden können.

Wenn Sie ganz bestimmte konstruktive Worte anwenden — Worte, die die ewigen Wahrheiten Gottes ausdrücken —, dann wird Ihr Bewußtsein in der einzigen Gegenwart, Ursache, Macht und Substanz verankert und Resultate stellen sich ein. Wenden Sie diese Bejahungen regelmäßig, systematisch, unter ständiger Wiederholung an, und Sie werden entdecken, daß Sie sich auf einem zuverlässigen, wissenschaftlichen Weg befinden. Bedenken Sie — es ist Ihre geistige Einstellung, die zu überwinden ist, nicht die Umstände. Wenn Sie die richtige Geisteshaltung besitzen, werden sich alle Dinge in Ihrem Erfahrungsbereich — Zustände, Begebenheiten, finanzieller Status — automatisch richtigstellen.

Ein Geschäftsmann stellte fest, daß der Reichtum nicht zu ihm, sondern von ihm strömte

Ein Geschäftsmann beklagte sich bei mir, daß die Einnahmen seines Konkurrenten in der gleichen Straße dreimal so hoch seien wie seine. Dabei sei dessen Laden wesentlich kleiner. Er könne das nicht verstehen, denn er arbeite sehr hart und sei von früh bis spät im Geschäft. Dieser Mann hatte die Angewohnheit, seine mageren Resultate ständig mit denen anderer zu vergleichen und hatte damit gewisse Neidgefühle und Ressentiments heraufbeschworen.

Ich machte ihm klar, daß er sich selbst großen Schaden zufügte, dadurch, daß er solchen Gedanken des Neides und der Mißgunst in seinem Bewußtsein Raum gab. Solche Gedanken bewirkten letztlich, daß sich das ihnen Gemäße im Äußeren manifestiert und das kann seiner Natur nach nur negativ sein. Er war demnach selbst die Ursache seiner Mangelerscheinungen, denn sein negatives Denken, seine Minderwertigkeitsgefühle blockierten sein Wachstum und seine Ausdehnung in jeder Weise. Solange er in dieser Geisteshaltung verharre — so erklärte ich ihm — würde der Reichtum ihm entfliehen und nicht zuströmen.

Das Heilmittel war recht einfach. Alles, was er zu tun hatte, war, seine Einstellung zu ändern und seinen sogenannten Konkurrenten zu segnen, und ihm sogar noch größeren Erfolg und Wohlstand zu wünschen. Er sah das ein und betete wie folgt: »Ich erkenne Gott als meine unmittelbare und dauernde Versorgung. Gottes Reichtum strömt mir zu in Lawinen des Überflusses, und ich werde göttlich geführt, um jeden Tag noch besseren Service zu bieten. Ich weiß, daß Gott auch meinem Kollegen in der Nachbarschaft Wohlstand zuteil werden läßt und ich wünsche ihm aufrichtig alle Segnungen des Lebens.« Sobald ihn ein Neidgedanke überfallen wollte, bejahte er sofort: »Gott macht dich reich.« Nach einiger Zeit hatten die Neidgedanken ihre Antriebskraft eingebüßt, und er selbst begann wohlhabend zu werden – selbst seine kühnsten Vorstellungen wurden noch übertroffen. Dieser Mann hatte eingesehen, daß die Ursache seiner angespannten Finanzlage und der damit einhergehenden unerfreulichen Umstände in seinem Bewußtseinszustand zu suchen war. Wenn wir alle Menschen segnen, deren Erfolg und Wohlstand uns stört oder unseren Neid erregt, und wir ihnen noch mehr Erfolg und Wohlstand wünschen, dann heilen wir unser Bewußtsein und öffnen die Tür für das Einströmen der Reichtümer des Unendlichen.

Aus der Fülle Ihres Herzens können Sie die Gaben der Liebe, des Lichtes, der Freude, des Erfolgs und des guten Willens an alle ausströmen lassen und Sie werden entdekken, daß Sie selbst gesegnet werden, sobald Sie andere segnen und jedes Gefühl des Neides, der Minderwertigkeit und der Armut überwunden ist.

Der magische Schlüssel zu Wohlstand und Aufstieg

Rückblickend auf viele Jahre als Lebensberater kann ich die Feststellung machen, daß alle Menschen, die sich bei mir beklagten, weil sie in ihrem Beruf nicht weiterkämen und zu wenig Geld verdienten, eines gemeinsam hatten: Sie alle hatten die Angewohnheit, andere, die auf der beruflichen

Leiter höhergestiegen waren, zu verurteilen und die übrigen Mitarbeiter mit allen möglichen Attributen zu belegen. So waren die einen eiskalt, abgebrüht oder skrupellos, während andere sogar mit ›Gangstermethoden‹ arbeiteten. Sie konnten nicht erkennen, daß nichts so destruktiv ist wie diese Einstellung. Sie ist die sicherste Methode, einen beruflichen Aufstieg zu verhindern. Sie richten, kritisieren, verurteilen und blockieren den Fluß des Guten. Nach meinen Erfahrungen lassen diese Menschen ihr Gutes wie Wohlstand, Anerkennung und Reichtum regelrecht zwischen ihren Fingern zerrinnen und blockieren ihre eigene Entwicklung — außersinnlich, geistig und finanziell.

Das sichere Heilmittel in all diesen Fällen war, sie dazu anzuleiten, alle Menschen in ihrer Umgebung zu segnen und ihnen Wohlergehen in jeder erdenklichen Weise zu wünschen. Diese Haltung beseitigte das wirksame Hindernis, das ihrer eigenen Weiterentwicklung im Wege stand. Indem sie andere segneten, öffneten sie auch für sich selbst die Reichtümer des Unendlichen und brachten das Göttliche Gesetz der Fülle zum Fließen. Wer anderen Gutes wünscht, wünscht es damit auch für sich selbst. Denken Sie an die alte Hindu-Maxime: »Das Schiff, das zu meinem Bruder heimkehrt, kehrt zu mir heim.«

Zusammenfassung

1. Um sich das Gesetz der Fülle in seiner vollen Bedeutung bewußt zu machen, braucht man nur die verschwenderische Natur zu betrachten. Die Natur ist üppig, extravagant und äußerst freigiebig. Meditieren Sie über den Überfluß in der Natur, und Sie werden mit den Gedanken an unbegrenzte Fülle vertraut und können sie damit in Ihrem Leben verwirklichen.

2. Eine Technik, um Reichtümer in Ihr Leben zu bringen, ist regelmäßig zu bejahen: »Gottes Reichtümer strömen mir zu, wie der Regen vom Himmel.« Ständige Wiederholungen haben zur Folge, daß Ihr Unterbewußtsein mit dem Gedanken an Reichtum durchtränkt wird.

3. Die meisten in schwierigen Umständen lebenden Menschen sind nicht fähig, ein Wohlstandsbewußtsein zu entwickeln. Sie können sich nicht vorstellen, daß die Schatzkammer des Unendlichen sich in ihrem Innern befindet.

4. Die Besitzerin mehrerer Schönheitssalons hatte entdeckt, daß der Schlüssel zu ihrem außerordentlichen Erfolg in ihrem Bestreben lag, ihrer Kundschaft den bestmöglichen Service zu bieten. Sie tat ihr Bestes im Äußeren, arbeitete jedoch ebenso intensiv innerlich, um die Voraussetzungen für den äußeren Erfolg zu schaffen. Sie wußte, daß das Innere das Äußere beherrscht.

5. Das Gesetz des Lebens ist Überfluß, nicht Mangel. Ihre Gedanken haben Form, Umriß und Substanz. Wenn Sie mit Glauben und Überzeugung aufgeladen sind, finden sie ihren Ausdruck in den äußeren Umständen. Ihre Gedanken der Fülle, Harmonie, Sicherheit und der Reichtümer des Unendlichen werden sich in Ihrem Leben manifestieren — vorausgesetzt, Sie ändern Ihr Denken und halten es geändert.

6. Es gibt einen Ausweg aus jedem Problem, und auf jede Frage eine Antwort. Was Sie auch immer erstreben — Sie müssen sich zunächst in die geheime Kammer Ihres Geistes zurückziehen und dort das beanspruchen, was Sie haben wollen. Sie müssen fühlen, daß Sie jetzt das sind, was Sie sein wollen — daß Sie jetzt das besitzen, was Sie haben wol-

len und Ihr Unterbewußtsein wird Ihnen das wiedergeben, was Sie als wahr annehmen. Das Reich Gottes ist das Reich der Unendlichen Intelligenz und der Unendlichen Macht in Ihrem Innern. Sie tragen die Reichtümer des Unendlichen bereits in sich. Sie brauchen Ihr Erbteil nur zu beanspruchen, das Ihnen von Anbeginn aller Zeiten gehört.

7. Häufige Wiederholung der Worte ›Reichtum, Erfolg, Sieg, Jubel‹ wird diese Eigenschaften und Kräfte in Ihrem Innern aktivieren. Ihr Unterbewußtsein wird alle notwendigen Kräfte freisetzen und Wunder werden geschehen in Ihrem Leben. Die Möglichkeiten Ihres Unterbewußtseins übersteigen jedes Vorstellungsvermögen. Das Geld, das Sie benötigen, kann auf vielfältige Weise zu Ihnen gelangen — durch Erbschaft, Lotteriegewinn oder durch eine Idee, die sich zu Geld machen läßt.

8. Um einen eventuellen Widerspruch Ihres Unterbewußtseins auszuschalten, sagen Sie nicht: »Ich bin reich, ich bin erfolgreich, ich bin glücklich« etc., sondern gebrauchen Sie die einfachen Worte ›Reichtum, Erfolg, Glück‹. Diese Worte tragen als Gedankenausdrücke ihre eigene Mechanik in sich und aktivieren durch Wiederholung diese noch schlummernden Kräfte in Ihrem Unterbewußtsein. Dadurch werden Sie veranlaßt, diese Qualitäten zum Ausdruck zu bringen, denn das Gesetz des Unterbewußtseins ist Zwang.

9. Neid, Habsucht, Geiz und Ressentiments machen Sie ärmer, denn hier handelt es sich um sehr negative Gedanken des Mangels und der Begrenzung. Sie sind der Denker in Ihrem Universum; daher ziehen Sie durch diese Denkweise nur noch mehr Mangel, Begrenzung und unerfreuliche Umstände in Ihr Leben. Strahlen Sie Gedanken der Liebe, des

Friedens, Wohlstands und Erfolgs aus auf alle Menschen in Ihrem Lebensbereich — in dem Wissen, daß Sie das, was Sie anderen wünschen, auch für sich selbst verwirklichen. Liebe ist des Gesetzes Erfüllung — des Gesetzes von Erfolg, Wohlergehen und Überfluß. Liebe ist guter Wille für alle Menschen.

10. Erkennen Sie Gott als die unmittelbare und unerschöpfliche Quelle Ihres Guten. Erklären Sie, beanspruchen Sie, machen Sie geltend, daß Gottes Reichtümer fortwährend in Ihrem Leben zirkulieren und Wohlstand wird Ihnen zuströmen in Lawinen des Überflusses.

11. Kritik, Verurteilung, Neid und Eifersucht blockieren den Zustrom von Gottes Reichtümern. Machen Sie sich statt dessen zu einem Kanal, durch den die Segnungen des Unendlichen zu anderen ausströmen, besonders zu jenen, die Ihren Neid erregt haben. Und Sie haben damit das Tor für den Zustrom Ihres eigenen Guten weit geöffnet.

14

Die Wunder einer disziplinierten schöpferischen Imagination (Vorstellung)

Die großen Denker aller Zeiten haben die Imagination als den Grundstein bezeichnet, auf den sich jeder Erfolg im Leben aufbaut. Hier sind einige Zitate:

In der einen oder anderen Form sind wir alle imaginativ, denn Vorstellungen sind die Brut des Wunsches

Georg Eliot

Imagination beherrscht die Welt

Napoleon

Eine Seele ohne Imagination ist wie ein Observatorium ohne Teleskop

H. W. Beecher

Denken überzeugt; Fühlen festigt die Überzeugung. Wenn Imagination die Fakten mit Flügeln versieht, dann ist Gefühl der große, starke Muskel, der die Flügel betätigt und sie vom Boden erhebt. Denken sieht die Schönheit; Emotion fühlt sie

Theodor Parker

Imagination, die Vorstellung — die schaffende Kraft; allen vertraut, welche die Gabe des Träumens besitzen

I. R. Lowell

Imagination bewegt alles; sie erschafft Schönheit, Gerechtigkeit und Glück — und das schließt alles in sich ein

Pascal

Imagination ist das Auge der Seele

Joubert

Des Dichters Auge sieht vom Himmel zur Erde, von der Erde zum Himmel, und wie die Imagination die Form der unbekannten Dinge einkörpert, so formt sie des Dichters Feder, und gibt einer eitlen Nichtigkeit Wohnung und Name

Shakespeare

Imagination ist mächtiger als Wissen

Albert Einstein

Im Lexikon wird der Begriff Imagination definiert als das Formen geistiger Vorstellungen und Konzepte dessen, was den Sinnen nicht direkt gegenwärtig und greifbar ist. Imagination ist danach Ihre Befähigung, allen Schwierigkeiten zu begegnen und sie zu lösen; sie ist Selbsthilfe und überhaupt der Ausgangspunkt jedes Erfolges.

Imagination ist eine der primären Anlagen Ihres Geistes, und wie jede andere Kraft kann sie entweder auf konstruktive oder auf destruktive Weise betätigt werden. Die Resultate werden mit mathematischer Genauigkeit Ihren geistigen Vorstellungsbildern entsprechen. In diesem Kapitel wollen wir uns jedoch ausschließlich mit disziplinierten, kontrollierten und Göttlich geführten Imaginationen befassen.

Wie sie das Unmögliche möglich machte

Vor einigen Monaten hatte ich ein langes Telefongespräch mit einer Frau in Georgia – nennen wir sie Mrs. X. Sie hatte ihr Haus zum Verkauf angeboten, aber wegen der hohen monatlichen Belastungen und des relativ hohen Kaufpreises hatte jeder Interessent sofort abgewinkt, ohne das Haus überhaupt gesehen zu haben. Ihr Mann war kurz zuvor verstorben, und sie lebte allein in dem großen Haus und sah sich nicht mehr in der Lage, die Steuern und andere monatliche Verbindlichkeiten aufzubringen.

Ich gab ihr die folgende einfache Technik: Setzen Sie sich still hin, entspannen Sie sich, bringen Sie den Fluß der Gedanken zum Stillstand und fixieren Sie Ihre Aufmerksamkeit auf einen 100 000-Dollar-Scheck – den verlangten Kaufpreis. Berühren Sie diesen Scheck in Ihrer gedanklichen Vorstellung mit Ihren imaginären Händen, fühlen Sie ihn als tatsächlich vorhandene Realität, sagen Sie Dank dafür und wiederholen Sie dieses ›Mentalkino‹ fünf Minuten lang mehrmals täglich; Sie werden feststellen, daß diese Impression nach und nach in Ihr Unterbewußtsein sinkt. Nachdem es Ihnen gelungen ist, diese Mentalvorstellung auf Ihr Unterbewußtsein zu übertragen, übernimmt das letztere sofort alles Weitere und bringt die Verwirklichung.

Nach einigen Wochen erhielt ich einen Brief von Mrs. X. Sie hatte das Haus an einen Universitätsprofessor verkauft, der mit seiner sechsköpfigen Familie von New York nach Georgia übersiedeln wollte. Sie war genau nach meinen Weisungen verfahren. Sie war in die Stille gegangen und hatte sich einen Scheck von 100 000 Dollar vorgestellt, ausgestellt auf ihren Namen. Weiterhin stellte sie sich vor, wie sie diesen Scheck bei ihrer Bank einreichte. Dieser gesamte Handlungsablauf war eine lebhafte Imagination auf dem Bildschirm ihres Geistes. Sie hatte das jeweils fünf Minuten lang durchgeführt in stündlichen Abständen – zwei Wochen lang. Danach verspürte sie keinerlei Verlangen, die geistige Imaginationsarbeit fortzusetzen. Statt dessen fühlte sie sich erfüllt von einem wunderbaren Gefühl des Friedens, der Ruhe und des Entspanntseins und sie wußte intuitiv, daß ihr Gebet beantwortet war. Dieser Professor wiederum sah das Schild ›Zu verkaufen, Informationen beim Eigentümer‹, und schon als er zur Tür hereinkam, sagte er: »Genau das habe ich gesucht!«

Bedenken Sie: Die Imagination ist das erhabenste, das nobelste Attribut des Menschen, wenn sie diszipliniert, geistig, kontrolliert und zielgerichtet angewendet wird.

Wie eine 72jährige Witwe die Einsamkeit überwand

Bei einer Beratung hörte ich Mrs. M. zu, die mir alle die Gründe aufzählte, weshalb sie nicht wieder heiraten konnte, statt mir die Gründe, die für eine Heirat sprachen, zu nennen. Mrs. M. beklagte sich, daß sich, obgleich sie Gebetshilfe von mehreren neugeistlichen Kirchen und Centern erhalten hatte, kein Erfolg zeigen wollte. Ihre Kinder waren erwachsen, hatten inzwischen eigene Familien und wohnten fast 5000 km entfernt von ihr. Sie hatte zwar einige Witwer kennengelernt, doch hatte ihr keiner einen Heiratsantrag gemacht.

Nach meinen Anleitungen praktizierte Mrs. M. eine imaginäre Szene. Sie sah sich in meinem Arbeitszimmer, wo ich die Trauung vornahm. Sie hörte meine Stimme: »Ich erkläre euch nun für Mann und Frau.« In dieser imaginären Handlung fühlte sie auch den imaginären Ring am Finger. Diesen imaginären Handlungsablauf stellte sie sich wieder und wieder vor, bis er ihr derart vertraut geworden war, daß sie sich auch mit offenen Augen vorstellen konnte, in meinem Arbeitszimmer zu sein. Sie hatte sich in der Tat den gesamten Handlungsablauf so gegenwartsnah und lebendig gestaltet, daß sie plötzlich kein Verlangen hatte, das Mentalschauspiel fortzusetzen. Sie hatte einen starken Wahrnehmungssinn entwickelt.

Kurz darauf lernte sie auf der Reise nach New York einen pensionierten Arzt kennen. Während ihres Aufenthaltes in der Millionenstadt gingen sie ein paarmal miteinander aus und kurz darauf machte er ihr einen Heiratsantrag. Sie war klug vorgegangen bei der Anwendung ihrer Imaginationskraft – sie hatte sich das Ende vorgestellt, die vollendete Tatsache und ihrem Unterbewußtsein damit die Möglichkeit gegeben, auf seine eigene Weise tätig zu werden.

Sie hatte ihrem Unterbewußtsein die bereits vollzogene Eheschließung übermittelt, indem sie mich sagen hörte: »Ich erkläre euch nun für Mann und Frau« und den Ehering an ihrem Finger spürte. Sie sah und fühlte sich mit dem idealen Mann verheiratet, einem Ehepartner, mit dem sie in jeder Weise harmonierte. Wenn Sie beten, dann sehen Sie in der Betrachtung das Happy-End. Seien Sie glücklich darüber und Sie werden die große Freude einer Gebetsbeantwortung erfahren.

Wie sie sich das mentale Äquivalent für eine Million Dollar schuf

Einer der außergewöhnlichsten Anrufe, die ich jemals hatte, kam von dem Ehemann von Mrs. H.: »Meine Frau hat gerade eine Million Dollar geerbt. Sie hatten ihr gesagt, wie sie das anstellen müßte.« Natürlich gratulierte ich ganz herzlich und wünschte beiden alle Segnungen des Lebens. Ich konnte mich erinnern, mit ihr nach einem Vortrag im Wilshire Ebell Theatre in Los Angeles gesprochen zu haben.

Damals erwähnte sie, daß sie eine Million benötigte für ein bestimmtes Projekt. Das Ganze hörte sich recht vernünftig an. Ich erklärte ihr, daß sie in ihrem Geist zunächst ein mentales Äquivalent (eine geistige Entsprechung) für eine Million etablieren müsse. Die beste Möglichkeit dazu wäre, sich ein geistiges Vorstellungsbild des fertigen Projektes zu machen und es dankbar frohen Herzens als vollendete Tatsache zu sehen.

Genau das tat sie. Sie sah das fertiggestellte Projekt in allen seinen Einzelheiten vor sich, und jede Nacht vor dem Einschlafen bejahte sie: »Eine Million, eine Million, eine Million«, wieder und wieder, als ihr ›Wiegenlied‹, bis sie in den Schlummer hinüberglitt. Sie wußte, daß ihr Unterbewußtsein das Bejahte früher oder später akzeptieren würde. Nach Ablauf eines Monats erhielt sie eine Nachricht von einem Anwalt, daß sie über eine Million Dollar geerbt habe. Es war, wie ihr Mann sagte, ›völlig aus heiterem Himmel‹. Mrs. H. hatte das getan, was Shakespeare so wunderbar ausgedrückt hatte. Sie gab »einer eitlen Nichtigkeit Wohnung und Name«. Durch ständiges ›wohnen‹ in ihrem Bewußtsein wurde die ›eitle Nichtigkeit‹ zu einer Realität. Ihr Unterbewußtsein brachte die Verwirklichung zustande, auf Wegen, von denen sie nichts wußte.

Wie Sie mit dem Schöpfer und Gestalter in Ihrem Innern bekannt werden

In Ihrem Innern wohnen ein Designer, ein Architekt und ein Weber. Sie übernehmen die Vorstellung Ihres Geistes und bringen sie in eine Form, die sich schließlich im Äußeren manifestiert und Ihnen Frieden, Freude und Sieg bringt.

Die größten und kostbarsten Säulenhallen sind die Säulenhallen des Geistes, die der Weisheit, Wahrheit und

Schönheit gewidmet sind. Verbildlichen Sie sich Ihr Lebensideal, leben Sie im Geiste mit diesem Ideal. Lassen Sie Ihre ganze Vorstellungskraft von diesem Ideal eingenommen sein. Wenn es Ihr ganzes Denken beherrscht, dann werden Sie sich in Richtung auf das Vorgestellte bewegen.

Die Ideale des Lebens sind wie der Ton des Himmels, der auf die dürren Felder Ihres Geistes fällt und Sie erfrischt und belebt. Mit der disziplinierten, schöpferischen Imagination können Sie sich über alle Erscheinungen erheben, über jeden Mißklang, jeden scheinbaren Gegenbeweis der Sinne. Mit Ihrer schöpferischen Imagination verbildlichen Sie sich die Dinge, wie sie sein sollten, in der gleichzeitigen Erkenntnis des erhabenen Prinzips der Harmonie, das sich durch alle Dinge bewegt, in allen Dingen wirkt und hinter allen Dingen steht. Weisen Sie den Anschein des Äußeren, den ›Beweis‹ der Sinne zurück, und erkennen Sie, daß Ihr Inneres die äußeren Manifestationen bewirkt. Ihr mentales Vorstellungsbild ist die Wirklichkeit oder das Innere. Seine Manifestation, Form oder Gestalt ist das Äußere.

Schöpferische Imagination – die Werkstatt Gottes

Kürzlich war ich mit einem außergewöhnlichen jungen Mann zum Essen verabredet. Er ist im Radio und Kommunikationsbereich tätig. Er hatte mein Buch ›Entfalte deine unbegrenzten Innenkräfte und werde reich‹ gelesen und meinte: »Ich könnte es auswendig hersagen.« Zum Wochenende fuhr er zumeist mit seiner Frau zum Caliente Rennplatz hinaus, und dort verlor er für gewöhnlich zwischen 10 und 15 Dollar am Totalisator. Einmal meinte seine Frau scherzhaft, er könne doch mal sein Unterbewußtsein einsetzen und eine größere Summe gewinnen, damit sie sich ein Haus in Beverly Hills kaufen könnten.

Er nahm diese Herausforderung an, ging jeden Abend für etwa 15 Minuten in die Stille und stellte sich vor, wie der Kassierers ihm einen Scheck über 50 000 Dollar aushändigte und sagte: »Sie sind ein Glückspilz.« Er sah und fühlte sich vor dem Kassenschalter stehen und hörte die Stimme des Kassierers. Er sah den Scheck, berührte ihn mit seinen imaginären Händen, freute sich und sagte Dank für alles. Im weiteren Handlungsablauf zeigte er den Scheck seiner Frau und sagte: »Schatz, das Haus, das du immer haben wolltest, ist da!« Dann hörte er ihre jubelnde Antwort: »Das ist ja wunderbar«, wieder und wieder.

Diese innere Spielhandlung spulte er etwa einen Monat lang Abend für Abend ab. Wie er sagte, war ihm dieses innere Schauspiel manchmal so real gegenwärtig und greifbar, daß er nach dem Öffnen seiner Augen baß erstaunt war, sich in seinem Schlafzimmer zu befinden und nicht auf dem Rennplatz. Dieser Zustand ist ein sicherer Beweis dafür, daß das Vorstellungsbild dem Unterbewußtsein erfolgreich aufgeprägt wurde.

Am fünften Wochenende nach Beginn dieser Technik fuhr er nach Caliente und war, wie er sagte, absolut sicher, den Scheck zu bekommen, so wie er es sich in seiner schöpferischen Vorstellung verbildlicht hatte. Er plazierte größere Summen bei sechs Rennen, und seine Pferde waren ausnahmslos alle Gewinner. Als er dem Kassierer seine Tickets präsentierte, händigte der ihm einen Scheck aus mit den Worten: »Sie sind ein Glückspilz!«

Er lebt jetzt in einem entzückenden Haus in Beverly Hills, das genau 50 000 Dollar gekostet hatte. Durch den rapiden Anstieg der Grundstückspreise in den letzten Jahren ist es inzwischen bereits das Doppelte wert. Weder er noch seine Frau haben seither wieder einen Rennplatz besucht. Sie sind viel zu beschäftigt, im Radio und Fernsehen ihren Teil beizutragen, die Wunden der Menschen zu heilen.

Sir Winston Churchill hat einmal gesagt: »Dies ist ein Zeitalter, in dem die geistige Einstellung über das Glück der Menschen entscheidet, und nicht das Glück die Einstellung bestimmt.« Die alten Hebräer sagten: »Imagination ist die Werkstatt Gottes.« Außersinnliche Wahrnehmung ist Ihr Schlüssel zu konstruktiver Imagination.

Zusammenfassung

1. Ihre Imagination ist Ihre Befähigung, mentale Vorstellungsbilder oder Konzepte dessen zu schaffen, was für die fünf Sinne nicht gegenständlich ist.

2. Imagination ist eine der primären Anlagen Ihres Geistes. Diszipliniert angewandt, können Sie mit ihr den Ideen und Wunschträumen Form verleihen und auf den Bildschirm des unendlichen Raumes projizieren.

3. Ohne Berücksichtigung äußerer Umstände können Sie sich den Verkauf eines Hauses als vollendete Tatsache vorstellen. Dazu muß die bereits abgeschlossene Transaktion geistig gesehen und gefühlt werden – ein imaginärer Scheck über die Kaufsumme in imaginären Händen gespürt werden, solange, bis ein Gefühl der persönlichen Wirklichkeit des Bejahten entsteht. Das macht sich zumeist bemerkbar durch ein Gefühl des Friedens und der inneren Gewißheit – eines intuitiven Gewahrseins.

4. Eine einfache Technik, um den richtigen Ehepartner heranzuziehen, wurde von einer 72jährigen Witwe angewandt. Sie sah sich in meinem Arbeitszimmer und hörte mich sagen: »Ich erkläre euch nun für Mann und Frau.« In ihrer geistigen Vorstellung hörte sie diese Worte wieder und wie-

der. Sie fühlte einen imaginären Ehering an ihrem Finger als Beweis der vollzogenen Eheschließung. Das ganze mentale Schauspiel vermittelte ihr den Eindruck, mit dem idealen Ehepartner bereits verheiratet zu sein, einem Mann, mit dem sie in jeder Weise harmonierte. Nach einigen Wochen lernte sie den Mann ihrer Träume kennen und sie heirateten. Nach dem geistigen Gesetz sinkt alles, was Sie im Denken und Fühlen als wahr annehmen, in Ihr Unterbewußtsein, das seinerseits tätig wird und die Verwirklichung betreibt.

5. Eine Frau benötigt eine Million Dollar, um ein ausgedehntes Projekt realisieren zu können. Sie war sich bewußt, daß sie dafür zunächst ein mentales Äquivalent (geistige Entsprechung) etablieren mußte. Jeden Abend vor dem Einschlafen schaute sie im Geiste auf das fertiggestellte Projekt und sagte Dank für all die Wunder. Zugleich lullte sie sich in den Schlaf mit dem Gedanken an eine Million Dollar. Nach Ablauf eines Monats bekam ich einen Anruf von dem Ehemann, der mir sagte: »Meine Frau hat gerade aus heiterem Himmel eine Million Dollar geerbt.« Sie hatte mit Erfolg das mentale Äquivalent für eine Million Dollar erstellt. Sie wußte, daß stark gefühlsbetonte und ständig wiederholte Gedanken vom Unterbewußtsein angenommen und entsprechend weiterverarbeitet werden.

6. Verbildlichen Sie sich Ihr Lebensideal, leben Sie geistig mit diesem Ideal. Wenn es Ihr ganzes Denken beherrscht, dann werden Sie sich in Richtung auf das mental Vorgestellte bewegen.

7. Ein junger Mann wollte ein Haus kaufen, verfügte jedoch nicht über die erforderlichen Mittel. Er verwettete wöchentlich zwischen 10 und 15 Dollar auf dem Rennplatz,

ohne jemals zu gewinnen. Er hatte mein Buch ›Entfalte deine unbegrenzten Innenkräfte und werde reich‹ gelesen und begann, von seiner Frau herausgefordert, seine schöpferische Imagination anzuwenden. Er stellte sich vor, wie er am Kassenschalter des Caliente Rennplatzes einen Scheck über 50 000 Dollar entgegennahm. Die ganze Imagination war für ihn sehr gegenständlich, hautnah und greifbar. Er hörte sogar den Kassierer sagen: »Sie sind ein Glückspilz!« Nach etwa einem Monat war das Vorstellungsbild dem Unterbewußtsein erfolgreich aufgeprägt, und beim nächsten Rennplatzbesuch gewann er tatsächlich 50 000 Dollar.

15

Wie Sie mit den geheimnisvollen Kräften Ihres Geistes vertraut werden

Sie verfügen über ein Wachbewußtsein (Verstand) und ein Unterbewußtsein. Sie stellen zwei verschiedene Ebenen oder Funktionen Ihres Geistes dar und werden zuweilen auch als objektives und subjektives Bewußtsein bezeichnet. Mit Ihrem Wachbewußtsein oder wachbewußten Verstand wägen Sie ab, analysieren Sie und nehmen mittels Ihrer fünf Sinne Eindrücke der äußeren Welt auf. Ihr Wachbewußtsein urteilt induktiv und deduktiv. Ihr Unterbewußtsein ist der Sitz der Erinnerung, der Emotionen und Intuition. Es ist der Wohnsitz der Hellsichtigkeit (Clairvoyance), Hellhörigkeit (Clairaudience), der Telekinese und Telepathie.

Ihr Unterbewußtsein ist mit Unendlicher Intelligenz ausgestattet, mit unerschöpflicher Weisheit und allen Reichtümern des Unendlichen, die nur darauf warten, von Ihnen erschlossen zu werden. Einem sensitiv Begabten ist es in entspanntem Zustand möglich, Ihre Gedanken zu lesen, oder sogar den Inhalt eines verschlossenen Briefes wiederzugeben, den Sie in der Tasche tragen und möglicherweise selbst noch nicht einmal gelesen haben. Manche haben die hellsichtigen Kräfte ihres Unterbewußtseins derart hochgradig entwickelt, daß sie weitentfernt stattfindende Begebenheiten wahrnehmen können, völlig unabhängig vom Wahrnehmungsvermögen ihrer fünf Sinne.

Zuweilen wird Ihr Unterbewußtsein auch Seele genannt. Von außerordentlicher Wichtigkeit ist es, immer wieder zu bedenken, daß Ihr Unterbewußtsein ständig für Suggestionen jeglicher Art empfänglich ist. Wenn Sie sich beispielsweise im Zustand der Hypnose befinden, wird Ihr Unterbewußtsein ohne Zögern jede noch so absurde oder ungereimte Suggestion annehmen, die ihm vom Hypnotiseur erteilt wird.

Was Erfahrungen über Ihr Unterbewußtsein enthüllen

Ich hatte im Laufe der Zeit Gelegenheit, in aller Welt den verschiedenartigsten hypnotischen Experimenten beizuwohnen. Einmal wurde ein Mann in Trance versetzt und ihm bedeutet, er sei ein Hund. Der Mann akzeptierte die Suggestion und spielte die Rolle eines Hundes nach besten Kräften. Er schleckte Milch aus einer Schüssel, bellte und benahm sich auch sonst wie ein Hund. Bei einer anderen Gelegenheit wurde einem Mann suggeriert, er sei Präsident Roosevelt. Er spielte haargenau die Rolle des Präsidenten, in Gestik, Gehabe und Stimme.

Bedenken Sie: Ihr Unterbewußtsein ist empfänglich für Suggestionen. Es besitzt keinerlei Urteilsvermögen, sondern nimmt jede erteilte Suggestion an, gleichgültig ob sie richtig oder falsch ist. Ihr Unterbewußtsein wird auf jede Suggestion hin tätig und führt sie zu einem logischen Schluß gemäß der gegebenen Voraussetzung, während Ihr Wachbewußtsein ausgeschaltet ist. Ihr Unterbewußtsein kann nicht abwägen wie Ihr wachbewußter Verstand, sondern arbeitet aufgrund jeder gegebenen Idee deduktiv. Es ist unerläßlich, daß Sie sich über diesen Vorgang völlig im klaren sind, um niemals das Opfer betrügerischer Machenschaften zu werden. Sie müssen fähig werden, Täuschungen dieser Art intuitiv zu fühlen.

Ihm wurde eingeredet, er sei vom Teufel besessen

Vor einigen Jahren war ich in England Zeuge eines Hypnoseexperiments, das von einem Arzt an einem Studenten namens Patrick vorgenommen wurde. Letzterem wurde suggeriert, er sei von Teufeln besessen. Pat wurde auf der Stelle leichenblaß, schreckgelähmt und gab ein entsetzliches Gekreische von sich. Als er in konvulsivische Zuckungen verfiel, hob der Arzt die Suggestion auf und bedeutete ihm, er sei jetzt frei, friedlich, gelassen und fühle sich wohl. Nach dem Erwachen hatte er keinerlei Erinnerung an das Geschehen und wirkte völlig entspannt und ungezwungen.

Was sich hier abgespielt hatte, ist leicht zu verstehen. Zunächst einmal gibt es selbstverständlich keinen Teufel und daher auch keine Besessenheit von Teufeln, aber Pat glaubte aufgrund seiner Erziehung an einen oder mehrere Teufel; daher sah er das, was er für einen Teufel hielt − halb Mensch, halb Tier mit Pferdefuß und Hörnern und feurigen stachelbesetzten Schwänzen. Diese Formen werden als unterbewußte Halluzinationen bezeichnet, basierend auf Beschreibungen des Teufels, die ihm als Kind gegeben wurden. Die wirklichen Teufel, die uns verfolgen, wenn wir unsere Göttlichen Fähigkeiten verlieren, sind Furcht, Unwissenheit, Aberglauben, Haß, Eifersucht, Reue etc.

Wie Pat den Himmel beschrieb

Pat wurde erneut hypnotisiert und diesmal wurde ihm gesagt, er sei im Himmel. Er wurde gebeten, seine Eindrücke zu beschreiben. Sofort veränderte sich sein Gesichtsausdruck; er erschien friedvoll und glücklich. Er beschrieb die wunderschönen Engel, einen herrlichen goldenen Thron und auf dem Thron saß ein Mann, der den Eindruck eines großen Weisen machte. Der Mann, der wie Jesus aussah, hatte eine Bibel in der Hand. Pat hörte auch herrliche Musik, die er als Himmelschöre beschrieb.

Da das Unterbewußtsein auf Suggestionen reagiert, ist es für jeden mit den Dingen einigermaßen Vertrauten offensichtlich, daß das von Pat beschriebene imaginäre Bild des Himmels auf Glaubensinhalten und theologischen Lehren basiert, die er als Kind erhalten hatte. Er war in dem Glauben erzogen worden, daß der Himmel ein Ort sei, den der Mensch nach seinem Tode betritt. Die Suggestion des Arztes aktivierte nun den im Unterbewußtsein gespeicherten Glaubensinhalt zu einer scheinbar logischen, aber dennoch falschen Folgerung.

Machen wir uns deutlich: Alle Suggestionen, die Pat in Trance empfing, gleich ob wahr oder falsch, wurden widerspruchslos angenommen und von seinem Unterbewußtsein mit bemerkenswertem Scharfsinn und außerordentlicher Klugheit dramatisiert wiedergegeben.

Sie tranken Wasser und waren betrunken. Experimente mit Studenten

Ein weiteres interessantes Hypnoseexperiment wurde von dem gleichen Arzt mit zwei Medizinstudenten durchgeführt. Dem einen gab er ein Stück Rasierseife mit der Behauptung, es sei eine Banane, die er mit Appetit verspeisen und auch gut verdauen würde. Der Student aß die Rasierseife und verspürte keinerlei Beschwerden hinterher. Einem anderen hypnotisierten Studenten sagte er, daß er sehr hohe

Temperatur, einen rapiden Puls und starke Schweißausbrüche habe. Alle diese Symptome manifestierten sich augenblicklich.

Einer jungen Studentin, Mary, wurde in Trance ein Glas Wasser gereicht mit der Behauptung, es sei irischer Whisky. Nachdem sie es geleert hatte, war sie ziemlich angetrunken. Sie lallte und torkelte herum, bis man ihr einen Teelöffel Wasser gab und sagte, das sei ein spezielles Medikament aus Deutschland, das eine sofortige Ernüchterung bewirken würde. Diese Suggestion erwies sich als das perfekte Gegenmittel für Mary. Als sie aufgeweckt wurde, fühlte sie sich vollkommen normal und in Ordnung. Das demonstriert die Empfänglichkeit des Unterbewußtseins für alle Suggestionen wie auch seine schöpferische Kraft.

Ihre Autosuggestion (Selbstsuggestion) kann Sie vor ungewollter Hypnose schützen

Sie können niemals von einem anderen Menschen hypnotisiert werden, wenn Sie Ihrem Unterbewußtsein den Gedanken aufprägen, daß es nicht möglich sein wird, Sie zu hypnotisieren ohne Ihre Genehmigung. Der Zustand der Hypnose wird gewöhnlich durch Suggestion des Hypnotiseurs herbeigeführt. Sein Unvermögen, Sie zu hypnotisieren, ist auf Ihre Weisung an Ihr Unterbewußtsein zurückzuführen, daß er es nicht kann. Ihre Autosuggestion ist mächtiger als seine Suggestion, deshalb versagt er. Die stärkere Suggestion hat immer die Oberhand.

Weshalb der Hypnotiseur versagte

Vor einigen Jahren war ich bei einer Serie von Hypnoseexperimenten zugegen, die ein bekannter Anwalt und Psychologe in New York durchführte. Unter anderem hatte er auch ein junges Mädchen hypnotisiert und ihr wiederholt suggeriert, sie solle sich völlig entkleiden. Das Ganze geschah in Gegenwart von etwa 12 Männern und Frauen. Sie verweigerte jegliche Kooperation und erschien hochgradig verstört und verängstigt. Der Psychologe war von dem für ihn überraschenden Widerstand einigermaßen verwirrt, denn er hatte vorher geprahlt, daß er ihr seinen Willen aufzwingen könne und sie im Zustand der Hypnose alles tun würde, was er von ihr verlangte. Er hatte bedingungslosen, passiven Gehorsam erwartet. Statt dessen zeigte sich zu seiner maßlosen Überraschung dieser Widerstand. Er hatte nicht bedacht, daß die persönliche Gegensuggestion, die das junge Mädchen sich gegeben hatte, die entscheidende Blokkierung verursachte. Sie behielt ihre Wirksamkeit. Ihr Unterbewußtsein akzeptierte von zwei Suggestionen die jeweils stärkere, die dominierende. Die Autosuggestion der jungen Dame vor dem Hypnoseexperiment war: »Ich werde auf keinen Fall etwas tun, das meinen moralischen und religiösen Verhaltensregeln zuwiderläuft. Mein Unterbewußtsein akzeptiert das.«

Die Suggestion ist die beherrschende Kraft über Ihr Unterbewußtsein. Ihr Unterbewußtsein ist empfänglich für Suggestionen sowohl Ihres eigenen Wachbewußtseins als auch der eines anderen Menschen. Im Wachzustand können Sie jederzeit die Suggestionen anderer zurückweisen und an alle wahren, schönen und guten Dinge denken.

Wie sie von einem sogenannten bösen Geist befreit wurde

Das folgende Beispiel macht die Wirkungsweise des Unterbewußtseins besonders deutlich:

Nach einem Vortrag in San Francisco suchte mich eine Frau in meinem Hotel auf und klagte darüber, daß ein körperloses Wesen, ein böser Geist, sie ständig belästige und sie mit Obszönitäten jeglicher Art verfolge und sogar des Nachts gekratzt habe. Kürzlich habe er ihr befohlen, ins Meer zu springen und Selbstmord zu begehen.

Sie hatte Beruhigungstabletten genommen und war in psychiatrischer Behandlung, aber nichts hatte geholfen. Diese Frau war mit den Nerven völlig am Ende. Oftmals hatte dieser sogenannte Geist ihr gesagt: »Nimm eine Überdosis Schlaftabletten. Na los, mach schon, bring dich um!«

Die Ursache ihres inneren Aufruhrs

Diese Frau glaubte, die Bibel wörtlich interpretieren zu müssen. Sie war der Meinung, böse Geister hätten von ihrer Seele Besitz ergriffen. Sie hatte nicht begriffen, daß die Teufel, von denen die Bibel spricht, lediglich Personifikationen zerstörender Emotionen wie Haß, Ressentiments, Reue, Selbstverurteilung, Zorn und Feindseligkeit sind, die sämtlich erzeugt werden durch im Bewußtsein verankerte Entsprechungen.

Sie hatte einige Monate lang automatisches Schreiben praktiziert. Zu diesem Zweck hielt sie einen Bleistift in der Hand mit der Erwartung, daß ein unsichtbarer Geist ihr die Hand führen würde. Dem Gesetz der Suggestion entsprechend wurde sie von ihrem Unterbewußtsein aufgenommen und nach und nach gewann es Kontrolle über die Muskeln und Nerven ihrer Hand und bewegte ihren Bleistift. Ihr wachbewußter Verstand war passiv und in Ruhestellung, und sie war sich — objektiv gesehen — des Schreibvorgangs auch nicht bewußt. Sie fürchtete außerdem, daß böse Mächte durch sie schreiben würden.

Darüber hinaus wurde sie von Schuldgefühlen geplagt wegen tiefer Ressentiments ihrem Ehemann gegenüber, weil er impotent und als Sexualpartner ein völliger Versager war. Die Stimmen, die sie hörte, die Gott, die Bibel und sie selbst verspotteten, waren nichts anderes als ein ›Playback‹ (Wiedergabe) der giftigen Nahrung, die sie ihrem Unterbewußtsein verabreicht hatte.

Sie wußte nichts von der Kraft der Autosuggestion

Die Wesenheit, die ihrer Meinung nach zu ihr gesprochen hatte, war in Wirklichkeit ihre eigene Furcht-Suggestion. Hiob sagte: *»Was ich gefürchtet habe, ist über mich gekommen.«* (Hiob 3:25) Diese Frau hielt ihr automatisches Schreiben für die Tat von Geistern. Sie wußte nicht, daß in Wirklichkeit ihr Unterbewußtsein das zurückgab, was sie ihm aufgeprägt hatte. Ihr Unterbewußtsein wurde von Furcht- und Schuldgefühlen (weil sie ihren Mann haßte) beherrscht. Dazu kam die Erwartung von Strafe für ihre tiefverwurzelte Feindseligkeit. Diese Stimmen kamen ihr vor, wie von anderen Personen. Sie waren in Wirklichkeit Geschehnisse des negativen Inhalts ihres Unterbewußtseins. Tatsächlich sprach sie nur zu sich selbst.

Wie sie sich selbst heilte und Seelenfrieden erfuhr

Offengestanden, ich glaube, meine Erklärung des Ganzen machte allein 90 Prozent des Heilungsvorgangs aus. Ich machte ihr klar, daß es für negative und destruktive Stimmen und Emotionen absolut unmöglich ist, in einem Gemüt zu wohnen, das auf die innere Gottesgegenwart ausgerichtet ist. Alles, was sie zu tun hatte, war, ihren Geist mit Gottes

Wahrheiten auszufüllen und damit alles hinauszudrängen, was nicht Gott-gleich ist oder nicht den Wahrheitsprinzipien gemäß.

Auf meinen Vorschlag betete sie laut den 91. Psalm, den großen Psalm des Schutzes und der Heilung. Sie tat das morgens, mittags und abends in der Gewißheit, daß diese wunderbaren Wahrheitsbejahungen alle negativen Denkmuster in den Tiefen ihres Unterbewußtseins auslöschen und entfernen würden. Sie machte den 91. Psalm zu einem wesentlichen Bestandteil ihres Lebens, und wann immer eine negative Stimme aus ihrem tieferen Selbst kam, bejahte sie sofort: »Gott liebt mich und sorgt für mich.«

Nach etwa 10 Tagen verloren die zerstörenden Stimmen jegliche Krafteinwirkung und sie verspürte inneren Frieden. Wenn Sie die herrlichen Kostbarkeiten des 91. Psalms wiederholt auf sich wirken lassen, können Sie Ihren Geist ganz mit ihnen durchtränken.

Schutz des allmächtigen Gottes unter allen Gefahren

1. Wer unter dem Schirm des Höchsten sitzt und unter dem Schatten des Allmächtigen bleibt.

2. Der spricht zu dem Herrn: Meine Zuversicht und meine Burg, mein Gott, auf den ich hoffe.

3. Denn er errettet dich vom Strick des Jägers und von der schädlichen Pestilenz.

4. Er wird dich mit seinen Fittichen decken, und deine Zuversicht wird sein unter seinen Flügeln. Seine Wahrheit ist Schirm und Schild.

5. Daß du nicht erschrecken müssest vor dem Grauen der Nacht, vor den Pfeilen, die des Tages fliegen.

6. Vor der Pestilenz, die im Finstern schleicht, vor der Seuche, die im Mittage verderbt.

7. Ob tausend fallen zu deiner Seite und zehntausend zu deiner Rechten, so wird es doch dich nicht treffen.

8. Ja, du wirst mit deinen Augen deine Lust sehen und schauen, wie den Gottlosen vergolten wird.

9. Denn der Herr ist deine Zuversicht, der Höchste ist deine Zuflucht.

10. Es wird dir kein Übel begegnen und keine Plage wird zu deiner Hütte sich nahen.

11. Denn er hat seinen Engeln befohlen über dir, daß sie dich behüten auf allen deinen Wegen.

12. Daß sie dich auf den Händen tragen und du deinen Fuß nicht an einem Stein stoßest.

13. Auf Löwen und Ottern wirst du gehen und treten auf junge Löwen und Drachen.

14. »Er begehrt mein, so will ich ihm aushelfen, er kennt meinen Namen, darum will ich ihn schützen.

15. Er ruft mich an, so will ich ihn erhören; ich bin bei ihm in der Not, ich will ihn herausreißen und zu Ehren bringen.

16. Ich will ihn sättigen mit langem Leben und will ihm zeigen mein Heil.«

Das wird mit Sicherheit Ihr Gefühl für Außersinnliche Wahrnehmung erweitern.

Die Sache mit dem Ouija-Brett

Meine Sekretärin, Mrs. Wright, die Mutter zweier außerordentlich begabter Söhne, erzählte mir einmal, daß sie vor Jahren als Teenager zusammen mit ihrer Großmutter viele vergnügte Stunden mit dem Ouija-Brett verbracht und die schönsten Botschaften von vermeintlich unsichtbaren Intelligenzen erhalten hatte. Das Ouija-Brett schien von unsichtbaren Mächten gehandhabt zu werden, der Zeiger gab Antworten auf alle gestellten Fragen.

Zu der Zeit wußte Mrs. Wright nichts über die Funktionen des Wach- und des Unterbewußtseins, sie glaubte aber auch nicht, daß übernatürliche Einheiten oder körperlose Geister das Ouija-Instrument handhaben. Die Begriffe ›Außersinnlichkeit‹ und ›außersinnliche Phänomene‹ sagten ihr damals auch noch nichts.

Eines Tages fragte sie das Ouija-Bord: »Wer schreibt da, wer beantwortet meine Fragen?« Das Ouija buchstabierte: »Louise Barrows.« Louise ist ihr zweiter Vorname und Barrows ihr Mädchenname. Dieses Experiment liefert den klaren Beweis für den folgenden Sachverhalt: Mrs. Wright wußte nicht das geringste von außersinnlichen Phänomenen, deshalb lag es ihrem Unterbewußtsein fern anzunehmen, daß sich hier ein Geist zu Wort gemeldet habe. Wäre sie andererseits überzeugt gewesen, es mit einem verstorbenen Angehörigen zu tun zu haben, dann würde ihr Unterbewußtsein — dem Gesetz der Suggestion gemäß — die Rolle des verstorbenen Angehörigen gespielt haben.

Ihre Großmutter, die gleichfalls die Hypothese ablehnte, das Ouija-Brett werde von unsichtbaren Geistern betrieben, fragte das Instrument: »Ist es mein eigenes Bewußtsein, das mir antwortet?« Die buchstabierte Antwort lautete: »Du allein.« Wäre auch sie der Überzeugung gewesen, daß sich mit dem Ouija-Bord eine lebhafte Unterhaltung mit Geistern abspielte, dann hätte auch ihr Unterbewußtsein entsprechend reagiert.

Tatsächlich war es in jedem Fall das Unterbewußtsein, welches das Ouija-Brett handhabte, und beide Frauen haben nur zu sich selbst gesprochen. Die Einfachheit der Annahme in logischer Folgerung muß allen anderen Kriterien vorangehen, will man zu einer Erklärung gelangen.

Ein Straßenmädchen spricht wie eine Göttin

Die folgenden Ausführungen stellen eine Zusammenfassung von Schilderungen dar, die Harry Gaze unter dem Titel ›Meine persönlichen Erinnerungen an Thomas Troward‹ herausgegeben hatte. Die Genehmigung dazu habe ich von seiner Witwe, Dr. Olive Gaze.

Harry Gaze, Lehrer, Autor und enger Freund von Richter Thomas Troward, dem Verfasser der *Edinburgh Lectures* und vieler anderer Bücher über Mentalgesetze und Geisteswissenschaften, berichtete von einem interessanten Experiment, das von ihm selbst, Richter Thomas Troward und Dr. Cornwall Round in London durchgeführt wurde. Troward wollte bei Dr. Rounds Experimenten mit dem Unterbewußtsein zugegen sein. Dr. Round war seinerzeit ein außergewöhnlicher Arzt in London und hatte auf dem Gebiet der Hypnoseforschung sehr intensiv experimentiert.

Für besagtes Experiment nun wurde ein Londoner Straßenmädchen engagiert, dem ein großzügiges Honorar gezahlt wurde, das in jedem Fall die sonst in diesem Gewerbe üblichen Einnahmen überstieg. Der Frau wurde versichert, daß ihr nichts Böses geschehen würde und daß sie sich nach der Hypnose erfrischt und stimuliert fühlen würde.

Nachdem sie in Trance gefallen war, prägte Dr. Round ihrem Unterbewußtsein mehrmals ein: »Sie sind eine Hohepriesterin im Tempel der Sonne. Sie haben eine Botschaft für die Anwesenden hier. Sie werden zu uns sprechen in einer klaren und brillanten Sprache. Sie besitzen Kenntnisse großer Wahrheiten. Sie werden uns davon erzählen. Sie haben weise und geschulte Wesen um sich und sind für ihre Weisheit empfänglich. Sie sprechen fließend und in gewählten Worten. Denken Sie daran, Sie sind eine weise Priesterin und können uns belehren.«

Nach zahlreichen Wiederholungen dieser Suggestionen schienen ihre regulären Persönlichkeitsmerkmale zu schwinden und eine weitaus attraktivere Persönlichkeit kam zum Vorschein. Schließlich richtete sie sich auf, stolz und voll königlicher Würde, ganz die Verkörperung einer Göttin und hielt eine Ansprache. Sie sprach sehr redegewandt, ausdrucksvoll und gelehrig über Leben, Philosophie und Unsterblichkeit.

Thomas Troward war außerordentlich beeindruckt, ebenso wie die anderen Anwesenden, von denen einige mit der Hypnose bestens vertraut waren als Narkoseform für kleinere Operationen. Richter Troward rief aus: »Das ist der Beweis für das Wirken des Unterbewußtseins, das jede lebhafte Suggestion annimmt, wenn der wachbewußte Verstand in Ruhestellung ist; aber der Gedanke ist die wirkliche Kraft.« Die Antwort: ein erhöhter Grad Außersinnlicher Wahrnehmung.

Interessanterweise waren die Ansichten über das Zustandekommen des Phänomens unter den Anwesenden durchaus geteilt. Einer war überzeugt, daß die veränderte Haltung der Frau und ihre Ansprache durch Einwirkung eines hochintelligenten Geistwesens zustande gekommen war. Er sah in den Resultaten den Beweis für die Kommunikation mit Geistern. Die übereinstimmende Ansicht von Richter Troward, Dr. Gaze und Dr. Round dagegen war, daß es sich hier um eine bemerkenswerte Illustration der üblichen Kräfte des Unterbewußtseins gehandelt hatte. Und daß die zum Ausdruck gekommenen Gedanken sich einerseits aus Ideen der Anwesenden zusammensetzten und andererseits aus Gedankenformen, die dem Vorratshaus des universellen Geistes entstammen. Diese Informationen sind, wie erwähnt, einem schriftlichen Bericht von Dr. Harry Gaze entnommen. Nach meinen Erkenntnissen hatte die Frau im Trancezustand auf die Suggestionen Dr. Rounds reagiert. Ihr Unterbewußtsein zapfte auf dem Wege der Außersinnlichen Wahrnehmung den Unterbewußtseinsinhalt eines jeden der Anwesenden an, die wiederum allesamt mit dem Buddhismus, den Veden, dem Hinduismus und anderen orientalischen Religionen und Philosophien vertraut waren.

Ihr Unterbewußtsein setzte mit bemerkenswertem Scharfsinn die verschiedenen Gedankenformen und das gespeicherte Wissen im Unterbewußtsein eines jeden Teilnehmers zusammen und präsentierte sie in logischer Folge, den erhaltenen Suggestionen gemäß.

Oftmals empfangen Sie eine außersinnliche Botschaft von sich selbst

Ein alter Freund von mir in New York experimentierte einmal mit einer Anzahl von Männern und Frauen; selbsternannten Medien, die vorgaben, mit Angehörigen in der nächsten Dimension Kontakt aufnehmen zu können. Bei diesen Experimenten nannte er seinen Namen und bat um Kontaktaufnahme. Das Medium, in der Annahme, daß es sich um den Bruder oder Vater handelte, übermittelte dann jedesmal sehr liebevolle und tröstende Botschaften von einem imaginären, jenseitigen Bruder oder Vater.

Da das Medium von der Voraussetzung ausging, der genannte Name sei der eines Angehörigen, wurde ihm jedesmal eine rührende Kommunikation mit sich selbst beschert. Tatsächlich hatte er nämlich weder einen verstorbenen Bruder noch Vater. Beide erfreuten sich bester Gesundheit. Das überzeugte ihn einmal mehr von der Tatsache, daß hier das Unterbewußtsein des Mediums auf die Suggestionen seines wachbewußten Verstandes reagierte. Das Medium war in Trance verfallen mit dem Befehl an sein Unterbewußtsein, eine Verbindung mit einem vermeintlichen Angehörigen herzustellen. Und das Unterbewußtsein gehorchte mit einer liebevollen Botschaft von ihm selbst.

Bemerkenswerte Ausnahmen

Nicht alle Kommunikationen dieser Art haben ihren Ursprung allein im Unterbewußtsein des Mediums. Es gibt zweifellos einige herausragende Medien mit außergewöhnlichen Fähigkeiten. Ihre Integrität steht außer jeder Frage. Wie Sie diesem Kapitel bisher entnehmen konnten, ist es ebenso leicht, Botschaften von einer lebenden Person zu empfangen, wie von einem sogenannten Toten. Es bedarf dazu nur eines in Trance befindlichen Mediums. Keinerlei Schwierigkeiten bereitet es auch, von einer lediglich imaginären Person ›Durchgaben‹ zu erhalten, indem man das Unterbewußtsein mit der entsprechenden Suggestion versorgt.

Arthur Ford gehörte zu den größten und verdienstvollsten Medien, die wir in Amerika hatten. Und es besteht kein Zweifel, daß er imstande war, in Trance glaubwürdige Botschaften zu vermitteln. Er konnte sich erwiesenermaßen zu einem Kanal machen, durch den Botschaften von Abgeschiedenen sich manifestierten. Zahllose Zuhörer können die Echtheit dieser Phänomene bezeugen. Ich zum Beispiel bin restlos überzeugt, daß Bischof Pikes Kommunikationen mit seinem verstorbenen Sohn authentisch waren.

Angenommen Ihr Vater ruft Sie aus London an, bzw. jemand anderer imitiert seine Stimme und gibt sich für Ihren Vater aus, hätten Sie da nicht die vielfältigsten Wege und Möglichkeiten, die Echtheit dieser Behauptungen zu überprüfen? Kleine, unbedeutende Begebenheiten, Kosenamen, Anekdoten und eine Fülle anderer Gemeinsamkeiten, die nur Ihnen beiden bekannt sind, würden sich als Fangfragen geradezu anbieten, um Sie zu überzeugen, daß es sich bei dem Anrufer tatsächlich um Ihren Vater handelt.

Auch Geraldine Cummins, Autorin vieler bemerkenswerter Bücher, war zu Zeiten zweifellos in Kontakt mit Wesenheiten in der nächsten Dimension, und auch sie hatte sich freiwillig der jeweiligen Kontrolle verschiedener wissenschaftlicher Körperschaften unterworfen. Es wäre einfach töricht, vor diesen Tatsachen die Augen zu verschließen und sie ohne Überprüfung für unmöglich zu erklären. Schließlich sind wir alle geistige und außersinnliche Wesen und telepathische Kontakte bestehen zwischen Angehörigen und geliebten Menschen allemal. Wenn Sie sich in Chicago befinden und Ihre Mutter in Los Angeles, können Sie sich gegenseitig telepathische Botschaften senden. Es kann Ihnen durchaus passieren, daß Sie im Traum einen Brief lesen und einige Tage später diesen Brief tatsächlich erhalten und zu Ihrem Erstaunen feststellen, daß der Inhalt mit dem im Traum gelesenen identisch ist. Ebenso ist es für einen geliebten Menschen in der nächsten Dimension möglich, sich mit Ihnen in Verbindung zu setzen, aber das ist selbstverständlich eher die Ausnahme als die Regel.

Eileen Garret ist ein anderes bemerkenswertes Medium, das gleichfalls von vielen führenden wissenschaftlichen Gremien begutachtet wurde. Sir Oliver Lodge, einer der berühmtesten Physiker der Welt, war völlig davon überzeugt, Kommunikationen mit seinem Sohn gehabt zu haben, der im Ersten Weltkrieg gefallen war. Die Dialoge hatte er in seinem aufsehenerregenden Buch *Raymond* (1916) veröffentlicht.

Einige der großen Wissenschaftler, die ganz hervorragende Beiträge zur Erforschung außersinnlicher Phänomene geleistet haben, waren Henry Sidgwick, Edmund Gurney, Prof. William James (auch Vater der amerikanischen Philosophie genannt), Sir William Crookes, Arthur Conan Doyle und J. B. Rhine. Myers of Cambridge veröffentlichte *Human Personality and its Survival of Bodily Death* (Die menschliche Persönlichkeit und ihr Überleben des körperlichen Todes), ein weltweit anerkanntes Meisterwerk.

Es trifft zu, daß Bewußtsein mit Bewußtsein Verbindung aufnehmen kann. Wir müssen allerdings lernen, zwischen den Botschaften aus unserem Unterbewußtsein und solchen von geliebten Menschen zu unterscheiden. Suchen Sie niemals Führung bei anderen Menschen, weder auf dieser Ebene noch in der nächsten Dimension. Hier ist nichts als Außersinnliche Wahrnehmung im Spiel. Folgen Sie dem Gebot der Bibel: »*Wenn es aber jemandem unter euch an Weisheit mangelt, so bitte er Gott darum, der jedem gern gibt und keine Vorhaltungen macht; dann wird sie ihm gegeben werden.*« (Jakobus 1:5)

Zusammenfassung

1. Es gibt zwei Bewußtseinsstufen. Das Wachbewußtsein, das rationell denkt, auswählt, analysiert und urteilt, sowohl induktiv als auch deduktiv, und das Unterbewußtsein, das nur auf Eingebung reagiert. Es ist der Sitz der Erinnerung,

aller Kenntnisse, der Emotionen, Hellsichtigkeit, Hellhörigkeit und Telepathie. Die Unendliche Intelligenz und grenzenlose Weisheit ruhen in Ihrem Unterbewußtsein. Alles, was von Ihrem wachbewußten Verstand an Ihr Unterbewußtsein weitergereicht wird, wird von diesem akzeptiert, gleichgültig ob es wahr oder falsch ist.

2. Ihr Unterbewußtsein kann keine Entscheidungen zwischen zwei Ideen treffen. Das kann nur Ihr wachbewußter Verstand.

3. Im Hypnosezustand akzeptiert Ihr Unterbewußtsein alle Suggestionen des Hypnotiseurs widerspruchslos. Sollte Ihnen beispielsweise suggeriert werden, Sie seien ein Hund, dann werden Sie nach besten Kräften die Rolle eines Hundes spielen. Sie werden bellen und Milch aus einer Schüssel schlecken.

4. Ihr Unterbewußtsein ist empfänglich für Suggestionen und wird kontrolliert durch Suggestionen. Ein Mensch, der an Teufel und böse Geister glaubt, wird sich als von solchen besessen fühlen, wenn ihm das suggeriert wird. Sein Unterbewußtsein akzeptiert diese Suggestion. Subjektive Halluzinationen von Teufeln mit Hörnern, Hufen etc. und andere Ausgeburten des Aberglaubens erscheinen. Sie alle sind Erfindungen und Einstellungen eines verdrehten Aberglaubens, von Kindheit an dem Unterbewußtsein aufgeprägt und auf die entsprechenden Suggestionen hin zum Leben erweckt. Ein Mensch, der andererseits noch nie von Teufeln und ähnlichen Dingen gehört hat und solchen Lehren keinen Glauben schenkt, könnte eine solche Erfahrung nicht haben, da die Voraussetzung dazu fehlt und sein Unterbewußtsein mit einer entsprechenden Suggestion nichts anzufangen wüßte.

214

5. Wenn Sie einem Menschen, für den das Himmelreich ein geographischer Ort irgendwo da oben ist, mit Engeln, einem goldenen Thron und Himmelschören, suggerieren: »Sie sind jetzt im Himmel«, dann bekommt er sofort einen friedvollen entzückten Gesichtsausdruck und gibt Ihnen eine detaillierte Beschreibung dessen, was er aufgrund seiner religiösen Erziehung für den Himmel hält. Sein Unterbewußtsein gibt das ihm von klein auf suggerierte Vorstellungsbild des Himmels wieder. Er weiß nicht, daß Himmel und Hölle keine geographischen Orte, sondern Bewußtseinszustände sind, und er sich jetzt durchaus im Himmel befinden könnte.

6. Wenn Sie einer hypnotisierten Person ein Glas Wasser reichen und ihr sagen, es sei Whisky, dann wird sie alkoholisiert und sich betrunken aufführen. Ihr Unterbewußtsein nimmt die Suggestion wörtlich und verhält sich entsprechend.

7. Wenn Sie sich vor einer eventuellen Hypnose die kraftvolle Autosuggestion erteilen, daß Sie nicht gewillt sind, irgendwelche Albernheiten mitzumachen, oder gar etwas, das Ihrer Auffassung von Moral und Ethik zuwiderläuft, dann werden die entsprechenden Befehle des Hypnotiseurs vergeblich sein. Es wird ihm nicht gelingen, Sie zum Ablegen Ihrer Kleidung oder zum Stehlen zu bewegen, denn Ihr Unterbewußtsein akzeptiert nur Ihre Suggestion als dominierend. Die stärkere Suggestion ist immer vorrangig.

8. Wenn Sie sich mit allem Nachdruck suggerieren, von niemandem hypnotisiert werden zu können, wird damit automatisch eine Sperre gesetzt und kein Hypnotiseur ist imstande, Sie zu hypnotisieren. Sie verschließen einfach Ihr Bewußtsein für seine Suggestion und stimmen sich auf das Unendliche in Ihrem Innern ein und sind damit immun.

9. Im Wachzustand können Sie die Suggestionen anderer stets zurückweisen durch bewußtes Lenken Ihrer Gedankenabläufe auf alles, was wahr, lieblich, erhaben oder Gottgleich ist.

10. Automatisches Schreiben zu praktizieren ist gefährlich, wenn Sie sich vor bösen Geistern oder körperlosen Wesen fürchten. Sie ziehen alles Gefürchtete zu sich heran; wenn Sie daher Ihrem Unterbewußtsein Furcht suggerieren, gekoppelt mit Schuldgefühlen und Ressentiments, dann öffnen Sie damit die Türen Ihres Geistes für alle möglichen Ablagerungen aus Ihrem Unterbewußtsein. Schuldgefühle gehen immer mit Furcht und Erwartung von Strafe einher. Da Ihr Unterbewußtsein nur auf eingespeiste Suggestionen reagiert (besonders Furcht, Schuldgefühl, Ressentiments etc.), spricht es zu Ihnen — oftmals in beschimpfender Sprache — und bewirkt geistige und physische Unruhe. Das Ganze ist nichts anderes als ein Playback (Wiedergabe) aus den Tiefen Ihres Unterbewußtseins.

11. Wer Stimmen zu hören glaubt und sich von bösen Geistern besessen fühlt, die zum Selbstmord anstiften oder Übel anderer Art anrichten, sollte sich augenblicklich klarmachen, daß die Konzentration auf die Wahrheit Gottes alle negativen, zerstörerischen Denkmuster neutralisiert und auslöscht. Die beste Gebetshilfe ist der 91. Psalm. Lesen Sie ihn mehrmals täglich — langsam, still und mit Empfindung. Die entsprechenden geistigen Schwingungen werden sich schließlich auf Ihr Unterbewußtsein übertragen und mit der Zeit all die Schmutzwäsche im Schrank Ihres Geistes reinigen. Sobald Furchtgefühle und negative Stimmen in Ihr Bewußtsein dringen, bejahen Sie sofort: »Gottes Liebe erfüllt meine Seele.« Nachdem Sie das eine Zeitlang getan haben, sind Sie frei.

12. Eine Frau befragt ihr Ouija-Brett: »Wer schreibt diese Botschaft?« Die Antwort lautete: »Du ganz allein.« In anderen Worten: Ihr Unterbewußtsein handhabe das Ouija-Brett und lieferte die Antworten, die sie im Grunde hören wollte; ihr Unterbewußtsein, das ausschließlich auf Suggestionen reagiert, handelte entsprechend. Wäre sie überzeugt gewesen, daß diese Botschaften von abgeschiedenen Seelen stammten, dann würde ihr Unterbewußtsein eine entsprechende Rolle übernommen haben.

13. Es ist auch möglich, beispielsweise ein Straßenmädchen, das nicht die geringsten Kenntnisse von östlicher Philosophie, orientalischen Religionen usw. besitzt, in Trance, wenn ihre außersinnlichen Wahrnehmungsfähigkeiten in Gegenwart eines auf diesen Gebieten versierten Personenkreises aktiviert worden sind, zu veranlassen, sich in Wort, Gebärde und Gestik wie eine Priesterin des Sonnentempels zu verhalten. Ihr Unterbewußtsein reagiert auf die erteilte Suggestion und setzt sich in Rapport mit dem Unterbewußtsein eines jeden der Anwesenden.

Darüber hinaus ist sie imstande, Fakten und Informationen der gewünschten Art aus dem Vorratshaus des Universellen Unbewußten zu beziehen.

14. Viele selbsternannte Medien behaupten, Kontakte mit Abgeschiedenen herstellen zu können. Wenn Sie eines von ihnen konsultieren, ihm einen beliebigen Namen nennen, etwa Mary Jones, und um eine ›Durchgabe‹ bitten, dann wird es davon ausgehen, daß es sich um eine Schwester oder Mutter in der nächsten Dimension handelt, und wird Ihnen eine sehr trostreiche und liebevolle Botschaft als von diesen vermeintlichen Angehörigen stammend übermitteln. Das Medium hat jedoch lediglich sein Unterbewußtsein entsprechend instruiert und dieses reagierte entsprechend. Solche

Medien vermitteln Ihnen auch von jeder imaginären, nicht existenten Person trostreiche Botschaften.

15. Es gibt andererseits hervorragende Medien, die zweifellos imstande sind, Verbindungen mit der nächsten Dimension herzustellen, unter ihnen Arthur Ford, Eileen Garrett und Geraldine Cummins, die von vielen wissenschaftlichen Gremien begutachtet worden war und von der Psychical Research Society of England höchste Anerkennung erfuhr.

16. Meiner Überzeugung nach handelte es sich bei Bischof Pikes Dialogen mit seinem Sohn — mittels des Mediums Arthur Ford — um echte vierdimensionale Kommunikation zwischen Vater und Sohn.

17. Wenn Sie einem hypnotisierten Mann einreden, er sei Ihr Bruder, er diesen aber nicht kennt, dann ist er außerstande, die Rolle Ihres Bruders zu spielen. Er würde eine imaginäre Rolle spielen, jedoch nicht die Ihres Bruders. Er kann Ihren Bruder nicht verkörpern, weil sein Unterbewußtsein über die entsprechenden Unterlagen nicht verfügt.

16

Außersinnliche Wahrnehmung
und Kindererziehung

Im Buch der Sprüche 13:24 heißt es: »*Wer seine Rute schont, der haßt seinen Sohn; wer ihn aber lieb hat, der züchtigt ihn beizeiten.*« Sprüche 23:13, 14 und 29:15: »*Du darfst dem Knaben die Zucht nicht ersparen; schlägst du ihn mit der Rute, so verdirbt er nicht. Wohl schlägst du ihn mit der Rute, dafür wirst du sein Leben vom Tode erretten. Rute und Rüge verleihen Weisheit; ein Kind, sich selbst überlassen, bringt seiner Mutter Schande.*«

Für Eltern von heute — wunderbare Worte der Weisheit. Die modern gewordene Sitte des Gewährenlassens, der antiautoritären Erziehung ist einfach katastrophal. Jedes Kind braucht Disziplin und Anleitung. Wenn ein kleiner Junge auf seine Schwester einschlägt, oder ihre Puppe zerbricht, dann werden Sie das hoffentlich mißbilligen und Ihr Mißfallen auch gebührend zum Ausdruck bringen. Sie werden ihm unmißverständlich klarmachen, daß Sie ihm das nicht durchgehen lassen.

Kinder können kleine Bestien sein. Sie können Wutausbrüche bekommen oder sich weigern zur Schule zu gehen; möglicherweise werden Sie Ihr Kind beim Ohrläppchen nehmen müssen, um ihm Benehmen beizubringen. *Es gibt keine Liebe ohne Disziplin und keine Disziplin ohne Liebe. Wer seine Rute schont, der haßt...*

Haß bedeutet in der Bibel Zurückweisen von Negativitäten, wie Lügen, Unverschämtheiten, schlechtes Benehmen, Stehlen etc. Machen wir uns bewußt, daß wir es mit der Ausdrucksweise des 16. Jahrhunderts zu tun haben. *Wenn ein Mann seinen Vater haßt...* bedeutet dies natürlich nicht, daß man seinen Vater wirklich haßt. Es bedeutet, seine Glaubenssätze abzulehnen, den Glauben an eine Hölle, an einen zornigen Gott und alle Arten von Aberglauben. *Wer seinen Sohn lieb hat, züchtigt...,* heißt, daß der Vater dem Sohn oder der Tochter Disziplin lehrt und das Kind in der goldenen Regel und dem Gesetz der Liebe unterweist.

Einem Kind müssen Manieren beigebracht werden, Betragen, Kooperation, Respekt gegenüber den Eltern, Autoritäten und dem Wirken des Gebets. *Du darfst dem Knaben die Zucht nicht ersparen; schlägst du ihn mit der Rute, so verdirbt er nicht.* (In der englischen King-James-Bibel... *so wird er nicht sterben.)* Er wird nicht sterben für Liebe, Frieden, Harmonie, rechtes Handeln, Aufrichtigkeit, Respekt für andere und ihr Eigentum und Ehrerbietung für Göttliches. Wenn Paulus sagt: »Ich sterbe täglich«, dann meint er damit: täglich stirbt in mir böser Wille, Bitterkeit und Falschglaube.

Ehre Vater und Mutter. Wenn ein Kind seine Eltern nicht ehrt, wie kann es dann überhaupt jemanden respektieren − Lehrer, Professoren, Polizisten und andere Autoritäten? *Die Weisheit ist gerechtfertigt worden von ihren Kindern.* (Lukas 7:35) Weisheit ist Bewußtheit der Macht Gottes. Es gibt noch mehr ›Kinder‹ des Geistes, wie Bücher, Filme, Bühnenwerke, Gemälde, Bauten, Musik und Shows. Wirft man jedoch einen Blick auf die geballte Ladung Bosheit, die dem unschuldigen Betrachter von manchen Bücherständen geradezu entgegenspringt, dann läßt das nur den Schluß zu, daß diese Druckerzeugnisse von − gelinde gesagt − etwas abartigen Gemütern stammen.

Wenn Sie in Ihrem Herzen die größte Hochachtung vor dem Schöpfer — dem größten Architekten — empfinden, was für Gemälde würden Sie dann schaffen? Da Sie auf die unbeschreibliche Schönheit Gottes eingestimmt sind, würden Sie ausschließlich Schönes und Freudebringendes schaffen. Denken Sie an die Kunst Michelangelos.

Wohl schlägst du ihn mit der Rute, dafür wirst du sein Leben vom Tode erretten (in der englischen King-James-Bibel ... *vor der Hölle erretten).* ›Hölle‹ steht für Begrenzung, selbstverursachte Knechtschaft, Elend und Leiden jeder Art — alles verursacht durch Verschmutzung und Vergiftung unseres Unterbewußtseins mit Haß, Ressentiments, Feindseligkeit und dazu noch Frömmelei; wenn ein Kind jedoch die wahre Bedeutung der zehn Gebote kennenlernt, in der Anwendung der goldenen Regel unterwiesen und mit der heilsamen Wirkungsweise seines Geistes vertraut wird, wenn es richtig angeleitet wird, ein nützliches Glied in der Gesellschaft zu werden, dann wird es heranwachsen und seinen Geist gewohnheitsmäßig mit lebengebenden Denkmustern füllen.

Rute und Rüge verleihen Weisheit. Wer über Weisheit verfügt, der richtet sein ganzes Handeln nach Göttlicher Ordnung aus. Sie sind imstande, sich auf die Unendliche Intelligenz in Ihrem Innern einzustimmen und Antworten auf die schwierigsten und verworrensten Probleme zu erhalten. ›Göttliche Ordnung‹ heißt, den Selbstausdruck von Ihrer höchsten Ebene aus vorzunehmen — Liebe und Wohlwollen überallhin auszustrahlen. Weisheit schließt die Erkenntnis über die zerstörerischen Wirkungen negativer Emotionen ein. Wer haßt, übelnimmt oder neidisch ist, vergiftet sich Seele und Gemüt und zieht sich Leiden aller Art zu, körperliche und seelische.

Ein Kind, das sich selbst überlassen ist, bringt seiner Mutter Schande. Das bedeutet, daß ein Kind ohne die geringste spirituelle Anleitung, ohne Kenntnis der allereinfachsten Verhaltensregeln, mit einem mehr oder weniger verschmutzten Bewußtsein heranwachsen und möglicherweise einmal mit dem Gesetz in Konflikt kommen wird.

Ich habe viele Jugendclubs besucht und mit den Jugendlichen (Pfadfindern usw.) diskutiert. Sie alle sind bemerkenswerte junge Menschen, sauber, geistig gesund, mit Respekt für ihre Eltern. Sie sehen es als ihre Aufgabe, zur Harmonie, Schönheit und zum Wohlergehen der Welt ihren Beitrag zu leisten. Es ist ihr Bestreben, zu sein, zu tun, zu haben und zu dienen. Sie haben erkannt, daß sie zunächst sich selbst reformieren müssen, bevor sie äußere Reformen bewirken können. Nur durch eine grundlegende Änderung des Innern kann eine Veränderung im Äußeren vor sich gehen. Sie wissen, daß sie nur so einen wirksamen Beitrag zur Verbesserung der Welt leisten können.

Weisheit und Verständnis der Eltern reflektiert sich im Verhalten ihrer Kinder. Die Kinder rechtfertigen die Weisheit ihrer Eltern, wie die Bibel sagt. Rechtfertigen bedeutet, daß die Kinder alle durch die Eltern eingeimpften Grundsätze — die weisen und die weniger weisen — akkurat widerspiegeln. Aktionen der Eltern und Reaktionen der Kinder sind gleich. Weisheit der Eltern (Kenntnis der geistigen Gesetze und die Reaktionen des menschlichen Geistes) finden ihren definitiven und positiven Widerhall bei den Kindern, in ihren Studien, ihren Fertigkeiten und ihren Leistungen.

Wenn Gottes Weisheit im Bewußtsein junger Menschen verankert wird, manifestiert sie sich als Ausgeglichenheit, Harmonie, Frieden, rechtes Handeln und Glück. Das Verhalten des Kindes stimmt immer genau mit seinem Bewußtseinszustand überein. Das Innere und das Äußere sind genau ausbalanciert oder ›gerechtfertigt‹.

Wenn Sie Ihre Kinder lehren, um Göttliche Führung zu beten und sie mutig zu beanspruchen, wird dieser Impuls immer nach oben führen — aufwärts, lebenwärts, Gottwärts. Das Gesetz der Entsprechung ist ständig wirksam. Wir alle, ausnahmslos, erzielen die Resultate, die unserem gewohnheitsmäßigen Denken, unseren gewohnheitsmäßigen Gedankenbildern und Vorstellungen entsprechen.

Die folgenden Ausführungen stammen von einem namhaften Erzieher, Mr. William H. Thrall: »Ich bin ein recht altmodischer Erzieher und habe meinen Anteil dazu geleistet. Körperliche Züchtigung habe ich zuweilen wohlüberlegt angewandt. Sie erwies sich in jedem Einzelfall als eine für den Schüler äußerst heilsame Maßnahme.

Als Pädagoge unterhalte ich zwangsläufig auch Beziehungen zu antiautoritären Eltern, schließlich gibt es davon recht viele. Ist es dann aber erst einmal passiert: der Sprößling ist im Gefängnis, das Töchterlein ist schwanger und ohne Ehemann, die Kinder sind rauschgiftsüchtig oder gar an Rauschgift zugrunde gegangen, dann stürzt die Welt ein. Ich habe tiefstes Mitgefühl mit ihnen, um so mehr, als ich weiß, daß in vielen dieser Fälle eine weise verabreichte Tracht Prügel und eine gesunde, aufrichtige religiöse Atmosphäre eine solche Tragödie verhütet haben würde.

Körperliche Züchtigung und Religion sind grundlegende Bestandteile des britischen Schulsystems — während der Zeit meines Wirkens an Britischen Schulen sind mir weder Hippies noch zerlumpte Schüler oder Rauschgiftsüchtige begegnet. Auch gab es keinen Mangel an Respekt dem Lehrpersonal gegenüber.«

Der Vater läßt ihm zuviel durchgehen — meint der Sohn

Ein elfjähriger Junge wurde von seinem Vater mit einem Riemen geschlagen, weil er in der Schule Unruhe gestiftet, den Lehrer beleidigt und andere Kinder bestohlen hatte. Nach der Prozedur sagte der Vater zu ihm: »Es tut mir sehr leid, mein Junge. Ich hätte dich nicht schlagen sollen.« Der Junge hingegen war der Meinung: »Ich hatte es verdient und ich weiß nicht, weshalb es ihm leid tut.«

Der Junge wußte, daß er unrecht getan und Strafe verdient hatte, daher war es sehr unklug von dem Vater, so zu reden. Vermutlich war der Vater der Meinung, die Liebe des Kindes zu verlieren, weil er es gezüchtigt hatte. Dabei hatte er in Wahrheit seine Sorge um das Wohlergehen des Sohnes bekundet. Tatsächlich hatte er in gewisser Weise seiner Liebe Ausdruck gegeben. Sein Sohn sollte ehrlich, aufrichtig und ein guter Schüler sein. Kein Kind verübelt Strafe, wenn es weiß, daß sie verdient und gerecht ist. Ich möchte hinzufügen, daß, wenn ein Elternteil ein Kind züchtigt, es in Wahrheit sagt: »Ich liebe dich. Ich bin um deine Zukunft besorgt. Ich will, daß du als ehrlicher Mensch heranwächst, integer und gerecht — ein Mensch, der von der Umwelt respektiert wird aufgrund seines positiven Beitrags zum Leben in unserer Gesellschaft. Ich versuche dir ein annehmbares Verhalten beizubringen, denn eines Tages werde ich nicht mehr hier sein, um dich zu behüten und zu beraten. Wenn du nämlich andere betrügst, bestiehlst oder beleidigst, wird die Gesellschaft dir das nicht durchgehen lassen und dich für deine Missetaten bestrafen.«

Erziehen Sie Ihr Kind mit ASW

Die Erkenntnis, daß Gott im Innern eines jeden Kindes wohnt, gibt Ihnen die Gelegenheit zu bejahen, daß die Weisheit, Intelligenz, Harmonie und Liebe Gottes in Ihrem Kind wirksam ist. Unterbewußt sind Sie ständig *im Rapport* mit Ihrem Kind. Letzteres spürt diese Ihre Überzeugung und verhält sich entsprechend. Wir leben in einer objektiven und subjektiven Welt. Man darf daher auch diese Dinge nicht ungetan lassen, denn sie sind objektiv richtig.

Weshalb übertriebenes Gewährenlassen immer falsch ist

Übertriebenes Gewährenlassen (Permissivität) ist in jedem Fall eine grundfalsche Haltung. Permissive oder antiautoritäre Eltern wissen nichts von der Wirkungsweise des Geistes und des Unterbewußtseins. Kinder lernen durch Erziehung, Beobachtung und Erfahrung. Eltern sollten die Entwicklung ihrer Kinder unter Kontrolle haben und sie auf denkbar einfachste Art in der Anwendung der schöpferischen Innenkräfte unterweisen, damit das Kind sie begreifen kann. Ein Verhalten nach eigenem Gutdünken sollte Kindern niemals gestattet werden. Sie sollten immer ein Verhaltensmuster entwickeln, das sich an der goldenen Regel orientiert. Sie sollten so denken, reden und handeln, wie sie es von anderen sich selbst gegenüber erwarten. Wenn Kinder von ihren Eltern nicht zurechtgewiesen, diszipliniert und angeleitet werden, verfügen sie später nicht über genügend Selbstvertrauen, Selbstsicherheit und Selbstkontrolle. Natürlich muß diese Autorität von den Eltern mit Liebe, Verständnis und Entgegenkommen ausgeübt werden. Dann werden die Kinder zu selbstbewußten, ausgeglichenen und nützlichen Gliedern der Gesellschaft heranwachsen. Kluge Eltern geben ihre Anweisungen zusammen mit den entsprechenden Erläuterungen, um dem Kind klarzumachen, weshalb diese Anordnungen erforderlich sind. Sie sind imstande, den Kindern die Zweckmäßigkeit ihrer Anweisungen deutlich zu machen, und ihnen die Einsicht zu vermitteln, daß alles zu ihrem Besten geschieht.

Vermeiden Sie eine diktatorische, autoritäre und totalitäre Haltung

Kürzlich sprach ich mit einem 18jährigen jungen Mädchen, das von seiner Mutter von klein auf Befehle entgegennehmen mußte. In eindeutiger Kommandosprache versorgte die Mutter sie mit ihren ›Lebensweisheiten‹: »Halte dich von Jungen fern; Sex ist schlecht; Männer sind Bestien, wie dein Vater; Puder und Lippenstift sind Teufelswerk; Tanzvergnügungen und Kinobesuch sind Sünde; du hast an unsere Religion zu glauben, andernfalls wirst du in einem See von Feuer brennen« etc. Diese Mutter war in der Tat ein kleiner Hitler mit ihrer ›Entweder-tust-du-das-oder-es-passiert-etwas-Einstellung‹. Dieses Mädchen war völlig frustriert, voller Furcht, Lebensangst und Haß. Sie war unausgeglichen und litt unter einem tiefsitzenden Minderwertigkeitskomplex. Sie kam aus New England nach Kalifornien — kein Wunder, daß sie von zu Hause fortgelaufen war.

Das erste, was ich ihr klarmachte, war, daß sie spirituell gesehen ein geistiges Wesen ist. Daß es nur eine Macht und Gegenwart gibt und daß diese Macht auch in ihrem Innern ruht. Weiter erklärte ich ihr, daß sie mit dieser höchsten Intelligenz jederzeit in Kontakt kommen und Antworten auf alle Fragen erhalten kann. Diese höchste Intelligenz führt, leitet und bereichert auf eine Weise, die jede verstandesmäßige Vorstellung übersteigt.

Das spezielle Gebet

Folgende Gebetstechnik schlug ich ihr vor:

Ich bin erwünscht, ich werde geliebt, ich werde gebraucht, ich werde geschätzt, ich bin Ausdruck des Göttlichen. Ich vergebe mir selbst für meine Grollgedanken und

226

ich vergebe meiner Mutter — voll und ganz, ohne jede Einschränkung. Wann immer ich an sie denke, bejahe ich: »Gottes Liebe erfüllt deine Seele.« Ich bin voller Frieden. Ich bin froh, glücklich und frei. Ich habe einen guten Arbeitsplatz, mit meiner Auffassung von Integrität und Ehrlichkeit vereinbar und ein gutes Einkommen. Wiederholung dieser Gedanken bewirkt die konstruktive Mitarbeit meines Unterbewußtseins und deshalb werden sich diese Wahrheiten erfüllen. Sie erfüllen sich nach dem Gesetz des Geistes (wie ich säe, so werde ich ernten). Und so ist es.

Das junge Mädchen machte sich dieses Gebet zur Gewohnheit und bereits nach kurzer Zeit war ihr Leben völlig verändert. Sie hat eine wundervolle Position in einem Büro und sprudelt jetzt über vor Lebensfreude.

Sie fragte:
»Warum sind meine Eltern nicht glücklich?«

Ein 14jähriges Mädchen wurde von seinen Eltern zur Beratung zu mir geschickt. Sie hatte sehr schlechte Noten in der Schule und verabscheute bestimmte Unterrichtsfächer. Ihre Lehrer waren der einhelligen Meinung, daß bessere Leistungen kaum zu erwarten waren, da es an der nötigen Motivation fehlte. Sie hatte einfach kein Interesse. Im Verlauf unserer Unterredung erwähnte sie, daß sie befürchtete, ihre Eltern würden sich scheiden lassen, da sie ständig miteinander stritten und sich dabei gegenseitig ziemlich häßliche Dinge sagten. Dann fragte sie mich: »Warum sind meine Eltern nicht glücklich?«

Daraufhin machte ich den Eltern klar, daß es nicht die Tochter sei, die hier die unmittelbare Schuld am Versagen trüge, sondern sie selbst. Solange keine Veränderung im

Verhalten der Eltern sichtbar würde, stünde es außer Frage, daß ihre Tochter von dem Aufruhr und der Bitterkeit, den ständigen häuslichen Streitereien, negativ beeinflußt würde, was sich in emotionellen Störungen niederschlagen würde. Sie erklärten sich auf meinen Vorschlag hin bereit, jeden Morgen fünf oder mehr Minuten lang abwechselnd die Psalmen 1, 23, 27, 91 und 100 zu lesen und in sich aufzunehmen. Nachdem sie jeden Morgen über einen der genannten Psalmen meditiert hatten, machten sie sich die Gegenwart Gottes in ihrer Tochter bewußt, indem sie bejahten, daß die Weisheit, Intelligenz, Harmonie und Schönheit des Unendlichen in ihrem Leben ihre Auferstehung erfährt. Sie verbildlichten sich gute Leistungen ihrer Tochter in der Schule — sie hörten sie von ihren Erfolgen berichten. Sie sahen sie strahlend glücklich.

Nach Ablauf eines Monats entwickelte sich das junge Mädchen zu einer der besten Schülerinnen der Klasse. Ihr Verhalten und ihre ganze Einstellung dem Leben gegenüber waren den Eltern von da an immer wieder Anlaß zu großer Freude.

Eltern sollten sich immer wieder klar darüber sein, daß Kinder von der dominierenden mentalen und spirituellen Atmosphäre des Elternhauses geprägt werden. Sie werden gleichermaßen zu Abbildern der vorherrschenden Atmosphäre. Eltern, die sich der Gottesgegenwart in ihren Kindern bewußt sind, brauchen sich um ihr Wohlergehen nicht zu sorgen.

Eltern, die täglich bewußt mit der innewohnenden Gottesgegenwart Kommunikation pflegen und von ihr Harmonie, Frieden, Schönheit, Inspiration und Führung beanspruchen, führen glückliche Ehen, die von Jahr zu Jahr mehr Segnungen auf sich ziehen. Und diese wohltuende geistige Atmosphäre daheim wird auf das Unterbewußtsein der Kinder einwirken.

Unterschätzen Sie niemals die Macht Ihrer Worte

Eltern sollten ihren Kindern niemals Dinge sagen wie: »Du bist zu nichts nütze, aus dir wird niemals etwas Gescheites, du bist dumm, du bist blöd, du bist ein böses Kind etc.« Alle diese Worte sind ausgedrückte Gedanken und der kindliche Geist ist für solche Gedanken besonders empfänglich. Die Kinder akzeptieren diese Gedanken unbewußt und reagieren entsprechend. Das Kind beginnt zu glauben, es sei dumm und zu nichts zu gebrauchen, obgleich das in Wahrheit gar nicht der Fall ist. Oftmals wehrt es sich, indem es schwierig wird und Feindseligkeit offenbart. Es ist außerdem völlig sinnlos, einem Kind zu sagen, es sei dumm, weil es darauf ohnehin keine Lösung weiß. Die einzige Alternative ist, das Kind zu lehren.

Sinnlos und töricht wäre es, einen Eimer schmutzigen Wassers zu beschimpfen und zu verurteilen. Das einzig Sinnvolle wäre es hier, sauberes Wasser einzufüllen, auch wenn das nur tropfenweise geschehen könnte. Nach einer gewissen Zeit verfügte man über einen Eimer mit sauberem Wasser. Ebenso sollten Eltern darangehen, ihren Kindern beizubringen, daß Gott allweise ist, daß Er alles weiß und daß Er ihnen immer antwortet. Lehren Sie Ihre Kinder, Gott um Führung beim Lernen zu bitten in dem Vertrauen, daß Er jedes Problem für sie lösen kann. Ein Kind kann leicht begreifen, daß Gott das ihm innewohnende Lebensprinzip ist, nicht sichtbar oder greifbar wie das Leben auch. Es begreift, daß es Gott nicht sehen kann, ebensowenig wie es seine Gedanken sehen kann oder seinen Geist oder seine Liebe zu seinem Hund – alles Attribute Gottes in ihm.

Ein 12jähriger Junge, der regelmäßig meine Sonntagsvorträge besucht, sagte einmal zu seiner Mutter: »Mami, ich weiß jetzt, wo Gott ist. Gott ist in mir. Ich kann Gott nicht sehen, aber ich kann Liebe, Freude und Glück empfinden und das ist Gottes Wirken in mir. Auch den Wind kann ich nicht sehen, aber ich kann seinen Hauch in meinem Gesicht spüren.« Es gibt viele Möglichkeiten, Kindern die Gottesgegenwart in ihrem Innern klarzumachen. Man hört beispielsweise eine schöne Symphonie ohne daß Dirigent und Orchester sichtbar sind. Diesen Vergleich begreift das Kind sehr leicht. Zeigen Sie ihm, daß es jederzeit Licht einschalten kann, aber die Elektrizität als solche nicht sieht.

Wie Sie die Gottesgegenwart in Ihrem Heim wachhalten

Machen Sie sich reguläre Morgen- und Abendgebete zur Gewohnheit, an denen die Kinder teilhaben. Lehren Sie Ihre Kinder Danksagungen bei Mahlzeiten und erinnern Sie Ihre Kinder von Zeit zu Zeit, daß Gott alle Dinge erschaffen hat — die Sonne, den Mond, die Sterne — die ganze Welt und daß sie, wenn sie einander lieben, der Liebe Gottes Ausdruck geben. Machen Sie ihnen klar, daß Gott die Unendliche Heilungsgegenwart ist, die einen verletzten Finger heilt und ihnen neue Haut gibt, wenn sie sich verbrannt haben.

Viele Schulkinder sind begeistert, wenn ich ihnen erkläre, daß sie durch abendliches Praktizieren einer simplen Technik Führung bei ihren Aufgaben erhalten und alle Prüfungen mit Leichtigkeit und ohne jede Anspannung bestehen. Das Folgende ist ein einfaches Gebet, das von vielen Schulkindern und Studenten allabendlich vor dem Einschlafen angewandt wird:

Bei allen meinen Studien werde ich Göttlich geführt. Mein Gedächtnis funktioniert perfekt. Alles, was ich wissen muß, kommt mir augenblicklich in den Sinn. Ich bestehe alle Prüfungen in Göttlicher Ordnung. Wie auch immer meine Aufgaben geartet sein mögen, ich widme ihnen meine ungeteilte Aufmerksamkeit und ich weiß, daß mein Unterbewußtsein mir entsprechende Eingebungen zuleitet und mir die Antworten gibt, wenn ich sie brauche. Ich schlafe in Frieden und erwache froh.

Geben Sie diese Gebetstechnik an Ihre Kinder weiter und erklären Sie ihnen, daß diese einfachen Wahrheiten, regelmäßig einige Minuten lang wiederholt, sich ihrem Unterbewußtsein einprägen, dem Sitz des Gedächtnisses; und was immer dem Unterbewußtsein aufgeprägt wird, kommt zum Ausdruck. In anderen Worten: Machen Sie ihnen klar, daß sie sich gedrängt fühlen werden, gute Leistungen zu erbringen, denn die Natur des Unterbewußtseins ist Zwang.

Ein zwölfjähriges Mädchen spricht mit Gott und löst ihr Problem

Meine zwölfjährige Nichte, die in einem englischen Internat erzogen wird, schrieb mir, daß ihre Leistungen nach Ansicht ihrer Lehrerin durchaus noch Verbesserung erfahren könnten. Daraufhin entschloß sie sich, mit Gott darüber zu sprechen. Ihr Gebet war sehr einfach und praktisch:

»Gott, Du bist allwissend; führe mich und zeige mir, wie ich auf jede Weise mein Bestes geben kann. Danke, Gott.«

Sie hatte eine Antwort erwartet, deshalb wurde ihr eine zuteil, und sie hat seither beachtliche Leistungen aufweisen können. Die Natur dieser höchsten Intelligenz in uns ist antwortend und das einfache, von Herzen kommende (mit Gefühl geladene) Gebet erhält immer eine Antwort. Kindern die Gegenwart und Macht Gottes zu erklären, ist so wichtig wie Nahrung, Kleidung und Wohnung. Er ist das lebenspendende Brot vom Himmel.

Ein Plan für Eltern und Kinder

Wir können immer nur das geben, was wir haben, deshalb sollten Eltern es sich angelegen sein lassen, die Gesetze des Geistes zu studieren und das Wirken der Unendlichen Intelligenz in uns ihren Kindern nahezubringen. Machen Sie das folgende zu Ihrem Bekenntnis:

Gott ist, und alles, was ist, ist Gott − in allem, über allem, durch alles, in allem. Gott ist der lebendige Geist, das Lebensprinzip in allem.

Gott liebt uns und sorgt für uns. Gott steht an erster Stelle im Leben. Wenn wir uns der Unendlichen Gegenwart und Macht in uns zuwenden und Harmonie, Frieden, Fülle, Weisheit, rechtes Handeln und Schönheit als in unserem Leben wirksam beanspruchen, ereignen sich Wunder als Auswirkung dieses Gebets.

Jeden Morgen nach dem Erwachen sagen wir Gott Dank für den neuen Tag, der uns geschenkt wurde, und für die herrlichen Gelegenheiten, mehr von Seinem Licht, Seiner Liebe, Wahrheit und Schönheit auf die Menschheit auszustrahlen.

Jeden Abend vor dem Einschlafen sagen wir: »Wir schlafen in Frieden, erwachen froh und leben in Gott. Den Seinen gibt's der Herr im Schlaf.«

Ein solches Gebet, regelmäßig und beharrlich angewandt, möglichst in Gegenwart der Kinder, wird diese Wahrheiten aus dem Unterbewußtsein aller aufsteigen lassen und aktivieren.

Kindern, die in diesem Geist heranwachsen, wird Weisheit, Wahrheit und Schönheit zuteil, und sie bezeugen auf diese Weise das alte Wort, daß wir allein existieren, um Gott zu verherrlichen.

Zusammenfassung

1. Jedes Kind braucht Disziplin und Zurechtweisung. Es ist unerläßlich, daß Sie Ihr Mißfallen äußern, sobald es gegen die gemeingültigen Regeln der Umwelt verstößt. Zu Hause, in der Schule oder wo auch immer. *Ohne Disziplin keine Liebe und keine Liebe ohne Disziplin.*

2. Das Wort ›Haß‹ in der Bibel steht für totale und nachdrückliche Ablehnung aller Negativitäten des Lebens, wie lügen, stehlen, schlechtes Benehmen etc. In anderen Worten, es verlangt von uns, keinerlei Unrecht gutzuheißen. Das Kind muß seine Lektion lernen. Hat es das getan, wird sich kein Unrecht wiederholen.

3. Weisheit ›rechtfertigt‹ sich durch ihre Kinder. Mit diesen ›Kindern‹ der ›Weisheit‹ sind auch Produkte des Geistes gemeint: Bücher, Filme, Gemälde, Kompositionen etc. Sie alle spiegeln den Bewußtseinszustand ihres Urhebers wider.

4. Hat ein Kind die wahren Bedeutungen der zehn Gebote und der goldenen Regel erfaßt und zum festen Bestandteil seines Bewußtseins gemacht, wird sich Göttliches Gesetz und Göttliche Ordnung in seinem Leben manifestieren.

5. Ein Kind, völlig sich selbst überlassen, ohne jede geistige Anleitung, entwickelt verwirrte Anschauungen und wird streitsüchtig.

6. Kinder rechtfertigen die Weisheit der Eltern. Das heißt, sie reflektieren die weisen Anweisungen ihrer Eltern.

7. Kinder wissen genau, wenn sie Strafe verdient haben; sie wissen, was auf sie zukommt. Ein Vater, der seinem Sohn

Disziplin beibringt, beweist in Wirklichkeit seine Liebe für ihn — er zeigt seine Verantwortung für die Zukunft und das Wohlergehen seines Sohnes.

8. Eltern, die sich immer wieder der Gottesgegenwart in ihrem Kind bewußt werden und bejahen, daß die Weisheit, Intelligenz und Harmonie Gottes in ihrem Kind Ausdruck findet, werden erleben, wie ihr Kind diese Attribute im Äußeren manifestiert.

9. Antiautoritäre Eltern, die es an bewußter Anleitung und Steuerung der Kinder fehlen lassen, werden erleben müssen, wie sich ihre Kinder zu Egoisten entwickeln ohne Selbstvertrauen, Selbstsicherheit und Selbstkontrolle.

10. Streitende Eltern, die ständig gegenseitige Feindseligkeit zur Schau tragen, übertragen diese negativen Schwingungen unbewußt auf ihre Kinder. Das verstört diese und gibt ihnen das Gefühl, nicht geliebt und gewürdigt zu werden. Darüber hinaus befürchten sie ein Scheitern der elterlichen Ehe und den Verlust des Elternhauses mit all seiner Geborgenheit, die für heranwachsende Kinder so wesentlich ist. Diese Befürchtungen finden ihren äußeren Ausdruck in ›Vergeltungsaktionen‹ wie Diebstahl, schlechten Noten und allgemeinem Aufbegehren.

11. Auch kleinere Kinder können Gott begreifen. Man kann ihnen klarmachen, daß Gott ihr Verstand ist, ihr Leben und daß diese Gegenwart über sie wacht, wenn sie schlafen; daß sie sie heilt, inspiriert und auch beim Lernen anleitet. Das Kind wird begreifen, daß es den Wind nicht sehen kann, aber den Windhauch im Gesicht spürt. Ebenso kann es Liebe, Freude, Frohsinn fühlen — alles Attribute Gottes.

12. Auch Schulkinder können mit der Unendlichen Intelligenz in ihrem Innern vertraut werden durch Bejahung vor dem Einschlafen: »Die Unendliche Intelligenz führt mich bei meinen Studien und ich verfüge jederzeit über ein perfektes Gedächtnis. Alles, was ich wissen muß, weiß ich, wenn ich es brauche. Ich bestehe alle Examen in Göttlicher Ordnung.« Die Ernte dieser Gedankensaat erfolgt mit Sicherheit. Eine gute Möglichkeit für Kinder, mit der inneren Gottesgegenwart vertraut zu werden.

13. Ein zwölfjähriges Mädchen spricht mit Gott und beansprucht Führung bei seinen Studien. Das Resultat: enorme Leistungssteigerung in allen Unterrichtsfächern.

17

Wünsche werden·Wirklichkeit durch Außersinnliche Wahrnehmung

Es ist völlig in Ordnung, einen Traum, ein Ideal oder ein Ziel zu haben. Ihre Wunschvorstellungen bedürfen allerdings eines soliden Fundamentes, andernfalls sind sie bloße Phantasien, die bestenfalls geeignet sind, Ihre Energien zu verschwenden und Ihren gesamten Organismus zu schwächen. Es gibt genügend Männer und Frauen, die nicht wissen, was sie wollen und die niemals über ihre Kinderträume hinausgelangt sind.

Auf irgendeine Art geraten ihre Phantasien in Verstrikkungen mit den Realitäten und das Ganze wird derart konfus, daß sie echte Schwierigkeiten haben, das eine vom andern zu unterscheiden. Außersinnliche Wahrnehmungen bringen hier die Lösung.

Wie sie ihren Traum verwirklichte durch Aktivierung ihres Unterbewußtseins

Vor einigen Monaten hatte ich in Las Vegas eine Unterredung mit einer jungen Frau. Als ich kürzlich wieder einmal dorthin zurückkehrte, wo ich auch dieses Kapitel schrieb, besuchte sie mich und erzählte mir, wie sie ihren Traum verwirklicht hatte.

Bei unserer ersten Unterredung hatte sie mir nämlich erzählt, daß sie sich einer Art Tagträumen hingegeben hatte. Sie wollte ein Filmstar sein, mit Dienerschaft, Auto und Chauffeur zu ihrer Verfügung. Andererseits gab sie freimütig zu, auch nicht das geringste schauspielerische Talent zu besitzen.

Sie war emotionell noch völlig unreif. Sie hatte sich lediglich einen unausgegorenen Kindheitstraum in ihr Erwachsenenleben mit hinübergenommen. Eine recht kindliche Konzeption vom Filmstar-Dasein — mehr das leicht angekitschte Traumgebilde einer Filmprinzessin. Sie hatte zahllose Affären mit Männern, die ihr eine Filmkarriere versprochen hatten, wenn sie ›nett‹ zu ihnen sein würde, mußte aber schließlich doch einsehen, daß ihr nur etwas vorgemacht worden war. Das wiederum führte zu ihrer völligen Desillusionierung und zu Frustrationen.

Ich machte ihr den Vorschlag, die Talente, über die sie tatsächlich verfügte, konstruktiv zu gebrauchen. Sie konnte sehr gut Maschinenschreiben, und auch in Steno war sie ausgezeichnet.

Ich sagte ihr damals, sie solle gefälligst zur Erde zurückkehren und aufhören, in einem marmornen Wolkenpalast zu wohnen. Ich schlug ihr die folgende Bejahung vor: »Die Unendliche Intelligenz eröffnet mir die Möglichkeit zu vollkommenem Selbstausdruck. Ich kann meine Talente nutzbringend einsetzen auf wunderbare Weise und ich erfahre Göttliche Ausgeglichenheit. Ich werde gebraucht, ich bin erwünscht, ich werde von einem wunderbaren Ehemann geliebt und umsorgt und ich trage zu seinem Glück und Erfolg bei auf wunderbare Weise.«

Ich erklärte ihr, daß diese Bejahungen nach einigen Wiederholungen in die Tiefen ihres Unterbewußtseins sinken würden, das sofort an der Verwirklichung ihrer Wünsche arbeiten würde.

Führung — eindeutig und unmißverständlich — aus den Tiefen des Unbewußten

Kurz darauf begegnete ihr auf einer Geselligkeit ein Englischprofessor, der ihr anbot, seine Sekretärin zu werden. Inzwischen ist sie mit ihm verheiratet und sehr glücklich. Die Führung, die ihr zuteil wurde, offenbarte sich in einem starken, fast zwingenden psychischen Impuls, an dieser Veranstaltung teilzunehmen. Das ist besonders bemerkenswert, da sie bei einer früheren Gelegenheit eine Einladung abgelehnt hatte. Die Weisheit ihres unterbewußten, wahrnehmenden Geistes wußte, wie ihre Träume Erfüllung finden und brachte die Verwirklichung. Sie baut keine Luftschlösser mehr — das heißt, sie baut sie schon noch, aber jetzt weiß sie, wie man Luftschlössern ein Fundament unterlegt.

Wie Dave ein solides Fundament baute

Heute hatte ich eine Verabredung mit meinem alten Freund Dave, dem Leiter einer der progressivsten und aufgeklärtesten Gemeinden. Vor vielen Jahren hörte er regelmäßig meine Vorträge im Wilshire Ebell Theatre in Los Angeles. Er entwickelte ein intensives Interesse für die Wahrheitslehren und es dauerte nicht lange und er betätigte sich als Platzanweiser, Zeremonienmeister und Organisator. Er machte sich rundum nützlich. So blieb es viele Jahre lang. Mit seinem Beruf — er hatte etwas mit dem Musiktheater zu tun — war er seit langem unzufrieden. Es behagte ihm nicht, immer gerade so zurechtzukommen.

Da Dave so begeistert von den Wahrheitslehren, der esoterischen Bedeutung der Bibel und der Wirkungsweise des Unterbewußtseins war, war ich überzeugt, daß er als Wahrheitslehrer sehr erfolgreich sein würde. Diese Idee fand ihren Widerhall in Daves Unterbewußtsein und er begann mit einem fünfjährigen Studium für das Lehramt der Religious Science.*

Der Erfolg stellte sich vom ersten Tag seiner Lehrtätigkeit ein und ist ihm bis auf den heutigen Tag treu geblieben. Das ist völlig natürlich, denn er liebt seine Aufgabe, sie macht ihm Freude, bringt ihm Erfüllung und Befriedigung. Er ist glücklich und erfreut sich eines Göttlichen Wohlstandes. Er hat jetzt eine der größten und schönsten Science-of-Mind-Kirchen in Nevada übernommen, unterhält Jugendprogramme und zweimal wöchentlich hält er Science-of-Mind-Lehrgänge und Sonntagmorgen-Vorträge. Seine Organisation wächst rapide.

Wie er mir sagte, war er noch nie so glücklich in seinem Leben. Seine Arbeit in Las Vegas macht ihm Freude und er ist sehr erfolgreich.

Seine Fundamental-Technik

Während seiner Ausbildung zum Science-of-Mind-Geistlichen setzte er sich jeden Abend still hin, brachte den Gedankenfluß zur Ruhe und fixierte seine Aufmerksamkeit auf das, was er so sehr wünschte: Er sah sich in seiner Imagination auf einer Kanzel stehen und die großen Wahrheiten Gottes einer begeisterten Zuhörerschaft erklären. Er fühlte die Realität seiner Imagination so deutlich und greifbar, daß er mir noch vor seiner Ordinierung sagte: »Ich bin völlig überzeugt, meine eigene Kirche zu haben und ihr Pastor zu

---

* Anm. d. Übers.: Religious Science (Religiöse Wissenschaft) oder Science of Mind (Wissenschaft des Geistes) ist eine in den USA sehr verbreitete neugeistige Bewegung. In den zwanziger Jahren von Ernest Holmes gegründet, findet sie neuerdings auch in Europa immer mehr Freunde.

sein. Ich weiß es, fühle es und in Visionen habe ich Kirche und Gemeinde schon hundertmal gesehen.«*

Und alles das verwirklichte sich und bewies die Wahrheit von Thoreaus berühmten Ausspruch: »Wenn der Mensch ein Bild dessen, was er sein und tun will, im Bewußtsein hat und dieses Bild aufrechterhält, dann wird die Gotteskraft es entwickeln und verwirklichen.«

Auch Sie können Ihrem Herzenswunsch ein solides Fundament unterlegen. Wie Dave mir sagte, weist er seine Schüler immer wieder darauf hin, daß eine grundlegende Kenntnis der Macht und Arbeitsweise des Unterbewußtseins die unabdingbare Voraussetzung für den Erfolg ist. Andernfalls bleiben ihre Luftschlösser substanzlos wie eine Rauchwolke.

Seine veränderte Einstellung und Außersinnliche Wahrnehmung brachten ihm eine Viertelmillion

Eine interessante Begegnung hatte ich mit einem Mann, dem ich telefonisch geistige Ratschläge geben konnte. Das folgende ist eine Kurzfassung seines Falles: Sohn eines sehr reichen Industriellen, aber keineswegs verwöhnt, sondern vom Vater streng, autokratisch, um nicht zu sagen grausam erzogen, hatte er die in ihn gesetzten Erwartungen nicht erfüllen können, sondern einen neurotischen Haß auf den Vater entwickelt. Er rächte sich, indem er giftige Artikel über Machenschaften des Big Business verfaßte; mehr noch, er reiste in seine Heimatstadt und hielt dort Vorträge über den Wert einer kommunistischen Gesellschaftsordnung — ausgerechnet im Club seines Vaters. Er wußte genau, daß er

---

* Anm. d. Übers.: Neugeistige Gruppierungen, wie Science of Mind, Divine Science, Unity etc., sind in den USA als Kirchen institutionalisiert. In deutschsprachigen Ländern haben Science of Mind, Unity und CSA die Form von Studiengruppen oder Zentren.

ihn damit bis aufs Blut reizen würde. Es war, wie er sagte, sein Verlangen, es seinem Vater heimzuzahlen. Unterdrückter Zorn, Feindseligkeit plus Schuldkomplexe ließen ihn zur Flasche greifen, und er entwickelte sich zu einem schweren Gewohnheitstrinker. Außerdem zog er sich Magengeschwüre und hohen Blutdruck zu; und — als ob das noch nicht genügte — er bewegte sich am Rande des Bankrotts.

Meine Erklärungen für die tieferen Gründe seines Verhaltens brachten schon einmal 75 Prozent der Heilung. Er begriff, daß seine Handlungen eine gewisse emotionale Unreife offenbarten. Er trank, um seine Schuldgefühle loszuwerden, so wie ein anderer eine Kopfschmerztablette nehmen würde. Es dämmerte ihm allmählich, daß er im Begriff war, sich selbst zu zerstören, auch wenn er der irrigen Meinung war, damit seinen Vater zu treffen. Er entschloß sich, seine Haltung zu ändern, und bediente sich dazu des wissenschaftlichen Gebetes.

Er bejahte mehrmals am Tage: »Ich gebe meinen Vater in die Obhut Gottes. Ich lasse ihn völlig los und wünsche ihm Gesundheit, Frieden, Erfolg und alles Gute im Leben. Jedesmal, wenn ich an ihn denke, bejahe ich sofort: Ich habe dich losgelassen. Gottes Friede erfüllt deine Seele! Ich werde Göttlich geführt. Das Göttliche Gesetz beherrscht mich. Göttliche Liebe und Göttlicher Frieden durchdringen meine Seele. Nahrung und Getränke sind Ideen Gottes. Sie entfalten sich fortwährend in mir und bringen mir Harmonie, Gesundheit und Frieden. Gott denkt, spricht und handelt durch mich. Ich bin Ausdruck Gottes und finde Erfüllung in jeder Weise.«

Er wiederholte diese Wahrheiten zeitweilig auch laut, das bewahrte seine Gedanken vor dem Abschweifen. Jedesmal, wenn ihm ein negativer Gedanke in den Sinn kam, bejahte er: »Gott liebt mich und sorgt für mich.« Nach ein paar Wochen entwickelte er sich zu einem konstruktiven Denker.

Seine ›Film‹-Technik

Jeden Abend setzte er sich für etwa zehn Minuten still hin, entspannte sich völlig von Kopf bis Fuß und stellte sich plastisch vor, wie ich ihm zu seiner Befreiung von der Alkoholsucht gratulierte und jedesmal, wenn ihn wieder das Verlangen nach einem Drink packte, schaltete er sein ›Mentalkino‹ ein im Bewußtsein, daß hinter ihm eine allmächtige Kraft steht. Es war eine Angelegenheit von wenigen Wochen bis er von seiner Trunksucht vollkommen geheilt war. Seine neue Einstellung brachte Veränderungen in allen Bereichen mit sich.

Heute, nach nur drei Monaten, erzählte er mir, daß sein Geschäft sich derart gut entwickelt habe, daß seine Aktiva bereits einen Wert von 200 000 Dollar haben. Außersinnliche Wahrnehmung befähigte ihn zu klugen Entscheidungen und brachte ihm Wohlstand.

Gesichtszucken ruinierte seine Karriere

Auf einer Fahrt zu Mexikos berühmten Pyramiden machte ich die Bekanntschaft eines Geistlichen, der unter heftigem Gesichtszucken litt. Ein Leiden, das ihm verständlicherweise sehr zu schaffen machte. Er hatte alle Arten von Injektionen erhalten, um den zuckenden Nerv abzutöten oder zu paralysieren, aber nach wenigen Monaten begannen die Zuckungen von neuem. Besonders kritisch wurde es für ihn, wenn er vor seiner Gemeinde sprach oder bei gesellschaftlichen Zusammenkünften. Er war jetzt an einem Punkt angelangt, wo er ganz ernsthaft den Gedanken an einen Rücktritt erwog. Er konnte die Bemerkungen der Leute einfach nicht mehr hören und die ständige Blamage nicht mehr ertragen.

Nach längerer Diskussion bemerkte ich, daß er meiner Ansicht nach ein Gefühl des Verletztseins zusammen mit einem Schuldkomplex unterhielt und davor bewußt die Augen verschließen wollte. Da sein rechtes Auge von den Gesichtszuckungen mitbetroffen war, lag der Schluß nahe, daß sein Zustand etwas symbolisierte – eine unerwünschte Situation, die er möglicherweise nicht wahrhaben wollte; es gab einen triftigen Grund, weshalb sein Unterbewußtsein sich Gesicht und rechtes Auge als Sündenbock erkoren hatte. Hier konnte nur Außersinnliche Wahrnehmung Aufklärung bringen.

Im weiteren Verlauf unseres Gesprächs gab er freimütig zu, nicht mehr an das, was er seiner Gemeinde da vorpredigte, zu glauben. Das führte einerseits zu einem Schuldkomplex und andererseits zu Furchtgefühlen, seinen Lebensunterhalt in keinem anderen Beruf verdienen zu können. Er hatte starke Antipathien und Ressentiments gegenüber einigen seiner Kirchenältesten entwickelt, die ihn sofort heftig kritisierten, sobald er auch nur im geringsten von den orthodoxen Lehren dieser Kirche abgewichen war. Alle diese nervlichen Belastungen wurden von seinem Unterbewußtsein in ein Gesichtszucken umgesetzt. Es war gewissermaßen ein Ausgleich für sein Unvermögen, seiner Gemeinde ehrlich, aufrichtig und furchtlos entgegenzutreten und ihr klipp und klar zu eröffnen, daß er die Dogmen, Lehrmeinungen und Glaubensinhalte dieser Kirche nicht mehr länger teilen könne.

Alles das hatte ich ihm klargemacht und er hatte mir freimütig eingestanden, daß ich mit dieser Analyse den Nagel auf den Kopf getroffen hatte. Ich schlug ihm daher vor, am kommenden Sonntag furchtlos und kühn vor seine Gemeinde hinzutreten und seinen Rücktritt bekanntzugeben mit der ausdrücklichen Begründung, daß er nicht mehr länger von dem, was er predigte, überzeugt war und sich daher außerstande sähe, etwas zu lehren, an das er nicht glauben könne. Das würde einen starken negativen Konflikt in seinem Bewußtsein verursachen und letztlich geistige und physische Störungen nach sich ziehen.

Seine Ansprache war eine der besten, die er jemals gehalten hatte. Sie kam aus vollem Herzen. In einem Brief an mich schrieb er: »Nachdem ich meinen Rücktritt erklärt hatte, kam ein großes und wunderbares Gefühl des Friedens über mich. Meine ständige Bejahung: ›Du zeigst mir den Pfad des Lebens!‹ Einer meiner früheren Kirchenältesten trug mir eine Position in seinem Unternehmen an. Ich akzeptierte und bin dort als Personalchef jetzt glücklich und zufrieden.«

Er fügte hinzu: »Sie hatten recht —
oftmals liegt die Heilung in der Erklärung«

Wenn Sie ein mentales, physisches oder emotionelles Problem haben sollten, dann fragen Sie sich: »Wovor stecke ich den Kopf in den Sand? Wovor verschließe ich die Augen? Ist da irgendein unterdrücktes Gefühl der Feindseligkeit, sind da irgendwelche Ressentiments?« Treten Sie dann dem Problem entgegen, und lösen Sie es mit Außersinnlicher Wahrnehmung, und lösen Sie es auf im Licht der Liebe Gottes.

Wie sie ihre Einsamkeit überwand

Sehr gerne führe ich Seminare an Bord eines Schiffes durch, verbunden mit einer Kreuzfahrt. Eine dieser Fahrten auf der *Princess Carla* führte uns in die Karibik. Das Seminar an Bord bestand aus Vorträgen und Einzelberatungen. Eine junge Frau aus New York, die zwar keine Seminarteilnehmerin war, aber mein Buch *Die Macht Ihres Unterbewußtseins* gelesen hatte, wollte von mir die Frage geklärt wissen, weshalb sie ständig die falschen Partner zu sich heranzog. Entweder waren es Alkoholiker oder sie waren verheiratet oder es waren Männer mit abartigen Neigungen. Sie war irgendwie verschüchtert, feindselig und glaubte, sich ständig auf Abwehr einstellen zu müssen. Ich stellte ihr eine ganz simple Frage: »Was verzehrt Sie innerlich?« Das ist genau die Frage, die ein Kahuna (Eingeborenenpriester auf Hawaii) einem Heilungssuchenden stellt. Sie platzte heraus: »Ich hasse meine Mutter! Als mein kleiner Bruder an Scharlach gestorben war, hatte sie zu mir gesagt: Warum konntest du das nicht sein?!«

Das war natürlich ein furchtbarer Schock für das Gemüt eines 13jährigen Kindes. Gewiß hatte die Mutter im jäh auflodernden Schmerz nicht gewußt, was sie sagte, als sie der Tochter vorwarf, am Leben zu sein, während der Bruder sterben mußte. Diese sehr attraktive und charmante junge Dame hatte auch auf der Kreuzfahrt viele Bekanntschaften gemacht, war aber jedem einzelnen Mann gegenüber geradezu ungerechtfertigt kritisch. Sie hatte einen ausgesprochenen ›Ablehnungskomplex‹ aus der Furcht heraus, wohl nie geliebt zu werden. Sie erwartete Zurückweisung und war sich nicht der Tatsache bewußt, daß sich ihre Befürchtungen mit Sicherheit im Äußeren manifestieren würden. Einerseits sehnte sie sich nach Zweisamkeit, wollte sie gewürdigt, erwünscht und geliebt sein, andererseits war da dieser unterbewußte Konflikt, der auf diese unglückselige Bemerkung der Mutter zurückging: »Weshalb konntest du das nicht sein?«

Wir hatten ein langes Gespräch miteinander, in dem ich sie überzeugen konnte, daß die Vergangenheit tot sei und nichts zählte, als der gegenwärtige Moment; alles, was sie tun mußte, war, ihr gegenwärtiges Denken zu ändern und geändert zu halten. Ihre Zukunft würde dann die genaue Projektion ihres jetzigen gewohnheitsmäßigen Denkens sein. Wie wir im Garten unseres Geistes säen, so werden wir in unseren äußeren Erfahrungen ernten. Ich entwarf dann ein Bejahungsschema für sie, wobei ich betonte, daß sie nicht in den gebräuchlichen Fehler verfallen dürfe, das gerade soeben Bejahte bei nächster Gelegenheit wieder zu verneinen. Die Bejahung lautete folgendermaßen:

Ich bin mir bewußt, daß die Vergangenheit tot ist, daher brauche ich mein Unterbewußtsein nur mit lebengebenden Denkmustern zu füllen und alles Negative, alle traumatischen Wunden der Vergangenheit sind ausgelöscht. Ich erkläre jetzt, daß ich von der Unendlichen Intelligenz geführt werde und daß meine Seele von Göttlicher Liebe erfüllt ist. Ich bin inspiriert und erleuchtet und meine verborgenen Talente werden mir offenbar. Ich strahle Liebe, Frieden und guten Willen auf alle Menschen aus. Ich habe viel zu geben, bin ehrlich und aufrichtig. Ich weiß ein behagliches Heim zu schätzen. Ich kann einen Mann, der Sinn für Göttliches hat, lieben, bewundern und umsorgen. Ich liebe ein schönes Zuhause, bin sparsam und bin die ideale Partnerin für einen Mann, der seinerseits liebevoll, freundlich und friedliebend ist. Wenn mir meine Mutter in den Sinn kommt, segne ich sie. Sie befindet sich jetzt in der nächsten Lebensdimension und ich weiß, daß ihre Reise aufwärts, Gottwärts führt. Ich vergebe mir selbst für meine Grollgedanken und ich weiß, daß Gott mich liebt und für mich sorgt. Wann immer ich versucht bin, mich zu kritisieren, bejahe ich sofort: »Gott liebt mich und sorgt für mich.«

Eine freudige Überraschung war es für mich, als diese junge Dame vor kurzem zu meinem Vortrag kam und mich mit ihrem Ehemann bekannt machte, einem früheren Offizier der britischen Marine. Sie sind sehr glücklich miteinander. Augenblicklich befinden sie sich auf einer achtmonatigen Kreuzfahrt. Sie hat die erworbenen Kenntnisse der Wahrheit in ihr Unterbewußtsein aufgenommen. Wie sie mir sagte, war es eine Stunde der Wahrnehmung, die ihr Leben veränderte. Es ist wahr: Ihr Geschick kann sich in einem einzigen Augenblick verändern.

Zusammenfassung

1. Es ist völlig in Ordnung, Wunschträume zu hegen. Es bedarf jedoch eines soliden psychischen Fundamentes, damit sie keine leeren Phantastereien bleiben.

2. Werden Sie sich über Ihre Begabungen, Ihre gegenwärtigen Fähigkeiten klar, und bauen Sie gedanklich von diesen Punkt aus auf. Dann machen Sie sich bewußt, daß Sie Göttlich geführt werden und deshalb zum wahren Selbstausdruck gelangen. Die Antwort wird aus Ihrem Unterbewußtsein kommen, und Sie werden sie als klare und eindeutige Führung erkennen.

3. Wenn Sie ein Gedankenbild Ihrer Wünsche festhalten und es in einen entsprechenden Handlungsablauf kleiden, immer eingedenk der Tatsache, daß sich die Entwicklung in Ihrem Unterbewußtsein vollzieht, werden Sie die Erfüllung erleben. Sie erfolgt mit mathematischer Genauigkeit früher oder später — je nach Klarheit des Gedankenbildes und Stärke der Empfindung. Wenn Sie in Ihrer Imaginationsarbeit beharrlich sind, werden sich Möglichkeiten für Sie öffnen, die dem als wahr und bereits vorhanden Vorgestellten entsprechen.

4. Der Wunsch nach Vergeltung ist selbstzerstörerisch. Statt auf andere geistig zurückzuschlagen, sollten wir sie in Gottes Hände geben und ihnen alle Segnungen des Lebens wünschen. Sollten Sie Alkoholiker sein, dann vergeben Sie sich selbst Ihre negativen Gedanken und stellen Sie sich vor, wie Freunde Ihnen zu der wiedergewonnenen Freiheit von Ihrer Sucht gratulieren. Dieser ›mentale Film‹ wird bei beharrlicher Wiederholung von Ihrem Unterbewußtsein aufgenommen, das alles Weitere veranlaßt. Sie werden plötzlich kein Verlangen nach Alkohol mehr verspüren. Das Gesetz des Unterbewußtseins ist Zwang – was immer Sie ihm aufprägen, findet seinen Ausdruck im Äußeren. Seinen Zwang können Sie mit Außersinnlicher Wahrnehmung steuern.

5. Gesichtszucken kann von tiefsitzenden Ressentiments gepaart mit Schuldkomplexen herrühren. Ein Versteckspiel vor dem eigentlichen Konflikt tut ein übriges. Hier hilft nur absolute Aufrichtigkeit sich selbst gegenüber zusammen mit Außersinnlicher Wahrnehmung. Wer bestimmte Lehren innerlich ablehnt, muß das auch bekennen und sich weigern, sie weiterzuvermitteln. Bejahen Sie, daß die Unendliche Intelligenz in Ihrem Innern neue Möglichkeiten des Selbstausdrucks für Sie eröffnet und sie wird Ihnen antworten in Göttlicher Ordnung und die erwünschte Heilung wird erfolgen.

6. Nach dem Mentalgesetz: »Gleiches zieht Gleiches an« zieht eine Frau, die unüberwindliche Haßgefühle ihrer Mutter gegenüber hegt, unpassende Partner in ihr Leben. Wenn sie ihr Denken ändert – eingedenk der Tatsache, daß die Vergangenheit tot ist und nur die Gegenwart zählt – verändert sie ihre Zukunft, denn Zukunft ist nur manifestierte Gegenwart.

18

Außersinnliche Wahrnehmung
früherer Leben

Emerson sagt: »Es gibt einen Geist, allen Individuen verfügbar. Jeder Mensch ist mit ihm verbunden und durch ihn mit jedem anderen. Wer einmal Zutritt erlangt hat, dem steht das ganze Besitztum offen. Was Plato lehrte, mag er denken; was ein Heiliger gefühlt hat, mag er fühlen; was allezeit Menschen widerfuhr, kann er verstehen. Wer Zugang hat zu diesem universellen Geist, ist Teil von allem, das ist oder getan werden kann, denn er ist die allein und souverän wirkende Kraft.«

Emerson will mit diesen Worten zum Ausdruck bringen, daß Ihr Unterbewußtsein, das eins ist mit dem universellen subjektiven Bewußtsein der gesamten Menschheit, alles Wissen gespeichert hat, das in der Menschheitsentwicklung jemals bekannt wurde, sowohl physiologisch als auch geistig.

Alle Sprachen, die je gesprochen wurden, alle Musik, die jemals erklang, alle Entdeckungen und Erfindungen, die je von Menschen gemacht wurden, und die Erfahrungen aller Menschen sind in Ihrem Unterbewußtsein registriert — unauslöschlich und unfehlbar.

In diesem Kapitel behandeln wir die außersinnliche Wahrnehmungsfähigkeit dieses Vorratshauses menschlicher Erfahrungen.

Ihr Unterbewußtsein erwägt nicht — es nimmt nur an

Ihr Unterbewußtsein argumentiert nicht. Es akzeptiert jede Eingebung die ihm von Ihrem wachbewußten Verstand übermittelt wird. Ausgehend von dieser Eingebung, wirkt das Unterbewußtsein deduktiv (das Besondere aus dem Allgemeinen erschließend). Es bedient sich aller legitimen Eingriffsmöglichkeiten mit erstaunlicher Klarheit.

Ein mißglücktes Hypnoseexperiment

Vor einiger Zeit war ich bei einem Experiment zugegen, das ein Freund von mir mit einem Mann durchführte, den wir Mr. X nennen wollen. Dieser stand als praktizierender Katholik jedem Gedanken an Reinkarnation mit leidenschaftlicher Ablehnung gegenüber. Anhand von Tonbändern, die während der Hypnose aufgenommen wurden, wollte der Psychologe ihm jedoch beweisen, daß er schon oftmals zuvor auf dieser Erde gelebt habe. Im Zustand der Hypnose suggerierte er Mr. X, daß er ihn 500 Jahre zurückversetzen würde. Er solle ihm nun mal erzählen, wer er war, wo er gelebt und was er so getrieben habe. Keine Antwort. Daraufhin versetzte ihn der Psychologe 1000 Jahre zurück und fragte ihn: »Wie heißen Sie?« Wiederum keine Antwort. In heller Verzweiflung sagte der Psychologe: »Ich versetze Sie nun ganz, ganz weit zurück, in Urzeiten — lange bevor man von England oder Irland jemals gehört hat — weit, weit zurück. Wer sind Sie?«

Es herrschte etwa eine Minute absolute Stille, dann sagte Mr. X klar und deutlich: »Am siebenten Tage ruhte ich.« Damit endete das Hypnoseexperiment zur Erforschung der Reinkarnation des Mr. X.

Weshalb das Experiment mißglückte

Im allgemeinen trifft es zu, daß ein in Trance befindlicher Mensch mit dem Hypnotiseur bedingungslos kooperiert. Das Unterbewußtsein kann nicht abwägen, sondern akzeptiert ohne weiteres. In diesem Fall jedoch hatte Mr. X seinem Unterbewußtsein vor dem Schlafzustand eingegeben: »Ich glaube nicht an Reinkarnationen. Ich werde nicht reagieren.« Sein Unterbewußtsein akzeptierte die dominierende Suggestion, nämlich die von Mr. X. Halten wir fest — Ihr Unterbewußtsein akzeptiert von zwei Eingebungen immer die dominierende. Mr. X neutralisierte die Suggestion des Hypnotiseurs und reagierte recht humorvoll auf die dritte Frage.

Ein Experiment mit der Schwester des Mr. X

Die Schwester gab ihrem Unterbewußtsein keinerlei Kontersuggestionen und konnte daher vom Hypnotiseur in Trance durch verschiedene Epochen geführt werden. So behauptete sie, Johanna von Orleans zu sein und sprach auch fließend französisch. Zu anderen Zeiten war sie eine ägyptische Prinzessin und setzte zu einer Abhandlung über das religiöse Leben im alten Ägypten an. Sie behauptete, daß die Pyramiden von Männern in einem Zustand der Halb-Trance gebaut wurden. Dadurch sollten sie imstande gewesen sein, die schweren Steine allein durch Geisteskraft zu heben, zu schneiden und an den richtigen Stellen einzusetzen; alles das sollte ganz ohne jedes Werkzeug, ohne den kleinsten Hammerschlag vor sich gegangen sein, nur durch die Kraft des Geistes.

Selbstverständlich gab es keine Möglichkeit zu beweisen, daß sie in früheren Inkarnationen eine ägyptische Prinzessin oder Johanna von Orleans gewesen war. Bei einem Gespräch erfuhr ich von ihr, daß sie die französische Sprache vier Jahre lang studiert und längere Zeit in Frankreich gelebt hatte. Ebenso hatte sie Ägypten besucht, kannte die Pyramiden und war auch mit der ägyptischen Geschichte vertraut. Ihr Unterbewußtsein gab als Reaktion auf die Suggestionen des Hypnotiseurs eine dramatische Mischung ihres gespeicherten Wissens. Man könnte das Ganze als eine fiktionalisierte Präsentation bezeichnen – ihre Folgerungen waren syllogistisch korrekt; d. h. sie waren absolut logische Herleitungen von der vorausgegangenen Eingebung des Hypnotiseurs, daß sie sich an frühere Existenzen erinnere und uns darüber berichten werde.

Sie akzeptierte diese Suggestion und machte sie damit zu ihrer hauptsächlichen Prämisse; das erforderliche Wissen, alle ihre bisherigen Reiseeindrücke, alles Gesehene, Gelesene und Gehörte, alles zur Illustration der Idee Geeignete wurde von ihrem Unterbewußtsein bereitgestellt. Gleichzeitig verschloß sich ihr Unterbewußtsein jedoch allen Ideen und Fakten, die mit den Suggestionen des Hypnotiseurs nicht in Einklang zu bringen waren. Induktives Erwägen – ich wiederhole es – ist nicht Sache des Unterbewußtseins.

Haben Sie schon vorher gelebt?

Es ist immer wieder interessant zu erleben, wie der eine oder andere behauptet, sich an frühere Inkarnationen zu erinnern und dabei mit bemerkenswerten Details seines angeblichen Wirkens als ägyptischer Tempelpriester aufwarten kann. Ganz ohne Zweifel gibt es Menschen, die sich an vorangegangene Existenzen erinnern können. Für sie ist die einzig logische Erklärung derart detaillierter Erinnerungen, daß sie auch früher bereits gelebt haben. Wir alle sind eingetaucht in einen großen See des Bewußtseins. Dr. Phineas Parkhurst Quimby sagte: »Unsere Gemüter verschmelzen miteinander wie Atmosphären.« Ihr Bewußtsein ist ein großes Reservoir, das Erfahrungen und geistige Reaktionen aus allen Zeitaltern enthält. Einem Hellseher ist es ohne weiteres möglich, zurückzuschauen und George Washington im Schnee kniend zu sehen. Das bedeutet jedoch noch nicht, daß er deshalb eine Reinkarnation von George Washington sein muß. Es bedeutet lediglich, daß er auf das mentale Bild oder die Schwingungsfrequenz abgestimmt ist, die dem universellen subjektiven Geist für alle Zeiten einverleibt sind. Alle Dinge sind im Geistprinzip koexistent als ewiges Jetzt.

Wichtige Punkte, die es festzuhalten gilt

Machen wir uns bewußt, daß die Sinneseindrücke eines jeden Menschen, der jemals gelebt hat, in uns gegenwärtig sind. Man kann sich daher ohne weiteres auf die Schwingungsfrequenzen vergangener Erlebnisse eines anderen einstimmen und sie für eigene halten. Das Lebensprinzip in uns wurde niemals geboren und wird niemals sterben. Dieses Lebensprinzip in uns ist Unendlicher Geist und Unendliches Bewußtsein. Es hat alle Dinge erschaffen, alle Rollen gespielt, war überall, hat alles gesehen und alles erfahren. Wer klarsieht, wird gewahr, daß der Eine Geist — der Eine durch den Menschen wirkende Geist — alle Bücher geschrieben hat, alle Bibeln und alle Religionen und alle Philosophien begründet hat. Dieser Eine Geist ist in uns wirksam. Deshalb gibt es überall Männer und Frauen (nicht nur in Indien und Tibet), die nicht erst ein Land bereisen müssen, um es detailliert zu beschreiben. Viele Hellseher können das; die Veranlagung für Hellsichtigkeit und Hellhörigkeit (Clair-

voyance und Clairaudience) ist in jedem Menschen unter-
schwellig vorhanden.

Die psychologische Erklärung für das Gefühl, mit bestimmten Orten bestens vertraut zu sein

Vor einigen Jahren machte ich eine Reise nach Pondicherry, Indien. Bei meiner Ankunft mußte ich zu meinem großen Erstaunen feststellen, daß ich mich bestens auskannte.
Alle Straßen, alle Häuser, der Marktplatz, alles war mir vertraut. Wenn ich die Leute reden hörte, sagte ich mir: »Diese
Stimmen habe ich schon einmal gehört.« Sehen wir uns das
Ganze jetzt einmal vom Standpunkt des Unterbewußtseins
aus an. Da es wußte, daß ich eine Reise nach Pondicherry
plante, reiste es mir dorthin voraus, als ich schlief. Man
könnte das außersinnliche Reisen nennen, denn das Unterbewußtsein ist allgegenwärtig und nicht begrenzt durch Zeit
und Raum. Während ich in tiefem Schlaf lag, unterhielt ich
mich mit den Leuten dort und nahm auch alle Eindrücke
von der schönen Landschaft in mich auf.

Ich hatte mir eine schöne Reise verbildlicht (visualisiert)
und ›darüber geschlafen‹. Mein Unterbewußtsein hatte die
Suggestion akzeptiert und psychologisch dort verweilt. Als
ich tatsächlich − bewußt und objektiv − dort ankam, habe
ich alle die subjektiven Zustände durchlebt. Was ich nun objektiv sah und hörte, hatte ich bereits subjektiv wahrgenommen. Natürlich hatte ich alles schon gesehen und auch die
Stimmen schon gehört. Die einfache Erklärung: Alle diese
Eindrücke existieren bereits in uns. Ganz gleich, wohin wir
gehen, was wir sehen, hören und erleben − alles ist bereits
vorhanden. Warum? Weil der Unendliche Geist in uns
wohnt. Der Unendliche Geist oder das Unendliche Bewußtsein braucht nicht zu reisen, um etwas zu lernen, zu erfah-

ren, um zu wachsen, oder sich etwas anzueignen. Es umfaßt alles, was ist; es ist alles, was ist. Alle Dinge bestehen bereits jetzt im Unendlichen. Es ist der ewige Eine, der allweise Eine und der allwissende Eine.

Weshalb wir manchmal sagen können: »Mir ist, als hätte ich ihn schon immer gekannt«

Vielleicht ist Ihnen schon einmal ein Mensch begegnet, bei dem Sie das ganz sichere Gefühl hatten, ihn schon immer gekannt zu haben. Auch hierfür gibt es eine ganz einfache Erklärung: Dieser Mensch ist sozusagen ein Intimus Ihrer Gemütsverfassung. So wie in einem Klavier alle Töne und möglichen Ton-Kombinations-Akkorde bereits vorhanden sind und vom Pianisten nur zum Erklingen gebracht werden müssen, so sind alle Töne und Tonfärbungen auch in Ihrem Innern bereits vorhanden und brauchen von Ihnen nur ›an-geschlagen‹ zu werden. Wenn Sie also das Gefühl haben, in einer bestimmten Stadt schon einmal gewesen zu sein oder gar gelebt zu haben, dann ist es durchaus möglich, daß Sie diesen Ort früher einmal im Traum besuchten, es aber längst vergessen haben. Ihr Unterbewußtsein hingegen ver-gißt niemals etwas, sondern registriert und verwahrt alle Ihre Erlebnisse unauslöschbar. Es ist ebenso möglich, daß ein derartiges Erlebnis Ihnen anzeigen will, daß Sie jetzt zu dieser großen Wahrheit erwachen, daß alle Dinge von jeher in Ihrem Inneren vorhanden waren und sind. Gott – das Lebensprinzip – ist in Ihrem Innern. Diese schöpferische Gegenwart hat alle Dinge erschaffen. In dem Maße, wie Sie sich Ihrer eigenen Göttlichkeit bewußt werden, die sie immer zu formen bestrebt ist, werden Sie gewahr, daß die gesamte Schöpfung mit sämtlichen Erfahrungen der Mensch-lichkeit im ›Computer‹ Ihres Innern gespeichert ist.

Die Möglichkeit, sich an jedes Ereignis zu erinnern

Eines ist gewiß: Es ist möglich, sich an jede Begebenheit zu erinnern, die jemals auf diesem Planeten stattgefunden hat. Ebenso ist es möglich, zukünftige Ereignisse vorauszusehen, sofern sie nicht durch Gebet verändert werden. Die echte Wahrheit über Sie ist: die ICH-BIN-heit in Ihnen ist Ihr Bewußt- oder Gewahrsein. Im dritten Kapitel des Buches Exodus (2. Mose) wird der Name Gottes (die Natur) ICH BIN genannt und das bedeutet: reines Sein, Leben, Geist, Intelligenz, Wirklichkeit oder reine Bewußtheit. Gott ist in Ihrem Innern und wenn Sie sagen ›ICH BIN‹, dann künden Sie von der Gegenwart Gottes in Ihrem Innern.

Wenn Sie daher etwas tiefer nachdenken, werden Sie gewahr, daß der Unendliche Geist oder das Unendliche Bewußtsein in Ihrem Innern wesensgleich ist mit allen Menschen der Vergangenheit, Gegenwart und Zukunft. Das Lebensprinzip in Ihrem Innern war Buddha, Jesus, Moses, Sokrates, Lincoln, Shakespeare etc. Ihre Bewußtheit oder Ihr Geist hat alle Rollen gespielt. Ihr Geist war schon überall. Er hat alles gesehen und alles ist in ihm. Sogar das ganze Universum ging aus Ihrer ICH-BIN-heit hervor.

Das Unendliche Bewußtsein − in allen Menschen wirksam − hat alle heiligen Schriften verfaßt, spricht alle Sprachen, hat alle Pyramiden gebaut und alle Bücher geschrieben. Aus diesem Grunde hört man oft von Menschen, überall auf der Welt, die, obgleich sie relativ ungebildet sind, in Trance 12 oder 13 Sprachen beherrschen.

Es gibt nur ein Sein oder Lebensprinzip

Das eine Sein oder Wesen − form- und zeitlos − nimmt als individualisierter Mensch Form und Gestalt an. Alle Menschen sind daher Extensionen (Ausdehnungen) von uns, denn es gibt nur ein Bewußtsein, einen Geist. Obgleich seine Beschaffenheit für jeden anders ist, ist dieses eine Bewußtsein allen Individuen gemeinsam. Ihr Leben ist eins und unteilbar. Es erscheint in vielen Verkleidungen. ›Humanität‹ bedeutet das Eine Sein als Vielheit und in menschlicher Form.

Woher kommen wir?

Jedesmal, wenn ein Kind geboren wird, erscheint Gott auf der Welt. Das Unsichtbare tritt in Erscheinung und das Universelle wird zur Einzelheit. Sie sind der individualisierte Ausdruck Gottes. *Er hat uns gemacht,* sagt der Psalmist (Psalm 100). Wir alle haben einen gemeinsamen Vater, einen gemeinsamen Erzeuger – das Lebensprinzip. Man hat ihm viele Namen gegeben – Namen wie Allah, Brahma, Wirklichkeit, Krishna, Leben, Sein, Bewußtheit, Bewußtsein, Allmächtiger Geist und Selbstverwirklichter Geist. Die Bibel sagt uns, wo wir waren, bevor wir auf diesem Planeten erschienen: *»In Eden, dem Gottesgarten warst du, bedeckt von allerlei Edelsteinen.«* (Ezechiel 28:13)

Eden ist geistig gesehen ein Ort grenzenloser Glückseligkeit, unbeschreiblicher Schönheit und vollkommenen Friedens. In anderen Worten, Sie gingen aus Gott hervor, dem grenzenlosen Einen – aus der Fülle der Glückseligkeit, grenzenloser Liebe, absoluter Vollkommenheit und Harmonie. Diese Eigenschaften Gottes sind die Edelsteine, die uns bedeckten. In anderen Worten: Sie waren diese Wesenheit im Zustand des Absoluten. Als Ihre Eltern sich vereinigten und das Ei befruchtet wurde, trat der Geist ein und erhielt seine Wesensmerkmale von der Erbmasse, der Gemütsverfassung, der geistigen Einstellung und dem Temperament

Ihrer Eltern. Als Sie in Erscheinung traten, war es Gott, der geboren wurde und die Gestalt eines Kindes annahm. Die Bibel sagt: »*Ehe Abraham war, bin ich.*« (Joh. 8:58) Dies hat die gleiche Bedeutung: Bevor eine Manifestation erfolgt, eine Form sich bildet, kommt sie aus dem Unsichtbaren — dem ICH BIN, dem lebendigen allmächtigen Geist.

Warum kommt ein unschuldiges Kind taub, blind oder verkrüppelt auf die Welt?

Wenn wir uns fragen, weshalb ein gesunder, vitaler, robuster Mensch blind werden kann, taub, tuberkulös, unter Arthritis leidend — weshalb er von Geisteskrankheit befallen werden kann, dann lautet die Antwort: Es gibt ein universelles Gesetz, das nicht verletzt werden darf. Wenn ein Mensch mit negativen Emotionen angefüllt ist, wenn er den Anblick eines anderen unerträglich findet, voller Ressentiments ist, neidisch, vergeltungssüchtig oder feindselig, dann erzeugen diese Emotionen destruktive Schwingungen, die alle möglichen Störungen bewirken. Das universelle Gesetz hat für uns alle seine Gültigkeit — es gibt nicht ein Gesetz für Kinder und ein anderes für Menschen von 80 oder 90. Wir alle stehen unter dem gleichen Gesetz wie das Kind im Mutterleib oder in der Wiege. Die Bibel sagt: »*... wenn ihr nicht Buße tut, werdet ihr alle auf gleiche Weise umkommen.*« (Lukas 13:3) Das bedeutet: Wir alle sind eingetaucht in das Massenbewußtsein und unterliegen damit dem Gesetz des Durchschnitts. Die negativen Suggestionen des Massenbewußtseins wirken ständig auf unsere Mentalität ein. Unser Bewußtsein nimmt sie auf, dem Grad unserer Empfänglichkeit entsprechend. Wir können uns gegen negative Umstände wappnen durch unsere Außersinnliche Wahrnehmung.

Reinkarnation und Zeitfolgen

Wenn ein Kind geboren wird, dann ist es der Unendliche Geist, der die Gestalt dieses Kindes annimmt. Die Persönlichkeitsmerkmale setzen sich aus der Totalsumme der Gedanken, Gefühle und Überzeugungen eines jeden von uns zusammen. Wir färben und modifizieren den einen Geist mit unseren Überzeugungen, Impressionen und Beschaffenheiten.

Nehmen wir einmal an, daß John aus New York in die nächste Dimension eingegangen ist; die Wesensmerkmale, die Johns Persönlichkeit ausmachten, leben in allen Menschen auf der Welt. Während eines Zeugungsaktes irgendwo auf unserem Globus wird der Ton oder das Wesensmerkmal, das John hatte und darstellte, angeschlagen und dieses Wesensmerkmal oder diese Gemütsverfassung des Unendlichen tritt in Erscheinung. Es ist nicht die Persönlichkeit, die wir als John kannten, die wiederkommt, sondern die Intonation (Anstimmung) des Unendlichen, die in Erscheinung tritt.

Im Augenblick des Todes von John kann die gleiche Schwingung irgendwo anders hervorgebracht werden in einem anderen Land, in irgendeinem Angehörigen einer anderen Rasse. Zyklen von 500, 600 und 1000 Jahren sind für dieses Gesetz bedeutungslos. Das Lebensprinzip ist zeitlos; alle Intonationen sind in dem Einen. Wenn Sie auf dem großen Instrument spielen, dann erklingen die Töne, die Sie anschlagen.

Der Mensch ist derjenige, der abmißt und ».. *mit welchem Maß ihr meßt, mit dem wird euch gemessen werden.*« (Matth. 7:2) »*Denn was der Mensch sät, das wird er auch ernten.*« (Gal. 6:7) Wir säen die Saat im Bewußtsein und ernten die Früchte dieser Saat; sie sind die genaue Entsprechung der ausgesäten Gedankensaat.

Es ist auf jeden Fall grundfalsch, die Ursache irgendwelcher Leiden in früheren Inkarnationen zu suchen.

Sie sind das, was Sie den ganzen Tag denken

Wenn Sie nicht selbstbewußt denken, und wenn Sie Ihr Bewußtsein nicht reinigen, dann gibt es Schwierigkeiten, denn Sie haben dann Furchtgefühlen, Falschglauben und den Irrtümern der Weltmeinung gestattet, auf Sie einzuwirken. Damit erlauben Sie der Weltmeinung, für Sie − an Ihrer Stelle − zu denken und das bringt alle Arten von Mißgeschick mit sich. Das Massenbewußtsein oder die Weltmeinung ist das Bewußtsein, das an Leiden, Krankheiten, Unfälle und Mißgeschick glaubt. Deshalb ist es ungeheuer wichtig, unser Bewußtsein zu reinigen und gereinigt zu halten. So etwas wie einen Zufall gibt es nicht, denn alles ist Gesetzmäßigkeit. Allem Geschehen liegt als Ursache ein Bewußtseinszustand, eine Geisteshaltung zugrunde.

Wir sind hier, um die Gesetzmäßigkeiten des Lebens zu lernen

Angenommen, Sie berühren eine blanke Stromleitung, dann bekommen Sie auf alle Fälle einen Stromschlag, möglicherweise aber ziehen Sie sich sogar Verbrennungen zu. Bei einem Starkstromkabel ist die Berührung tödlich. Ist das Gesetz der Elektrizität dafür verantwortlich? Natürlich nicht. Es wäre auch grundfalsch, die Schuld für unser Handeln der Elektrizität anzulasten. Sie werden vernünftigerweise mehr über das Wirken der Elektrizität lernen wollen, um sie zu Ihrem Nutzen und dem anderer anzuwenden. Die Verbrennung oder der Schlag, den Sie sich zugezogen haben, war das Resultat eines Mißbrauchs oder von Unwissenheit. Unkenntnis eines Gesetzes schützt uns aber nicht vor seinen Auswirkungen, wenn wir es statt zu unserem Nutzen zu unserem Schaden anwenden. Geradezu töricht wäre es, zu behaupten, von Gott gestraft zu werden oder es mit noch nicht abgetragenem Karma zu tun zu haben, den Gründen und Fehlern vergangener Leben.

Angenommen, Sie springen von Bord eines Schiffes ins Meer, ohne schwimmen zu können, Sie würden mit Sicherheit ertrinken. Sie würden ertrinken, weil Sie nicht wissen, wie Sie sich über Wasser halten können und nicht, weil eine rachsüchtige Gottheit Sie bestraft. Das Wasser trägt jeden Menschen, der Schwimmen gelernt hat.

Sie können aus einer Felswand abstürzen aus purem Leichtsinn oder weil Sie die Instruktionen Ihres Bergführers nicht beachtet haben. Das Gesetz der Schwerkraft ist völlig unpersönlich, ohne Haß oder Rachsucht.

Krankheit, Unfälle und Tragödien im Leben von Kleinkindern

Ein Baby oder ein Kleinkind kann nicht denken oder urteilen, solange es ein bestimmtes Alter noch nicht erreicht hat. Es ist den Stimmungen, Gefühlen und der Atmosphäre seiner Umgebung hilflos ausgeliefert. Dr. Phineas Parkhurst Quimby hatte bereits vor 100 Jahren festgestellt, daß kleine Kinder wie leere Tafeln sind, auf die alle Familienmitglieder etwas schreiben. Das kindliche Gemüt ist besonders leicht zu beeindrucken und kann die negativen Suggestionen, Befürchtungen, Besorgnisse und Beklemmungen der Eltern nicht zurückweisen. Von Natur aus ist es solchen emotionalen Akzenten gegenüber aufgeschlossen und in höchstem Maße empfänglich und reagiert entsprechend. Das ist außer-

sinnliche Übertragung, die sich auf das Leben anderer aus-
wirkt.

Ärzte und Psychiater sind sich darüber einig, daß alle
Kinder, solange sie zum selbständigen Denken und Urteilen
noch nicht imstande sind, von der mentalen und emotionellen Atmosphäre des Elternhauses geprägt werden. Behutsa-
me Anwendung der Außersinnlichen Wahrnehmung kann
die Entwicklung des Kindes günstig beeinflussen.

Das Gesetz des Geistes ist gut und fair

Das Gesetz des Geistes ist immer gerecht und eminent fair.
Wenn Sie ein grauenvolles Gemälde vor einen Spiegel halten, dann reflektiert der Spiegel genau dieses Gemälde und
nichts anderes. Ihr Geist ist wie ein Spiegel – er reflektiert
Ihren Gemütszustand und Bewußtseinsinhalt genau und akkurat. Deshalb wird dieses Gesetz als gut und fair bezeichnet. Die alten Hebräer sagten: »Das Gesetz des Herrn ist
vollkommen.« Es ist fair, gerecht und verläßlich. Tricks
irgendwelcher Art kennt es nicht – wenn Sie positiv denken, muß Positives die Folge sein. Somit können Sie durch
Außersinnliche Wahrnehmung die Manifestationen Ihres
Denkens kontrollieren.

Sie behauptete, in einem früheren Leben Menschen gewürgt zu haben

Mrs. B., eine Dame, die mich in Las Vegas aufsuchte, litt
seit 10 Jahren an schwerem Asthma. Medikamente und ge-
legentliche Injektionen hatten ihr kaum Linderung gebracht. Sie hatte sich von einer Wahrsagerin in Reno eine
›Lebensberatung‹ geben lassen. Diese Frau hatte sie hypno-

tisiert und 200 Jahre zurückversetzt. Im Trance offenbarte sie, daß sie während einer Rebellion in der chinesischen Provinz Kanton Gefangene gewürgt hatte.

Die Erklärung

Ich machte Mrs. B. klar, daß der Göttliche Geist in ihrem Innern niemals straft, daß jedes Urteil dem Sohn überlassen sei — ihrem Geist, ihrem Bewußtsein. Sie selbst war es, die sich eine Bestrafung auferlegte, durch ihren Schuldkomplex. Ich wies auch darauf hin, daß die Wahrsagerin, die sie in hypnotischem Zustand zurückversetzt hatte, meiner Ansicht nach völlig verantwortungslos gehandelt hatte — das alles war einfach absurd.

Im Verlauf unseres Gesprächs erwähnte sie, daß ihre Mutter an einem akuten Asthmaanfall gestorben war und das zu einer Zeit, als sie beide wegen eines Streits nicht miteinander sprachen. Ich sagte ihr: »Ihr Asthma ist auf einen tiefsitzenden Schuldkomplex zurückzuführen. Sie bedauern Ihre Handlungsweise zutiefst und haben aus einer unterbewußten Neigung zur Selbstbestrafung alle Krankheitssymptome Ihrer Mutter übernommen.«

Wir beteten gemeinsam für ihre Mutter, und Mrs. B. konnte sie jetzt loslassen und gedanklich freisetzen. Sie wünschte ihr Liebe, Licht, Wahrheit, Schönheit, Freude und Glück. Sie überschüttete ihre Mutter mit Liebe und gutem Willen und vergab sich selbst für ihr negatives Denken. Damit hörte gleichzeitig jede Selbstverurteilung auf. Die Anwendung folgender Bibelverse bewirkte erstaunliche Heilungen, die schnell einsetzten und von Dauer waren:

»So kommt denn und laßt uns miteinander rechten, spricht der Herr. Wenn eure Sünde auch blutrot ist, soll sie doch

schneeweiß werden, und wenn sie rot ist wie scharlachrot,
soll sie doch wie Wolle werden.« (Jesaja 1:18)

»Und ihrer Sünden und ihrer Übertretungen will ich nicht
mehr gedenken.« (Hebr. 10:17)

»Denn du, Herr, bist gut und gnädig, von großer Güte
allen, die dich anrufen.« (Psalm 86:5)

»Er ruft mich an, und ich erhöre ihn.« (Psalm 91:15)

»Ich tilge deine Übertretungen um meinetwillen und ge-
denke deiner Sünden nicht.« (Jesaja 43:25)

Mrs. B. machte diese uralten biblischen Wahrheiten zum
Gegenstand ihrer Meditationen und gedachte ihrer Mutter
in Liebe. Nach einigen Wochen ließen die Anfälle nach und
hörten schließlich ganz auf. Mrs. B. weiß jetzt, daß Zeit und
Raum im Geistprinzip nicht existieren und alles Gestrige
vergangen ist. Nichts anderes zählt, als dieser Moment —
das ewige Jetzt. Nachdem sie ihr Denken geändert hatte,
hatte die Vergangenheit keinerlei Macht mehr über sie.

Weshalb es blind, taub und deformiert geborene Kinder gibt

Diese Frage wurde bereits vor 2000 Jahren gestellt. *»Und*
seine Jünger fragten ihn: Meister, wer hat gesündigt, dieser
oder seine Eltern, daß er blind geboren ist? Jesus antworte-
te: Weder dieser, noch seine Eltern haben gesündigt, son-
dern an ihm sollen die Werke Gottes offenbar werden...
Und sprach zu ihm: Geh hin und wasche dich im Teich Si-
loah (was übersetzt heißt: Abgesandter). Da ging er hin und
wusch sich und ging sehend weg.« (Joh. 9:2, 3, 7)

Die Jünger — das geht aus ihrer Frage an Jesus hervor —
nahmen an, daß dieser Mann in einem früheren Leben ge-

sündigt hatte. Eine solche Schlußfolgerung war Teil des traditionellen Glaubens damals und war weit verbreitet. Man war auch überzeugt, daß die Sünden der Eltern an die Kinder vererbt würden. In anderen Worten: Wenn ein Vater tuberkulös war, dann wurden seine Kinder es gleichfalls. Waren die Eltern lahm, dann wurden es auch die Kinder. Jesus wies beide Theorien oder Überzeugungen zurück. Er wandte sich an die Spirituelle Macht und heilte den Mann auf der Stelle. Halten wir fest: Jesus ignorierte die Meinungen der Umwelt völlig — die ideale Weise, Irrtümer und Unwahrheiten zu behandeln.

Das Gesetz des Durchschnitts — was ist das?

Wir alle sind gewissermaßen in das Menschheitsdenken hineingeboren, auch Massendenken oder Gesetz des Durchschnitts genannt. Wir sind den Meinungen, Überzeugungen und Bedingungen der Umwelt unterworfen — wir sind ihnen solange ausgeliefert, wie wir die geistigen Gesetzmäßigkeiten noch nicht begriffen und anzuwenden gelernt haben. Erst mit der Anwendung — *mit Außersinnlicher Wahrnehmung* — erheben wir uns über das Massenbewußtsein und durchdringen damit alle Umweltbedingungen und jegliche Begrenzung. Hatte Jesus etwa zu dem Blinden gesagt: »Du bist ein Sünder, du hast in einem früheren Leben gesündigt und mußt dafür jetzt büßen?« Nein, er wandte sich an die Gottesmacht und seine Überzeugung von der Unendlichen Heilungsgegenwart machte den Blinden sehend. Gott — das absolute Sein oder Lebensprinzip — verdammt oder bestraft niemanden. Jeder Krüppel kann geheilt werden, jeder Taube wieder hören; er ist kein Opfer des Karma-Gesetzes. Es ist eine orientalische Glaubensmeinung, daß Begrenzungen und Handicaps, die von Geburt an vorhanden sind, auf Verfehlungen in einem früheren Leben zurückgehen und diese karmische Schuld jetzt zu bezahlen sei.

Das Mysterium der Wunderkinder

Erinnern wir uns: Alle Begebenheiten, alles, was der Menschheit insgesamt widerfuhr, ist im kollektiven Unterbewußtsein — im Unterbewußtsein der Menschheit — registriert und gespeichert. So ist auch die genetische Vergangenheit aller Menschen, die jemals gelebt haben, in diesem universellen Unterbewußtsein festgehalten. Ein Beispiel zur Illustration: Ein englischer Offizier hatte im Ersten Weltkrieg das Kommando über ein schottisches Bataillon, das ziemliche Verluste erlitten hatte. »Eines Tages«, so sagte er, »spürte ich den starken Drang, meine Männer zu führen, und ich begann, sie in ihrem schottischen Hochlanddialekt anzureden. Dabei hatte ich das Gefühl, ein völlig anderer zu sein auf einem anderen Schlachtfeld.« Als er später Ahnenforschung betrieb, stellte er fest, daß sein Urgroßvater schottischer Hochländer und Captain in einem schottischen Regiment gewesen war.

Biologen und Genetiker haben eine plausible Erklärung für diesen Vorgang: Dieser Offizier war in einer extremen Streßsituation und suchte verzweifelt nach dem besten Weg, in dem Bataillon ein Feuer zu entzünden. Sein Unterbewußtsein, mit genetischem Erinnerungsvermögen ausgestattet, versorgte ihn mit einer vergangenen Szene ähnlicher Natur. Das wiederum führte zu der Annahme, diese Situation schon einmal durchlebt zu haben. Das genetische Archiv der gesamten Menschheit befindet sich in uns. Wissenschaftler sagen, daß die Gene von 3 Billionen Menschen auf diesem Planeten noch nicht einmal einen Fingerhut füllen.

Eine Rückschau auf Ihre Ahnenreihe

Sie waren ein Kind, das ein Elternhaus hatte; Ihre Eltern waren Kinder mit einem Elternhaus; Ihre Großeltern, Urgroßeltern etc. waren alle Kinder mit einem Elternhaus. Wenn Sie immer weiter zurückgehen, werden Sie feststellen, daß das genetische Archiv und die Erfahrungen der gesamten Menschheit sich in Ihrem Innern befinden. Gehen Sie noch weiter zurück, und Sie werden bis zu der ursprünglichen Zelle gelangen, aus der wir alle stammen. Diese ursprüngliche Zelle jedoch begann mit Gott – dem Vater allen Lebens auf der Erde. Wir sind somit alle miteinander verbunden – und in der Tat sind wir alle Brüder und Schwestern mit einem gemeinsamen Vater. Außersinnliche Wahrnehmung befähigt uns, diese Tatsache klarer zu erkennen.

Ein neuer Anfang ist ein neues Ende

Vor einiger Zeit erwähnte ich in einem Vortrag, daß ich den modernen Reinkarnationsgedanken nicht teilen kann, wonach ein deformierter, verkrüppelter, blind oder taub zur Welt gekommener Mensch in einem früheren Leben irgendein Unrecht begangen hat – daß also eine karmische Strafe der Grund seines unvollkommenen Zustandes ist. Ich bin nicht der Ansicht, daß ein solcher Mensch damit den Preis für sündhafte Handlungen in einer früheren Existenz zahlt; daß er immer wiederkommen muß – solange, bis er sich dem Göttlichen angeglichen und vom sogenannten Rad des Karma Befreiung erlangt hat.

Alles das hat keinen Bestand, wenn Sie sich vergegenwärtigen, daß Sie, sobald Sie Ihr Unterbewußtsein mit lebengebenden Denkmustern füllen – ohne Rücksicht auf körperliche Verfassung oder äußere Umstände – alle negativen Schablonen ausgelöscht haben. Wenn Sie sich geistig mit Unendlicher Liebe, Unendlichem Leben und der Unendlichen Heilungsgegenwart identifizieren, haben negative Denkschablonen in Ihrem Unterbewußtsein keinen Bestand mehr. Sie sind ausradiert und vergessen. Alles das kann mit Außersinnlicher Wahrnehmung erreicht werden. Ein neuer Anfang ist ein neues Ende, denn Anfang und Ende sind gleich.

Ihre genetische Vergangenheit

Eine Frau, die ihr Kind für eine Reinkarnation von Paderewski hielt, dem polnischen Pianisten, Komponisten und Politiker, stellte fest, daß in der Familie keinerlei musikalisches Talent vorhanden war und auch nicht das geringste Interesse für Musik bestand. Bei weiterem Nachforschen fand sie jedoch heraus, daß ein Urgroßvater in Ungarn Musiker gewesen war. Es ist nur logisch, daraus zu schließen, daß der Junge mit den genetischen Merkmalen seines Urgroßvaters geboren wurde und daß diese gegenüber denen der Eltern dominierten.

Ich erklärte dieser Frau, daß es selbst bei einer Familie mit 5 Kindern möglich ist, daß keines der Kinder eine Erbanlage der Eltern aufweist. Die Biologen erklären das als biologische Mutation, eine grundlegende Veränderung in der chromosomischen Struktur. Ein frühreifes Kind kann auch hellsichtige und hellhörige Fähigkeiten aufweisen, die ja latent in uns allen vorhanden sind. Ebenso ist es möglich, daß ein überdurchschnittlich begabtes Kind musikalische Talente und Qualitäten geerbt hat, die in seiner Ahnenreihe latent zwar vorhanden sind, die aber nicht bei den Eltern in Erscheinung treten müssen.

Was ist biologischer Atavismus?

Das Lexikon definiert diesen Begriff folgendermaßen: »Das Wiedererscheinen der Charakteristiken eines entfernten Vorfahren in einem Menschen, das bei mehreren Generationen abwesend war.« Mozart zum Beispiel komponierte bereits im Alter von 5 Jahren. Noch bevor er die Harmoniegesetze bewußt erlernt hatte, war sein unterbewußter Geist mit ihnen vertraut. Das gleiche gilt für alle Menschen, wenn sie sich der Macht in ihrem Innern bewußt werden.

Erzbischof Whately, einst ein mathematisches Wunderkind, sagte, daß seine Begabung schwand, sobald sein Bewußtsein herangebildet wurde. Er hatte seine Gabe der Außersinnlichen Wahrnehmung eingebüßt.

Was ist ein Genie?

Ein Genie ist ein Mensch *im Rapport* mit seinem Unterbewußtsein oder seinem außersinnlichen Bewußtsein. Durch sein Unterbewußtsein empfing Shakespeare die großen Wahrheiten, die dem wachbewußten Verstand des Menschen verborgen sind. Raphael war in meditativer Stimmung auf die psychischen Kräfte seines Unterbewußtseins eingestellt und damit imstande, die großen Meisterwerke zu schaffen, die noch heute Kunstfreunde in aller Welt begeistern. Beethoven hörte seine Musik in der Stille seiner Seele durch seine Außersinnliche Wahrnehmung.

Weshalb mathematische Wunderkinder ihre Begabung verlieren

Das Kind ist auf das subjektive Bewußtsein eingestimmt; das subjektive — oder Unterbewußtsein ist für Suggestionen empfänglich. Eine normale Erziehung jedoch lehrt das Kind die Stimme der Intuition zu ignorieren — ganz zu schweigen von Hellsichtigkeit und Hellhörigkeit. Statt einer Anleitung, aus der Weisheit Außersinnlicher Wahrnehmung zu schöpfen, erfolgt das genaue Gegenteil — sie wird nach besten Kräften ignoriert und die Fähigkeit verkümmert, um schließlich ganz zu schwinden. Sie könnte durchaus erhalten werden, wenn der Lehrer das Gemüt des Kindes von der Tatsache überzeugt, daß es sein mathematisches Talent jederzeit beibehalten kann; mehr noch, daß diese Begabung sich noch ausbauen und erweitern läßt, durch Erlernen weiterer Regeln, Zahlen, Rechenkünste etc. Das subjektive Bewußtsein des Kindes würde für eine Beibehaltung seiner Außersinnlichen Wahrnehmungsfähigkeit sorgen, denn ›nach seinem Glauben‹ und dem seiner Lehrer ›würde ihm geschehen‹.

Einige bemerkenswerte Fälle

Ralph Waldo Emerson studierte bereits die Klassiker, bevor gleichaltrige Kinder in seiner Nachbarschaft überhaupt mit dem Lesenlernen anfingen. Und das ist weder mysteriös noch übernatürlich. Seine Vorfahren waren spirituell orientiert und hatten psychische Kenntnisse. Die geistige Beschaffenheit der Eltern im Augenblick der Empfängnis hat zweifellos einen wesentlichen Einfluß auf die genetische Zusammensetzung gehabt.

John Stuart Mill hatte als Dreijähriger bereits griechisch gelernt und mit sieben Plato im Original gelesen, desgleichen die Werke von Gibbon und Hume.

Mein Vater — damals Schulleiter in Südirland — war seinerzeit höchst verwundert über einen zwölfjährigen Jungen, der auf Anhieb jede mathematische Aufgabe lösen konnte. Die schwierigste algebraische Gleichung war für ihn kein Problem, er schien durch die verworrenste Aufgabe direkt hindurchzusehen und konnte die Lösung nennen, ohne auch nur die geringste Ziffer niederzuschreiben. Mein Vater gab dem Jungen eine Empfehlung an den dortigen Bischof, der für eine Seminarausbildung sorgte. Heute lehrt er als Jesuitenpater Mathematik in Fernost. Ich bin überzeugt, daß der Junge hellsichtig (clairvoyant) war.

Die große Wahrheit

Was ein Mensch vollbracht hat, kann jeder andere auch vollbringen. Gott ist in allen Menschen und Gott ist unteilbar; für den einzelnen ist es daher nur erforderlich, sich seiner grenzenlosen psychischen Kräfte bewußt zu werden und sie anzuwenden.

Ihr Gedächtnis — ein Vorratshaus

Ihr Unterbewußtsein ist ein Vorratshaus, angefüllt mit allen Eindrücken, die Sie jemals hatten. Es kann Sie mit allen Daten und Informationen versorgen, die Sie jemals zur Kenntnis genommen haben. Salomon, ein litauischer Rabbiner, hatte ein derart bemerkenswertes Gedächtnis, daß er imstande war, jede gewünschte Bibelstelle zu zitieren. Er kannte die Bibel und den Talmud auswendig. Was er konnte, das können auch Sie durch *Außersinnliche Wahrnehmung*.

Viele von Ihnen werden die Bücher und Schriften von Edgar Cayce kennen. Ich habe einige seiner Vorträge gehört und war von seinem einfachen Wesen und seiner Bescheidenheit sehr beeindruckt. Er konnte den Inhalt eines Buches wiedergeben, ohne einen Blick darauf zu werfen. Außersinnliche Wahrnehmung kann auch ohne menschliche Augen sehen. Cayce war einer der größten Hellseher. Er war clairvoyant (hellsichtig) und clairaudient (hellhörig). Diese Befähigungen sind in uns allen mehr oder weniger unerweckt vorhanden. Wir können sie jedoch entwickeln und beleben. Dazu bedarf es keiner ständigen Wiedergeburt in physischen Körpern. Wir erwachen und wachsen nicht in siderischen Zeit- und Raumbegriffen. Wir müssen vielmehr den steilen Balken in uns hinaufgehen, den Berg Gottes erklimmen, um dorthin zu gelangen, wo der lebendige Geist wohnt, zeitlos, raumlos, grenzenlos, wo alle Dinge offenbar sind — zur Gegenwart Gottes in uns.

Edgar Cayce hatte nur eine sehr mangelhafte Schulbildung. Wenn er im Schlaf oder Trance Kontakt mit seinem Unterbewußtsein hergestellt hatte, war er imstande, die Krankheiten von Patienten in allen Teilen der Welt präzise zu diagnostizieren; er konnte Medikamente verschreiben und anatomische Verletzungen ausfindig machen, obgleich er weder etwas von Medizin noch von Pharmakologie verstand. Er zapfte lediglich das Universelle Unbewußte an, und ihm geschah nach seinem Glauben. Alle Heilungen, die daraufhin erfolgten, waren auf Glauben gegründet.

Er konnte ein ihm völlig unbekanntes Buch unter sein Kissen legen und den Inhalt wörtlich wiedergeben. Es heißt, daß er in Trance mehr als ein Dutzend Sprachen beherrschte. Nochmals: Alle Sprachen, die jemals gesprochen wurden, sind in unserem Unterbewußtsein aufbewahrt, denn wir sind eins mit dem Universellen Unbewußten. Zweifellos war Edgar Cayce auch hellhörig ((clairaudient) und somit imstande, sich auf Ärzte in der nächsten Lebensdimension einzustimmen oder seine Antworten aus dem Universellen Unbewußten zu beziehen. Er hörte Stimmen, die sonst niemand hörte. Seine Befähigung für Außersinnliche

Wahrnehmung war die Grundlage seiner außerordentlichen Kräfte.

Ungleichheit bei der Geburt — warum?

Gelegentlich werde ich gefragt: »Weshalb werden manche Menschen in Armut geboren und andere in unvorstellbarem Luxus? Warum sind manche Kinder so entsetzlich behindert und andere nicht?« Zunächst einmal wird die eigentliche Bedeutung von *reich* und *arm* oftmals durcheinandergebracht. Viele Menschen sind arm an Liebe, Freude, Glauben, Vertrauen, Frohsinn und gutem Willen. Reichtümer sind geistige Dinge. Reich sind Sie, wenn Sie sich bewußt sind, daß Sie die Intelligenz und Weisheit Ihres Unterbewußtseins erschließen können, um Ihre Wünsche zu erfüllen. Reich sind Sie, wenn Ihr Gemüt voller Frieden, Freude, Liebe, Vertrauen und Glauben an Gottes Güte ist.

Betrachten wir das Leben von Helen Keller. Wollte man hier sagen, daß ihr Erscheinen auf dieser Welt eine Ungerechtigkeit darstellte oder eine Strafe für eine böse Tat in einem früheren Leben, so wäre das doch wohl völlig irrational, unlogisch und höchst unwissenschaftlich. Manche sprechen von Ungerechtigkeit, weil sie von Geburt an weder sehen noch hören konnte... Sie hatte jedoch eine Pflegerin, die viel Liebe und Disziplin anwandte und Helen begann die Reichtümer ihres Geistes zu gebrauchen. Mit ihren Augen ›sah‹ sie wahrscheinlich besser, als manche anderen die Farben und das Gepränge eines Bühnenbildes in der Oper; ihre tauben Ohren konnten gleichermaßen die Crescendi, Diminuendi und den vollen Klang des Orchesters ›hören‹. Sie konnte die reinen, klaren und perlenden Töne einer lyrischen Sopranstimme deutlich vernehmen. Das ist Außersinnliche Wahrnehmung.

Die Namen derer sind Legion, die trotz aller möglichen physischen Leiden oder finanzieller Handicaps ganz Außergewöhnliches geleistet haben in Wissenschaft, Kunst, Musik, Industrie und Religion. Denkt man andererseits an die zahllosen Menschen, die von allem Anfang an mit Luxus umgeben waren, die mit dem sprichwörtlichen goldenen Löffel im Mund geboren wurden – welche Leistungen haben sie erbracht? Wer von ihnen ist zu einer solchen Größe aufgestiegen, wie all die vielen, die in Armut, Krankheit und mit allen möglichen Handicaps auf die Welt kamen?

Beharren Sie auf der Annahme, daß alle diese Männer und Frauen immer wieder und wieder zurückkehren müssen um der Gerechtigkeit willen? E. Henley sagte, von Schmerz und Krankheit gepeinigt: »Was auch immer für Götter sein mögen, ich danke ihnen für meine unbesiegbare Seele.« Ihre Seele ist Geist und Geist ist Gott. In Wirklichkeit sind Sie unverletzlich und unbesiegbar. Sie sind Gott auf Erden, wenn Sie von Ihrer Gabe der Außersinnlichen Wahrnehmung Gebrauch machen.

Ansichten über Gerechtigkeit

Manche Leute glauben, daß ein in Reichtum aufgewachsener Mensch zum Ausgleich im nächsten Leben von allem Anfang an in Armut leben müsse. Das Gesetz ist allerdings gerecht und eminent fair. »Wie der Mensch sät, so wird er ernten.« Das gilt für die nächste Dimension genauso wie für diese. Es muß jedoch durch die psychischen Sinne wahrgenommen werden.

Reinkarnation ist nicht die Antwort auf diese Fragen. Das wäre ein recht oberflächliches Denken. Reine Äußerlichkeiten wie Körper, Umgebung, Elternhaus, Reichtum der Eltern, ihre Macht, ihre Besitztümer spielen hier überhaupt keine Rolle.

Angenommen, ein Mensch wird in einem Palast geboren mit allen Reichtümern, von allem Luxus und dem üblichen Pomp umgeben. Na und? Das alles sind nur Äußerlichkeiten und betreffen nicht den wirklichen Menschen, nämlich ein geistiges und spirituelles Wesen mit dem Reich Gottes in seinem Innern. Ob er reich oder arm sein wird, hängt davon ab, wie er die Gabe Gottes in seinem Innern gebraucht. So wie er sät, wird er ernten – und das sowohl in diesem dreidimensionalen Leben als auch im nächsten, dem Leben in der vierten Dimension, das diese Ebene durchdringt, und überall um uns herum ist.

Sie sind kein Opfer von Karma

Aus der Sicht des Hinduismus und Buddhismus bedeutet Karma ›Handlungsweise respektive deren Folgen‹. Karma ist das unausweichliche Resultat aller Handlungen in diesem Leben oder einer Reinkarnation. In der Theorie ist es das kosmische Prinzip, nach dem der Mensch entweder belohnt oder bestraft wird, je nach seinen Handlungen in einer vorangegangenen Inkarnation. Die Silbe *Kar* bedeutet *zu tun, machen;* und *ma* ist *Reaktion, Resultat.*

Die Bibel sagt: »*Was der Mensch sät, das wird er ernten.*« (Gal. 6:7) Sie sind kein Opfer der Vergangenheit. Aus dem einfachen Grund, weil Sie es in der Hand haben, die Gegenwart zu ändern und Ihre Zukunft ist nichts anderes, als Ihre gegenwärtige Geisteshaltung in Manifestation. Gott, der lebendige Geist in Ihrem Innern, ist zeit- und raumlos; deshalb ist ein neuer Anfang gleichbedeutend mit einem neuen Ende. Beim wissenschaftlichen Gebet fallen die Begrenzungen von Zeit und Raum. Sie spielen keine Rolle.

Selbst ein Mensch, den wir als Verbrecher bezeichnen würden, könnte — sofern er das wollte — in einem einzigen Augenblick verändert werden. Das würde durch eine gewaltige Bewußtseinserhebung erreicht werden, begleitet von einem intensiven Verlangen nach der Liebe und dem Frieden Gottes.

Nehmen Sie Ihr Gutes jetzt an

Denken Sie einmal über diese wundervollen Worte nach: »*Wenn sich aber der Gottlose bekehrt von allen seinen Sünden, die er getan hat, und hält alle meine Gesetze und übt Recht und Gerechtigkeit, so soll er am Leben bleiben und nicht sterben. Es soll an alle seine Übertretungen, die er begangen hat, nicht gedacht werden, sondern er soll am Leben bleiben um der Gerechtigkeit willen, die er getan hat.*« (Ezekiel 18:21, 22)

Wenn ein Mensch — so wird uns in diesen Versen gesagt — die Vergangenheit aufgibt, sie losläßt und rechtes Denken, rechtes Fühlen und rechtes Handeln praktiziert, dann wird er sich verändern. Ein neuer Anfang ist ein neues Ende. Schaffen Sie sich ein neues Konzept von sich und schreiten Sie vorwärts in ein neues Leben.

Jetzt ist die Zeit

Zeit ist üblicherweise das Verhältnis des Menschen zur Bewegung der Erde um die Sonne; sein Verhältnis zu den Ereignissen von heute und morgen. Nach Einstein kommt einem Mann eine Stunde in Gesellschaft einer schönen Frau wie eine Minute vor. Sitzt er dagegen auf einem heißen Ofen, dann erscheinen ihm 30 Sekunden wie eine Stunde.

Alles ist relativ, so auch die Auslegung des Begriffes *Zeit*. Er wird bestimmt von Ihrem Denken, Ihrem Fühlen, Ihrem Bewußtseinszustand.

Ihr Ideal, Ihr Herzenswunsch existiert bereits jetzt. Er ist eine konkrete, lebendige Realität in der Dimension des Geistes. Das Buch oder Stück, das Sie schreiben wollen, existiert bereits in Ihrem Geist. Bejahen Sie: »Ich nehme die restlose Erfüllung meines Wunsches jetzt an und ich bin überzeugt, daß mein Unterbewußtsein alles ins Werk setzt.« Zweifeln Sie nicht, bleiben Sie standhaft und Sie werden die Freude eines beantworteten Gebets erleben.

Meine Ansichten über Reinkarnation

Meiner Ansicht nach ist es jetzt Zeit für den wissenschaftlichen Denker, zu einer klaren Entscheidung zu kommen, was den Mühlstein ›Reinkarnation‹ betrifft, der manchem Orientalen und auch Abendländer am Hals hängt.

Die Theorie der Reinkarnation ist melioristisch, d. h. der Mensch entwickelt und verbessert sich durch den langsamen und exoterischen Prozeß der Wiederkehr, indem er immer wieder einen neuen Körper annimmt. Ein Mensch kann tausendmal durch die verschiedensten Mutterleiber wiederkommen, Wachstum und Erleuchtung jedoch vollziehen sich nicht in Zeit und Raum. Wachstum und Erleuchtung vollziehen sich durch Veränderung des Sinnes in Harmonie mit dem Unendlichen — zeit- und raumlos —, der alles Gute enthält. Nehmen Sie die Herausforderung an: »Seid verändert durch Erneuerung eures Sinnes.«

Weshalb sollten wir vor menschlichen Irrtümern — von östlichen Lehrmeinungen und Dogmen heraufbeschworen — kapitulieren? Einstein hat die falschen Götter von Zeit und Raum vom Sockel gestoßen. Heute wissen wir, daß

Geist und Materie eins sind. Der wissenschaftliche Denker sieht die Theorie der Reinkarnation von einem anderen Standpunkt. Er ›erhebt seinen Blick zu den Bergen‹, wo der Mensch eins ist mit Gott.

Wir müssen aufhören, ein Traumgebilde zu errichten, wonach Millionen menschlicher Wesen — in Ost und West — in das Prokrustesbett von Karma und Wiederverkörperung gelegt worden sind. Nur um dann wieder zu erscheinen, angetan mit einer Robe, die einfach zu ärmlich ist für das strahlende Kind Gottes, das Zugang zu allen Schätzen des Lebens in seinem Innern hat. Wer dem Reinkarnationsglauben anhängt, der hat sich aus der festen Verankerung gerissen und der Gebundenheit, Restriktion und Knechtschaft ausgeliefert, denn uns geschieht nach unserem Glauben.

Wir müssen uns über alle begrenzten Traditionen und jeden menschlichen Falschglauben erheben — ganz gleich wie altehrwürdig sie sein mögen. Reinigen wir unser Bewußtsein von jeglichem karmischen Fegefeuer. Werden wir uns statt dessen der heilenden Gegenwart und der Liebe Gottes bewußt — uns allen jederzeit verfügbar, und schreiten wir weiter über die blühenden Felder der Weisheit, Wahrheit und Schönheit. Veränderbare Sinnestäuschungen sollten uns davon nicht zurückhalten. Alle wertlosen Konzepte gehören in die Rumpelkammer geistiger Ignoranz; so auch diese Theorie der Reinkarnation, die jede Weiterentwicklung von uraltem, erdgebundenem Denken bestimmen läßt.

Jesus sagte: »*Das Reich Gottes kommt nicht mit erkennbaren Zeichen. Man wird auch nicht sagen: Siehe, hier ist es! oder da ist es!*« (Lukas 17:20, 21) Das Reich des Lebens, der Liebe, Wahrheit, Schönheit und allen Kräften der Gottheit ist in Ihrem Innern — jetzt! Als Jesus sagte: »*Siehe, jetzt ist die angenehme Zeit*« (2. Kor. 6:2), »*…glaubt nur, daß ihr's schon empfangen habt, so wird's euch zuteil wer-*

den« (Markus 11:24) und »...*bevor Abraham geboren wurde, bin ich*« (Joh. 8:58), hatte er da nicht Zeit und Raum überwunden und aufgezeigt, wie der Mensch sich aus der Knechtschaft fehlerhafter morgen- und abendländischer Glaubensmeinungen befreien kann?

Befreien Sie sich geistig von dieser selbstauferlegten Begrenzung. Die Kinder Gottes sollen ›jauchzen vor Lust‹ unter dem ›Morgenstern‹ des Lichtes, der Liebe, Wahrheit und Schönheit, ›der die Himmel ihres Geistes erhellt‹.

Karma oder das Gesetz von Saat und Ernte ist nur solange ein unerbittliches Gesetz, wie Sie nicht beten oder über die Wahrheiten Gottes meditieren. Sobald Sie beten, erheben Sie sich über jegliches Karma, und alle unerfreulichen Konsequenzen vergangener Fehler werden ausgelöscht. Gleichgültig, ob es sich um ein Verbrechen oder eine Übertretung handelt — es kann völlig getilgt werden aus dem Bewußtsein mit allen Strafen, die sich nach sich ziehen würden. Ein oberflächliches, mechanisches Gebet wird selbstverständlich keine Veränderung herbeiführen. Ein tiefes Verlangen nach Gottes Liebe und Gnade und der intensive Wunsch nach Bewußtseinsänderung sind deshalb die unerläßlichen Voraussetzungen, um die Bestrafungen auszuschließen, die sonst die unausweichlichen Folgen negativen Denkens sind.

Gottes Liebe übersteigt jedes Fassungsvermögen, sie erleuchtet den Pfad, den wir beschreiten. Die Wunder und Segnungen Gottes sind ohne Ende. Ihre Reise geht immer vorwärts, aufwärts, Gottwärts. Sie gehen von Herrlichkeit zu Herrlichkeit, von Wohnung zu Wohnung in unseres Vaters Haus. Leben ist Weiterentwicklung. Sie befinden sich auf einer endlosen Reise.

Mit neuem Ausblick auf Religion und Wissenschaft werden wir der mystischen Bedeutung dieser alten hebräischen Meditation gewahr, wenn wir bejahen:

Von aller Existenz bin ich die Quelle
Der Fortlauf und das Ende.
Ich bin der Keim;
Ich bin das Wachstum;
Ich bin der Zerfall.
Alle Dinge und Geschöpfe gehen von mir aus;
Ich erhalte sie und doch stehen sie für sich;
Und wenn der Traum der Trennung endet,
Bewirke ich ihre Rückkehr zu mir.
Ich bin das Leben,
Und das Rad des Gesetzes,
Und der Weg, der zum jenseitigen führt.
Kein anderer ist.

Mit Außersinnlicher Wahrnehmung werden Sie, wie dieses Buch aufzeigte, alle Kräfte Ihres Geistes mobilisieren, um alle Ihre Wunschträume zu verwirklichen.

Zusammenfassung

1. Es gibt ein Bewußtsein, das allen Menschen gemeinsam ist. Das universelle Bewußtsein bewahrt alle Erlebnisse und Erfahrungen der Menschheit auf. Sie können es ›anzapfen‹, wenn Sie durch Außersinnliche Wahrnehmung mit ihm *in Rapport* sind.

2. Ihr Unterbewußtsein ist nicht imstande, mit Ihnen kontrovers zu argumentieren oder induktiv abzuwägen. Es nimmt lediglich an und bringt Ihre Prämisse (richtig oder falsch) zu einem logisch erscheinenden Schluß, basierend auf der erhaltenen Suggestion.

3. Im Zustand der Hypnose geben wir gewöhnlich dem Hypnotiseur das, was er von uns verlangt — d. h. seine

Überzeugung, daß wir vorher gelebt haben, rechtfertigen wir durch entsprechende Schilderungen, die sämtlich aus den Tiefen unseres Unterbewußtseins kommen.

4. Wenn Sie Ihrem Unterbewußtsein die machtvolle Suggestion erteilen, auf die Suggestionen eines Hypnotiseurs nicht zu reagieren und diese Suggestion kraftvoller ist als die des Hypnotiseurs, so wird dieser keine Resultate erzielen. Ihr Unterbewußtsein akzeptiert immer nur die jeweils dominierende Suggestion.

5. Eine Regression in frühere Leben mittels Hypnoseexperiment wird durch Ihr Unterbewußtsein verursacht, durch fiktive Dramatisation, basierend auf Ihren Kenntnissen und Erfahrungen den Suggestionen und Erwartungen des Hypnotiseurs entsprechend.

6. In Ihrem Unterbewußtsein werden mentale Erfahrungen und Reaktionen aus allen Zeiten aufbewahrt. Einem guten Hellseher ist es möglich, zurückzuschauen und George Washington in Valley Forge knien zu sehen, indem er sich auf das mentale Bild bzw. die Schwingungsfrequenz dieses mentalen Bildes aus dem Universellen Unbewußten einstimmt. Es bedeutet also nicht, daß er als George Washington gelebt hat.

7. Es ist keineswegs schwierig, sich auf frühere Begebenheiten im Leben eines anderen einzustellen bzw. auf die entsprechende Schwingungsfrequenz und sie für eigene Erfahrungen zu halten. Hellsichtig- und Hellhörigkeit (Clairvoyance und Clairaudience) sind als Anlagen latent in jedem von uns vorhanden, zumeist jedoch noch unerweckt. Durch Außersinnliche Wahrnehmung können diese Fähigkeiten aktiviert werden.

8. Es ist möglich, im Schlaf subjektiv an einem Ort zu verweilen, dessen Besuch erst geplant ist. Bei objektiver Anwesenheit wiederholen sich dann die im Traum wahrgenommenen Erfahrungen. Man kann dadurch leicht dem Irrtum unterliegen, bereits einmal dort gewesen zu sein. Diese Erfahrung ist nicht ungewöhnlich. Sie wird heutzutage als außersinnliche Reise bezeichnet. Wachbewußt mag sie vergessen worden sein.

9. Wenn Sie bei einem Menschen das Gefühl haben, ihn schon immer gekannt zu haben, handelt es sich lediglich um einen ›Intimus Ihrer Gemütsverfassung‹. Unsere Gemütsverfassungen haben ihre Affinitäten.

10. Unendlicher Geist, Unendliches Bewußtsein oder wie auch immer man Ihn nennen will: Gott, der lebendige Geist ist im Innern des Menschen und kann psychisch wahrgenommen werden. Er hat alles aus sich und durch den Menschen erschaffen, denn der Mensch ist Ausdruck Gottes. Dieses Unendliche Bewußtsein weiß alles, sieht alles und hat alles erfahren. Wenn Sie sich auf diesen Unendlichen Geist einstimmen, dann erwachen Sie nach und nach zu Außersinnlichen Wahrnehmungsfähigkeiten − zu den Wundern und der Herrlichkeit Ihres Innern.

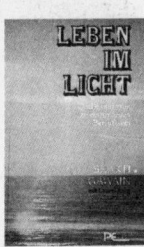   

   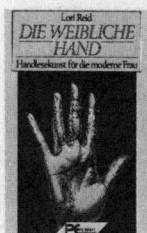

 **HEYNE BÜCHER** ## RATGEBER ESOTERIK

Wege und Wahrheiten für ein besseres und erfolgreiches Leben

RATGEBER ESOTERIK

Emil Oesch
AM STEUER DEINES LEBENS
Kerngedanken zum positiven Leben

08/9523

RATGEBER ESOTERIK

Dr. Masaharu Taniguchi
QUELLE DES LEBENS QUELLE DER FREUDE
365 Schlüssel zum Erfolg

08/9524

RATGEBER ESOTERIK

Zenkei Shibayama
ZU DEN QUELLEN DES ZEN
Das Standardwerk der Zen-Literatur

08/9525

RATGEBER ESOTERIK

Dr. Joseph Murphy TELE-PSI
DIE MACHT IHRER GEDANKEN

08/9526

RATGEBER ESOTERIK

Emil Oesch
DIE KUNST ZEIT ZU HABEN
Ratschläge für den Umgang mit unserem kostbarsten Gut

08/9527

RATGEBER ESOTERIK

Henry G. Tietze
DIE KUNST ZU ÜBERLEBEN
Krisensituationen besser bewältigen

08/9528

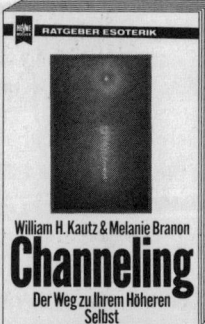

RATGEBER ESOTERIK

William H. Kautz & Melanie Branon
Channeling
Der Weg zu Ihrem Höheren Selbst

08/9529

RATGEBER ESOTERIK

Margarete Friebe
INNERES WACHSTUM UND ÄUSSERE GRÖSSE
Das Alpha- und Omega-Training

08/9530